China's Multi-pillars Pension System:
Approaches & Optimization

中國多層次養老保險體系的制度優化與路徑選擇

成歡 ○ 著

財經錢線

總　序

　　改革開放 30 多年以來，中國社會發生了翻天覆地的變化，其巨變集中體現在社會經濟結構的轉型上。中國社會經濟結構的轉型是多維度、多層面的，包括計劃經濟向市場經濟的轉型，農業社會向工業社會以及信息化、知識化社會的轉型，農村社會向城市社會的轉型，封閉社會向日益開放社會的轉型。伴隨中國社會經濟結構的轉型，社會保障制度建設與改革發展既是其中的重要內容，也是維繫整個改革開放事業順利進行和促進國家發展進步的基本制度保障。回顧中國社會保障改革發展歷程，與整個改革開放事業一樣，同樣波瀾壯闊，同樣非同尋常。中國社會保障制度建設與變革，以其所具有的全局性、普遍性、深刻性和複雜性，已經並還在繼續影響著中國全面深化改革的進程。

　　《中共中央關於制定國民經濟和社會發展第十三個五年規劃的建議》將建立更加公平更可持續的社會保障制度作為「十三五」中國社會保障改革發展的指導思想。在人口老齡化挑戰日益逼近的腳步聲中，在新型城鎮化步伐日益加快的進程中，在經濟步入新常態的發展格局下，在社會風險日趨嚴峻的現實挑戰下，中國社會保障制度建設的步伐只能加快，社會保障理論創新、制度創新、機制創新對於實現制度的可持續發展更顯得至關重要。由於社會保障制度安排的複雜性以及社會公眾的高度敏感性，需要我們對社會保障制度建構的宏觀背景、約束條件、發展經驗、制度設計及有效運行等進行深入細緻的梳理和反思，認真總結經驗教訓。我們要從歷史經驗的總結中，從國際經驗的學習借鑑中，從未來挑戰的應對策略中，對社會保障制度建設進行整體、系統、動態的分析思考，在理論創新、制度創新、管理機制創新的同步整合中，實現中國社會保障制度改革發展的歷史性跨越。

　　可以預見，隨著中國綜合國力的日益增強，城鄉居民社會保障需求的增長，中國社會保障制度建設必將邁出新的步伐，未來將會有越來越多的城鄉居民直接受惠於這場意義深遠的重大民生工程，這自不待言。但由於中國社會保

障制度建設的複雜性、長期性和高度敏感性，需要從戰略發展高度，從整體性、系統性、科學性的高度關注其科學發展、統籌協調發展和可持續發展問題。而這一目標的實現，則具有巨大的挑戰性，需要我們系統總結社會保障制度國際、國內發展的經驗和教訓，從制度變遷的路徑依賴中，積極探索適合中國國情的社會保障制度創新之路；需要我們從歷史、現實及未來的結合中，探討社會保障發展的內在要求和發展規律；需要我們從轉變思維方式的高度，總結和提煉制約社會保障制度可持續發展的各種顯性和隱性的因素及其相互作用的機制，從歷史研究、比較研究、系統研究框架中，實現社會保障的理論創新和制度創新；需要我們從社會保障的改革實踐中，總結和提煉中國特色社會保障的理論模式、制度模式，從而實理論創新和制度創新的新跨越。

林義

內容摘要

　　從20世紀80年代末中國養老保險制度試點起步到2012年「橫縱一體」的制度全覆蓋實現，歷時30餘年，至今，中國養老保險制度已成為保障人口超過8億的龐大載體，面臨著制度系統內部檢驗和外部衝擊的巨大壓力。一方面，人口老齡化趨勢日漸達到新的高峰，2030年前後60歲以上人口將增至4億。這一年齡結構的異動，對經濟社會原有的運行機制所帶來的衝擊無疑是巨大的。而城市化進程中勞動力市場的非正規化發展，則加劇了養老保險人口系統的複雜性和制度環境的不確定性。另一方面，由於制度改革的歷史牽絆，多軌並行的養老保險制度經歷了30餘年的修修補補，上自中央，下至地方，均沉積了諸多歷史遺留問題和利益分歧，不僅涉及支付能力和保障需求千差萬別的個人、員工結構和資產類別分化的企業，還關係到一直在財權和事權間博弈的中央和地方兩級政府，以及利益集團化的各職能部門。

　　制度環境的複雜程度往往與改革配套的系統化程度相一致。正是這種外部衝擊與內部壓力的疊加，使養老保險制度優化問題變得更加系統和緊迫。自1991年中國確立「國家辦基本、企業辦補充、個人保儲蓄」的三層次養老保險體系以來，政府便一直致力於養老保險體系多層次架構的優化。從制度推進效果和改革進程來看，目前已行進至頂層設計和路徑選擇的關鍵時期，統籌協調各系統要件已成為養老保險可持續發展突破改革瓶頸的戰略關鍵點。而對於老百姓關注的民生問題而言，不論是以養老保險雙軌制改革為契機推動企業年金、職業年金發展，還是基礎養老金全國統籌和個人延稅型養老保險試點的逐漸推行，其改革方向均指向多層次養老保險架構在實際運行中的完善。因此，黨的十八屆三中全會決議再次明確了多方資源配置的改革路徑，要求充分發揮市場功能，制定實施免稅、延期徵稅等優惠政策，加快發展企業年金、職業年金和商業保險，構建多層次的社會保障體系。

　　正是在此背景下，立足多層次養老保險體系中政府與市場行為的邊界及其

關係實質,通過對中國養老保險制度在特定環境下歷史演進規律的總結、對制度現狀和面臨風險的現實評估,將養老保險制度優化難題進行系統深入地剖析;同時,基於制度系統驅動的政策模擬和博弈驅動的邏輯演繹,抽象出制度優化中參與主體的行為模式及其動力,以此為切入點,探尋合乎中國國情的制度預期。具體而言,本書包括八個板塊的內容:

第一章 導論 本章重點闡明選題背景和價值、研究基礎、研究方法、研究依據以及研究的必要性和現實性。

第二章 多層次養老保險體系制度優化的實質:政府與市場關係的理論辨析 本章探討多層次養老保險體系制度優化的問題實質。它是筆者研究的理論基礎和邏輯起點。通過對政府與市場關係的一般性探討,從自由市場理念、有限政府觀、自由主義等理論對政府作用的描述和公共選擇理論對政府缺陷的論證,強化政府發揮基礎性作用的「守夜人」角色;同時,綜合凱恩斯政府積極行動主義、新古典綜合派的政府觀以及新劍橋學派對政府社會調節功能的闡述,強調政府在市場失靈時發揮能動作用的必要性。並在對中西方財稅體制和社保徵繳制度比較的基礎上,通過各類觀點的對比,使政府與市場關係的邊界,尤其在多層次養老保險制度優化中的界限得以明晰。

第三章 中國多層次養老保險體系制度演進的時代背景 本章基於經濟社會發展的歷史軌跡,從改革開放路徑與宏觀經濟調控、各類資本性質企業的變遷與博弈、勞動就業變化與社會分層三方面對養老保險制度參與主體的行為基礎、經濟屬性和心理特徵進行剖析。強調制度演進的時代背景對制度現狀的影響和對制度參與主體的重塑。

第四章 中國多層次養老保險體系制度演進的歷史變遷 本章對制度演進的歷史脈絡進行了梳理。以社會養老保險和商業性養老保險發展的歷史軌跡為主要內容,探尋了多層次養老保險體系推進的兩大制度基礎;同時再現了制度成型過程中制度模式的權衡和優化、制度補缺的契機和選擇,以及行業統籌和地方統籌的實際經驗,並總結了海南和深圳兩個全國社會保障綜合改革試驗區的制度成長歷程。本章和第三章共同構成了中國多層次養老保險制度優化和路徑選擇的歷史約束。

第五章 中國多層次養老保險體系的制度現狀透視 本章是對中國多層次養老保險體系制度運行現狀的全面監測和評估,是對制度優化及其改革路徑現實約束的分析和總結。其中包括對監測途徑的梳理,對制度資源投入中政策集中度、計劃參與水平和制度能力的評估。以期發現各層次制度運行的差異、制度整體運行的協調性,以及人、財、物的投入水平和效果。

第六章　中國多層次養老保險體系面臨的風險及存在的問題　本章是基於制度運行現狀的問題總結和風險辨析。受制於中國國情的特殊性以及中華文化的本土性，多層次養老保險體系的設計理念和運行原則與之存在衝突，面臨文化適應性風險；同時，改革開放30餘年來對制度參與主體價值觀和行爲的重塑，也導致價值異化風險的產生；加之制度運行中各種矛盾的凸顯以及推進過程中信息不對稱等因素，制度優化的社會信任風險也日漸加劇。此外，人口老齡化對養老保險基金運行的挑戰、歷史遺留問題對制度參與水平的弱化、人口城市化難題對短板補足的牽制、財政供需偏差對制度效率的限制，以及制度設計不足對市場配置功能的約束，均有可能成爲制度可持續發展的制約因素。

　　第七章　中國多層次養老保險體系制度優化的驅動力　本章基於系統動力學模型對制度優化的驅動力進行政策仿真，並通過博弈推演解釋制度參與主體的行爲動因。在系統驅動的分析上，以個人、企業和政府爲主線，構建了人口子系統、財政投入子系統和企業發展子系統三大模擬平臺，並依託三者間的因果聯繫，對兩種不同的改革情景進行政策模擬，以考察其政策效果和制度參與主體的資源負擔能力。同時，在完全信息條件和不完全信息條件下，分別解釋了中央政府和地方政府在經濟發展和民生投入間的行爲選擇。

　　第八章　中國多層次養老保險體系制度優化的政策思路及建議　本章基於對前面幾章研究的總結和提升，提出中國多層次養老保險體系制度優化的政策思路和路徑選擇的建議。通過對制度優化原則及目標的設定、制度優化難題和要點的把握，以及階段性任務的描述，對制度優化和路徑選擇作出了適當的政策預期。筆者認爲，當前及未來一段時期，中國經濟發展的非正規性仍將存在。這就決定了短時期內，即便在市場導向的多層次養老保險體系建設思路下，國家財政也不可能大規模退出，多層次架構的糾偏和制度優化目標的實現也無法一步到位，它需要在完成國家階段性「補課」的同時，初步搭建起新的制度雛形。而從中期來看，未來10年以內，隨著資本市場的成熟和金融市場的開放，政府穩步搭建的多層次養老保障制度應包括：預警式國民年金這一制度基礎、匹配繳費計劃這一政策激勵，並從統帳模式中分離出個人帳戶，使之與企業年金帳戶整合，形成個人權益基金，以此爲核心，輔之以個人自願性養老儲蓄保險及家庭照護等經濟或非經濟類別的保障資源。在「大保障嵌套小保障」的系統環境中，爲制度長期可持續發展創造條件。

　　筆者對多層次養老保險的研究，嘗試在以下方面有所創新：

　　一是基於歷史的比較制度分析，對中國經濟非正規化的發展趨勢和持續期限進行預測判斷。並以此爲基礎，在對中國多層次養老保險制度優化和改革路

徑的現實選擇中論證了短時期內財政規模投入的不可退出性，以及制度「補課」的必然性。同時，對中國多層次養老保險體系制度優化和改革路徑進行系統提煉和深度挖掘。

二是搭建了多層次養老保險制度系統動力分析的模擬平臺，將社會系統動力學的分析方法與多層次養老保險制度的系統環境相結合，對當前改革進行情景模擬和政策仿真，篩選出切合當前中國實際的養老保險體系的改革方案，並對財政收支的可行性進行了預測和論證。此外，企業參加社會保險制度的成本和企業發展水平間的互動關係在模型建構中得到重視，通過對企業養老保險成本的測算，論證了企業發展子系統與勞動力市場互動的系統邏輯。

三是在「經濟發展」與「民生投入」存在擠出效應的理論假設下，通過對中央和地方政府的決策行為進行博弈推演，從行為經濟學的角度解釋了當前養老保險改革中的利益障礙和政府行為驅動。

關鍵詞：多層次養老保險體系；制度優化；改革路徑；人口老齡化；可持續發展

Abstract

Nowadays, the coverage of national old-age insurance has extended urban and rural areas in China. And over 800 million residents get the benefits. However, the pension system has to face a great challenge inside and outside. One of urgent presses is population aging, the other is urbanization. These factors make environment and system more uncertain and complicate. Meanwhile, many conflicts of interest exist among governments, enterprises and individuals.

It is accordant between the complicate level of system environment and the systematic level of reform coordinated sets. Because of the superimposed effect of internal pressure and external shocks, the issue of pension system optimization becomes urgent and systematic. The Chinese government pays attention to the reform of multi-pillars pension system all the time, but now they are standing the crossroad and have to make the choice of reform approaches. For civics, they are also stakeholders of the reform issue. In views of relevance, pension system double-track mode reform, supplementary pension system market activation, the pilot of individual tax-deferred annuity, these issues resolved which relies on the top-level design and system optimization. As a result, the third plenary session of the 18th communist party of China (CPC) central committee point out: play the function of market completely, make and implement preferential policy of tax-free or tax-deferred, accelerate the development of occupational pension scheme and commercial insurance, set up the multi-pillar pension systems.

Under the background, the dissertation analyzes the essence of relation between government and market in multi-pillars pension system. And then summarize the historical evolution rules of system and characteristics of stakeholders; evaluate the realistic condition and risks of system operation. Meanwhile, based on the system dynamics model and gaming model, do the policy simulation and logical deduction, to explain behaviors and stimulation factors. In details, the research contains eight sections

First, is the research foundation, which briefly introduces the research background and purpose, contents, methodologies, innovations, limitations and the theory basis in the research, defines the fundamental concepts and reviews the related researches.

Second, is the essence of pension system optimization. It is the logical starting point and theoretical basis. The research focus on the relation between government and market, especial intend to define the boundary of responsibility between government and market in the multi-pillars pension system by comparative institutional analysis.

Third, based on the historical ways of socio-economic development, analyze the behavior motive, economic attribute, and psychological characteristic of stakeholders from aspects of reform approaches & macroeconomic regulation, changing & gaming of different property enterprises and labor market differentiation & social stratification.

Forth, summarize the system evolution histories. Review both old-age insurance and commercial pension scheme development, especial some pilot distinctions experience, it contains Hainan province and Shenzhen.

Five, monitor and evaluate the system operation and real condition. It contains three aspects: the concentration level of policy resources, coverage level, and system sustainability level. The research objective is find some differences among different pillars operation and their compatibility.

Six, analyze risks of multi-pillars pension system operation. There are contradictions between the risk of tradition culture adaptability and the design ideas and operation principles of pension system. Meanwhile, the risk of value differentiation has an influence on the reform trend, and the risk of social trust lost would also reduce the coverage of system extension. In addition, the risk of aging & urbanization effect on the sustainable system as well.

Seven, make the policy simulation in driving force of system optimization based on the system dynamic model, and explain behaviors of stakeholders by gaming model. There are three sub-systems in research which contains population subsystem, fiscal expenditure subsystem and enterprise development subsystem.

Eight, summarizes the main conclusions from the previous sections, and proposes that China's future reform approaches and optimization suggestions. In short term, it is not easy to change the system characteristic of financial dependence because of the informal economy still exist. In interim, with the development of capital market mature and financial markets open, the multi-pillars pension system should consider these schemes: first and important is the nation social pension; the key part is individuals account pensions, refer both compulsive and voluntary; some non-economic security such as the family care scheme.

This research has some innovation including theoretical analysis, technical method, and structural consideration. It is valuable to make a prediction and judgment on informal tendency of China's economic development by historical and comparative institutional analysis, and demonstrate financial input continue in short term. Also an important work is refining the approaches of system optimization. Meanwhile, the second innovation is applying the social system dynamic model in the analysis of multi-pillars pension system. And make a sound choice of China's pension system reform plan which meets the current reality. In addition, explain the current interest barriers and behaviors of central and local government by gaming model that is another advanced work.

Keywords: Multi-pillars pension system; System optimization; Reform approaches; Population aging; Sustainable development

目　錄

1 導論 / 1
  1.1 問題的提出 / 1
  1.2 選題意義和價值 / 2
  1.3 國內外研究現狀及評析 / 3
    1.3.1 養老保險制度優化和改革路徑的一般性探討 / 3
    1.3.2 多層次養老保險體系的制度內涵和基本問題 / 10
    1.3.3 養老保險制度優化研究的技術路線 / 16
    1.3.4 國內外研究現狀評析 / 19
  1.4 研究目的和思路 / 20
    1.4.1 研究目的 / 20
    1.4.2 研究思路 / 20
    1.4.3 研究方法和技術路線 / 25
  1.5 創新和不足 / 26
    1.5.1 創新之處 / 26
    1.5.2 研究的不足 / 27

2 多層次養老保險體系制度優化的實質：政府與市場關係的理論辨析 / 28
  2.1 基於「守夜人」角色的政府論和社會保障干預模式 / 28
    2.1.1 自由市場理念及其在補充養老保險層次的適用性 / 29
    2.1.2 有限政府觀與社會保障財政投入的有限理性 / 29
    2.1.3 自由主義中政府作用與個人制度參與積極性的調動 / 31

2.1.4　公共選擇理論中政府缺陷與社會保險制度推進的行政驅動 / 32

2.2　基於「主觀能動」角色的政府論和社會保障干預模式 / 33
　　2.2.1　積極行動主義與政府養老保險基金管理的思路優化 / 33
　　2.2.2　新古典綜合派政府觀與老年保障風險化解的多元路徑 / 34
　　2.2.3　政府社會調節者形象與社會保險制度收入再分配功能的發揮 / 35

2.3　基於財政稅收政策的政府論和社會保障干預模式 / 36
　　2.3.1　中西方在財政問題上的主要差異和社保制度舉辦上的差別 / 36
　　2.3.2　中西方國家財稅體制的劃分與社會保險徵繳體制的設計 / 37

2.4　本章小結：多層次養老保險體系中政府與市場關係的實質 / 42

3　中國多層次養老保險體系制度演進的時代背景 / 43

3.1　改革開放路徑與宏觀經濟調控 / 44
　　3.1.1　首次宏觀調控下的政府治理邏輯 / 45
　　3.1.2　宏觀經濟鬆動后的漸進改革模式 /45
　　3.1.3　政治經濟雙重惡化下的經濟形勢 /46
　　3.1.4　新一輪經濟增長下的改革路徑選擇 /47
　　3.1.5　步入改革深水區后的包容性增長 /48

3.2　不同資本性質企業的變遷與博弈 / 49
　　3.2.1　鄉鎮企業改革與民營經濟發展 / 51
　　3.2.2　國營企業改革與國有經濟發展 / 53
　　3.2.3　外資引入與市場經濟環境重塑 / 56

3.3　勞動就業變化與社會分層 / 58
　　3.3.1　個體民營勞動者初現 /58
　　3.3.2　體制內外供職鬆動 /58
　　3.3.3　城鄉就業壁壘固化 /59
　　3.3.4　以城市爲主體的就業分化 /59

  3.3.5　階層特徵明顯的基本就業格局形成 / 60
 3.4　本章小結：多層次養老保險體系制度優化的歷史約束之一 / 60

4　中國多層次養老保險體系制度演進的歷史變遷 / 62
 4.1　多層次養老保險體系演進的制度基礎 / 63
  4.1.1　社會保險與商業保險二元格局初現 / 63
  4.1.2　國家保險形式改變二元格局 / 63
  4.1.3　社會保險與商業保險協同運行 / 64
 4.2　多層次養老保險體系演進的制度關鍵 / 65
  4.2.1　制度模式的權衡 / 66
  4.2.2　制度補缺的契機 / 70
  4.2.3　制度整合的選擇 / 75
 4.3　多層次養老保險體系演進的地方縮影 / 77
  4.3.1　試點基礎 / 78
  4.3.2　政策起步 / 78
  4.3.3　制度調整 / 82
  4.3.4　層次區分 / 83
  4.3.5　架構成型 / 83
 4.4　本章小結：多層次養老保險體系制度優化的歷史約束之二 / 84

5　中國多層次養老保險體系的制度現狀透視 / 86
 5.1　多層次養老保險體系的現狀監測 / 86
 5.2　多層次養老保險體系的運行現狀 / 87
  5.2.1　政策集中度 / 87
  5.2.2　計劃參與水平 / 91
  5.2.3　制度負擔能力 / 105
 5.3　本章小結：多層次養老保險體系制度優化的現實約束 / 108

6　中國多層次養老保險體系面臨的風險及存在的問題 / 110
 6.1　文化適應性風險 / 110
  6.1.1　中國文化的特殊性 / 110
  6.1.2　傳統養老與社會化養老方式文化基礎的差異性 / 111

  6.1.3 文化適應性風險的現實表現 / 113
 6.2 價值異化風險 / 115
  6.2.1 政府部門利益驅動明顯 / 115
  6.2.2 市場微觀主體的價值衝突 / 118
 6.3 社會信任風險 / 118
  6.3.1 制度演進中的信任風險 / 118
  6.3.2 制度運行中的信任風險 / 119
  6.3.3 制度推廣中的信任風險 / 122
 6.4 制度可持續風險 / 122
  6.4.1 人口老齡化對養老保險基金運行的挑戰 / 123
  6.4.2 歷史遺留問題對制度參與水平的弱化 / 124
  6.4.3 人口城市化難題對短板補足的牽制 / 125
  6.4.4 財政供需偏差對制度效率的限制 / 128
  6.4.5 制度設計不足對市場配置功能的約束 / 131
 6.5 本章小結：多層次養老保險體系制度優化面臨的風險 / 132

7 中國多層次養老保險體系制度優化的驅動力 / 134
 7.1 多層次養老保險體制度系運行的系統驅動 / 134
  7.1.1 系統環境分類與指標轉化 / 135
  7.1.2 基於Vensim平臺的系統動力模型構建 / 136
  7.1.3 多層次養老保險體系制度驅動的情景分析 / 146
  7.1.4 多層次養老保險體系制度驅動和政策仿真的研究結論 / 155
 7.2 多層次養老保險體系制度運行的行爲驅動 / 156
  7.2.1 制度主體的資源約束 / 156
  7.2.2 完全信息條件下中央與地方政府的博弈 / 158
  7.2.3 不完全信息條件下中央與地方政府的博弈 / 160
  7.2.4 多層次養老保險制度運行中的行爲驅動規律 / 163

8 中國多層次養老保險體系制度優化的政策思路及建議 / 165
 8.1 制度優化的資源約束 / 165
  8.1.1 多層次養老保險體系制度優化的優勢條件 / 166

8.1.2　多層次養老保險體系制度優化的不利因素 / 168

8.1.3　多層次養老保險體系制度優化的機遇和助力 / 169

8.1.4　多層次養老保險體系制度優化面臨的威脅和挑戰 / 170

8.2　制度優化和改革路徑的多重選擇 / 171

8.2.1　多層次養老保險體系制度優化的差別路徑 / 171

8.2.2　多層次養老保險體系制度優化和改革路徑的評析 / 174

8.2.3　多層次養老保險體系制度優化和改革路徑的選擇 / 177

8.3　當前中國多層次養老保險體系制度優化和路徑選擇的著力點 / 184

8.3.1　基礎養老金全國統籌的漸進式完成 / 184

8.3.2　補充層次各養老金計劃競爭性和擠出效應的弱化 / 187

8.3.3　多層次養老保險體系政府監管及風險防範能力的強化 / 188

參考文獻 / 190

后記 / 201

附錄　多層次養老保險體系系統動力學模型文檔 / 203

1 導論

1.1 問題的提出

存在即是合理。任何形式的養老金計劃和制度模式都是在一定歷史條件下社會選擇的必然結果。它們曾發揮過各自的階段性作用，也在制度環境的變化中面臨各種挑戰。因此，沒有絕對有效的制度，只有絕對變化的環境。

從20世紀80年代末中國養老保險試點起步到2012年實現制度全覆蓋，歷時30餘年，這一保障超過8億人口的龐大制度，所面臨的環境變化也是最為複雜的。

一是制度運行的外部衝擊。隨著人口老齡化趨勢加劇，2030年前後中國60歲及以上老齡人口將增至4億人，人口年齡結構的變化，對經濟社會原有運行機制的衝擊無疑是巨大的。而城市化進程中勞動力市場的非正規化發展，加劇了養老保險人口系統的複雜性和制度環境的不確定性。

二是制度改革的歷史牽絆。長期多軌並行的養老保險制度，經歷了30餘年的修修補補，上到中央，下至地方，均沉積了諸多歷史遺留問題和利益分歧，不僅涉及支付能力和保障需求千差萬別的個人、員工結構和資產性質類別各異的企業，還關係到一直在財權和事權中博弈的中央和地方兩級政府，以及利益集團化的各職能部門。

制度環境的複雜程度往往與改革配套的系統化程度相一致。正是這種外部衝擊與內部壓力的疊加，使養老保險制度優化問題變得系統而緊迫。「多層次」的制度優化前提，無疑為這一系統性難題的解決提供了周全的思路。

「多層次」架構下，原有的制度即便存在無法修補的劣勢，也不至於面臨推倒重來的窘境。由於多層次養老保險體系可以包容不同的老年經濟保障目標，亦可綜合功能有別、優劣各異的各類養老金制度。更重要的是，多層次架

構下養老保障資源的供給和調動，能夠爲政府和市場的職能範圍劃出可參照的界限。因此，自1985年瑞士頒布《職業養老、遺囑和傷殘保險法》並由此建成以強制性國民年金爲第一支柱、法定企業養老保險計劃爲第二支柱、個人自主性儲蓄養老保險爲第三支柱的多支柱養老保險體系以來，多層次框架下的制度優化問題，就受到了國際社會的廣泛關注。

中國政府自1991年確立「國家辦基本、企業辦補充、個人保儲蓄」的三層次養老保險體系以來，便一直致力於多層次架構的優化和發展，從制度推進的效果和改革的緊迫性看，目前已行進至頂層設計和路徑選擇的關鍵時期，統籌協調各系統要件成爲養老保險可持續發展突破改革瓶頸的戰略關鍵點。而對於老百姓關注的民生問題而言，不論是以養老保險雙軌制改革爲契機推動企業年金、職業年金發展，還是基礎養老金全國統籌和個人延稅型養老保險試點的逐漸推行，其改革方向均指向多層次養老保險架構在實際運行中的完善。因此，黨的十八屆三中全會決議再次明確了多方資源配置的改革路徑，要求充分發揮市場功能，制定實施免稅、延期徵稅等優惠政策，加快發展企業年金、職業年金和商業保險，構建多層次的社會保障體系。

在此背景下，對養老保險制度優化難題進行系統深入地剖析，並探尋符合中國國情的制度預期，這是本書的論題所在。

1.2　選題意義和價值

論題的意義和價值，往往與其所要解決問題的戰略地位、難易水平、複雜程度、經濟社會效應以及理論貢獻密切相關。從國際實踐來看，老年經濟保障問題本身就是一個世界性難題，其戰略地位也不言而喻，其制度效應影響到社會經濟生活的方方面面，於家庭、於企業、於國家，都是極爲重要的。因此，從多層次的搭建思路出發，在人口老齡化背景下探究養老保險體系的制度優化和有效路徑，兼具理論價值和極其重要的戰略意義。

一方面，從中國的發展戰略來看，多層次養老保險體系的頂層設計和改革路徑明晰，將爲複雜環境下經濟社會的穩定運行提供強有力的民生保障。它是道路自信、理論自信、制度自信、政治自信和價值自信得以實現的基本前提。同時，也是踐行社會公平、社會正義和經濟發展成果人民共享的社會保障制度核心要義的體現。

另一方面，多層次養老保險制度的優化效果和改革方向，將直接決定當前

經濟社會領域各項綜合配套改革的成敗。目前中國正經歷經濟轉型的蛻變，並飽嘗由此帶來的階段性陣痛和短期利好，其間出現的收入分配及貧富差距問題、經濟泡沫和產業結構調整問題、人口老齡化和城市化問題、公共治理重塑與政府轉型問題，均牽一髮而動全身，同時又亟待解決這些難題。因此，首先搭建好全方位多層次的「安全網」，並助其發揮持續高效的「減震」功能，是制度優化的當務之急。

此外，從理論深化的角度來看，由於多層次養老保險的制度優化問題涉及政府與市場的關係這一實質，同時又關係到人口發展、財政可持續和制度的動態優化問題，因此，對這一論題的系統研究，將促成公共管理理論、行爲經濟理論、信息經濟理論和人口理論等跨領域的理論整合和集成創新。對制度分析、社會系統動力分析和博弈分析等分析工具的應用而言，也是一次全新的嘗試和完善。

1.3　國內外研究現狀及評析

制度優化與路徑選擇，是養老保險制度演進和養老保險改革向縱深推進中永恆的主題。從廣義上看，養老保險制度每一次結構式改革或參量式調整都面臨制度均衡的不斷打破和重塑，是不斷追求最優的帕累托改進過程；而每一次優化和變革，也面臨各異的制度路徑和必須做出的抉擇。若以這一角度來梳理多層次養老保險體系制度優化和路徑選擇的前人成果，則不勝枚舉。

鑒於此，筆者結合養老保險改革的時代性和階段性，僅將文獻研究範圍鎖定在國內外養老保險制度優化的核心問題和重大變革上，並將國內外學者關注的焦點最終落足於養老保險制度多層次架構的實際上。文獻研究的內容安排由微觀層面的結構性優化向宏觀層面的戰略性優化漸進，並強調制度研究方法上的創新對制度優化研究成果視角多元的貢獻。

1.3.1　養老保險制度優化和改革路徑的一般性探討

在養老保險制度改革的歷史進程中，主要存在「參數式調整」和「結構式變革」兩種改革方式，前者精於制度的「小修小補」，後者謀於制度的路徑調整和整體重構。以此爲基礎，學界對養老保險改革問題的研究和制度優化問題的探討也多集中於微觀和宏觀兩大層面，前者以籌資模式及其經濟效應爲核心，後者立足於社會保障體系的道路選擇和戰略架構的重建。

1.3.1.1 微觀層面

（1）養老金計劃運行的影響因素和制度優化的切入點

早期國外學者對養老金計劃的評估及其優化調整多基於宏觀經濟理論。制度運行機理和影響因素的厘清被看成是微觀研究的基礎，它有助於養老金制度優化著力點的把握。早前，人口因素被認爲是制度優化的突破口，是養老金計劃持續運行的重要指標。有學者（Samuelson，1958）通過迭代模型的引入剖析了現收現付制公共養老金計劃的運行機制，並證實了在純粹的儲蓄型經濟中，養老基金增長的主要決定因素是人口的增長①。其后，隨著生產因素和投資因素的陸續引入，依託「人口決定論」的原模型不斷被修正，勞動生產率對養老金制度的影響逐漸受到學界重視，並與人口增長率共同成爲決定養老金增長和制度運行的重要指標（Aaron，1966）②。

（2）養老金計劃運行的核心內容和制度優化的關鍵模塊

繼制度運行機理及其影響因素有了初步明確之後，相當長時期以來，尤其在人口老齡化趨勢發展的背景下，國外學者對多層次養老保險體系制度優化和路徑選擇的研究主要集中於養老保險籌資模式的比較，其中，現收現付制與基金制的研究尤甚。有學者（Feldstein，1974）基於經驗研究的方法考察了現收現付制養老金體系對私人儲蓄的負面影響，指出當一個經濟體的儲蓄水平在現收現付制下不能達到某種最優狀態時，引入個人累積制的養老金體系，將提高私人儲蓄，改進經濟效率，實現制度優化③。也有學者④（Barro，1974）通過構建具有利他主義因素的生命週期模型，對引入基金制養老金體系的制度優化效應進行了新的論證。

由於中國養老保險制度新建之時正值國際社會養老保險改革經驗的總結期和制度模式的轉換期，受限於國際實踐環境，尤其是國外學者在現收現付制和基金制兩模式對儲蓄效應、退休效應以及制度優化效應上的分歧和基金制導向的研討氛圍，中國養老保險體系也面臨「十字路口」的選擇。

---

① Samuelson, P. A., 1958,「An Exact Consumption-loan Model of Interest with or without the Social Contrivance of Money」, Journal of Political Economy, vol. 67.

② Aaron, H. J., 1966,「The Social Insurance Paradox」, Canadian Journal of Economics, vol. 32.

③ Feldstein, M., 1974,「Social Security, Induced Retirement, and Aggregate Capital Accumulation」, Journal of Political Economy, vol. 82.

④ Barro, R., 1974.「Are Government Bonds Net Wealth?」, Journal of Political Economy, vol. 82.

有學者（李紹光，1998；2004）從制度內涵、再分配效應和經濟增長效應等方面對現收現付制和基金制進行了深入的分析比較，並將養老保險體系的制度優化界定在現收現付計劃和強制儲蓄計劃的最優組合上，強調對發展中國家而言，單一籌資模式的養老保險制度設計是不充分的，需參照「黃金律」條件下的隔代帕累托改進標準進行最優組合以實現制度優化[1]。也有學者（袁志剛，2001）基於現收現付制、基金制以及混合模式下養老金體系的運行機制論證了在保證最優儲蓄率的前提下，養老金增長在現收現付制和基金制下相同的物質源泉，並指出在當時的情況下進行制度模式轉換的改革並非最優的路徑選擇[2]。

儘管有大量分歧存在，但中國養老保險制度最終選擇了「統帳結合」的混合模式。以此爲研究前提，有學者（封進，2004）通過福利經濟學理論的構建推導出社會福利最大化目標下現收現付制和基金制組合的養老保險體系最優混合比率，並結合中國養老保險體系改革的特點，指出在當時及此後相當長的時期內，以現收現付制爲主的養老保險可以作爲中國養老保險體系的有效路徑[3]。

圍繞制度模式的分歧，在中國養老保險制度初建期，國外學者也紛紛對其制度優化的有效路徑和政策選擇開出了「藥方」。基於「統帳」模式的運行實際，有學者（Feldstein，1999）指出，解決中國老齡化和老年經濟保障問題的最優路徑是走向基金制，但該論證以個人帳戶可以獲得較理想的投資收益率爲基本假設，對養老保險再分配功能有所否定[4]。也有學者（Estelle James，2001）在轉制成本、碎片化和集權管理、基金零投資回報率等方面對中國養老保險改革的動因及存在的問題進行透澈剖析，指出當下制度優化的有效路徑是處理好養老金制度、資本市場和國企改革三者間的互動關係[5]。

（3）養老金計劃籌資模式的創新和制度優化的新路徑

隨著籌資模式的創新發展，多層次養老保險體系的制度優化路徑得以拓

---

[1] 李紹光. 養老金：現收現付制和基金制的比較 [J]. 經濟研究，1998（1）；李紹光. 社會保障稅與社會保障制度優化 [J]. 經濟研究，2004（8）.

[2] 袁志剛. 中國養老保險體系選擇的經濟學分析 [J]. 經濟研究，2001（5）.

[3] 封進. 中國養老保險體系改革的福利經濟學分析 [J]. 經濟研究，2004（2）.

[4] Feldstein, Martin, 1999, Social Security Pension Reform in China, China Economic Review 10, 99-107.

[5] Estelle James, 2001, 「How Can China Solve its Old Age Security Problem? The Interaction Between Pension, State-owned Enterprise and Financial Market Reform」, Prepared for Conference on Financial Sector Reform in China, Harvard University, September 2001.

寬，名義帳戶制（Non-financial Defined Contribntion，NDC）的出現無疑爲打破現收現付制與基金制兩模式的局限提供了新思路。

學者們①（約翰·威廉姆森、孫策、張松、林義，2004）鑒於中國多層次養老保險制度運行的實際情況和存在的問題，對國際社會引入NDC模式的國家進行考察和對比，從短期效應和長期效應兩方面論證了NDC模式在中國的適用性和較之實帳累積（Financial Defined Contribution，FDC）模式及確定給付（Defined Benefit，DB）模式的優越性，指出養老保險第二層次應該以強制性的NDC計劃代替當前累積嚴重不足的FDC模式。其后，諸多學者②（鄭秉文，2003，2005；鄭偉，袁新釗，2010）將名義帳戶製作爲引入中國養老保險制度改革的一種理性選擇，並對其功能進行詳細的介紹，對其優化路徑進行了深入探討。世界銀行③（World Bank；2006，2012，2013）也在總結各國試點經驗的基礎上，對養老保險體系動態改革中的NDC計劃運行進行追蹤研究，分析其在風險分擔、轉制成本消化、政策靈活性等方面的優勢，NDC模式對中國的適用性也在其探討範圍內。

同時，隨著心理學、公共經濟學以及行爲金融學的發展，繳費匹配模式（Matching defined Contribution，MDC）也引起了學界的關注。其中以美國「401(k)計劃」的繳費匹配效應研究爲代表，學者們紛紛基於計劃運行的當期數據，試圖在雇主繳費匹配行爲與雇員參保決策之間、繳費率與匹配率之間尋求某種實證關係，以期從制度參與主體的行爲入手，實現對多層次養老保險體系主體參與行爲的優化。諸多研究表明，相比未獲得繳費匹配的養老金計劃，基於MDC模式的補充養老保險計劃對激勵雇員參與有著積極的促進作用，但較高的匹配率能否產生較高的繳費率，在各項經驗研究中未被證實（Andrews，

---

① 約翰·威廉姆森，孫策，張松，林義.中國養老保險制度改革：從FDC層次向NDC層次轉換［J］.經濟社會體制比較，2004（3）.

② 鄭秉文.社會保障制度創新：「名義帳戶」制［N］.中國社會報，2005-04-12：4版；鄭秉文.「名義帳戶」制：中國養老保障制度的一個理性選擇［J］.管理世界，2003（8）；鄭偉，袁新釗.名義帳戶制與中國養老保險改革：路徑選擇和挑戰［J］.經濟社會體制比較，2010（2）.

③ Robert Holzmann, Edward Palmer. 2006, Pension Reform: Issues and Prospects for Non-Financial Defined Contribution (NDC) Schemes, The International Bank for Reconstruction and Development, The World Bank. Robert Holzmann, Edward Palmer and David Robalino. 2012, 2013, NDC Pension Schemes in a Changing Pension World: Progress, Lessons, and Implementation (Ⅰ, Ⅱ). International Bank for Reconstruction and Development, The World Bank.

1992；Papke，1995；W Bassett，M Fleming，A Rodrigues，1998）[1]。

受此趨勢影響，世界銀行（Robert Palacios，David A. Robalino；2009）在各國養老金制度優化的援助方案中，也更加重視激勵機制的設計和政府干預老年經濟保障行爲的優化。它強調 MDC 計劃是激勵非正規就業市場參保的重要工具，並將其與最低收入保障養老金、普惠式養老金和家計調查式養老金[2]等各類現金計劃以及稅收優惠政策相比較，論證了這一模式在制度擴面效應和社會公平效應上的優越性[3]。

1.3.1.2 宏觀層面

（1）國內學者的優化思路

早在中國養老保險制度試點之初，就有學者（周小川，王林；1994）搭建了中國社會保障體系改革的基本框架，並確立了制度優化的基本尺度及運行管理模式。在已確立的九大優化尺度中，涵蓋社會安全感、社會公平、個人激勵、對基金累積及經濟增長的貢獻、較低管理成本的維持、收入再分配效應、對政治性選擇的影響程度、實現過渡的代價、對所有權關係的影響及對資本市場的作用等方面。制度運行模式遵循供款基準制和受益基準制相結合的混合型體制這一靈活安排，混合比例中，稍側重供款基準制。這一制度架構對管理模式也作出了相應安排，強調建立全國性機構統一管理，將信息系統和競爭性的投資系統分開安排[4]。

其后，有學者（成思危，2000）對中國社會保障體系改革完善的目標模

---

[1] Andrews, Emily. 1992. The Growth and Distribution of 401（k）Plans. In Trends in Pensions 1992, ed. John Turner and Daniel Beller, 149-76. Washington, DC：U. S. Department of Labor.
Papke, Leslie. 1995. Participation in and Contributions to 401（k）Pension Plans：Evidence from Plan Data. Journal of Human Resources 30（2）：311-25.
Papke, Leslie, and James Poterba. 1995. Survey Evidence on Employer Match Rates and Employee Saving Behavior in 401（k）Plans. Economics Letters 49（September）：313-17.
Bassett, William, Michael Fleming, and Anthony Rodrigues. 1998. How Workers Use 401（k）Plans：The Participation, Contribution, and Withdrawal Decisions. National Tax Journal 51（2）：263-88.

[2] 最低收入保障養老金（minimum pensions），是政府爲保障參保者至少獲得最低標準養老金，在收入水平監測基礎上提供的養老金待遇補貼；普惠式養老金（Universal/basic pensions）多指國民年金，是政府對一定年齡條件下的公民提供的均一的養老津貼，帶有福利性；家計調查式養老金（resource tested）與中國老年低保救助類似，即非繳費養老金的提供需通過家計調查。

[3] Robert Palacios, David A. Robalino. 2009. Matching Defined Contributions：A Way to Increase Pension Coverage. In Closing the Coverage Gap. ed. Robert Holzmann, David A. Robalino and Noriyuki Takayama. 187-202. Washington, DC. World Bank.

[4] 中國社會保障的體制選擇與經濟分析課題組（周小川，王林執筆）. 社會保障：經濟分析與體制建議［J］. 改革，1994（5）、（6）。

式、政策設計以及難點問題進行深入探討，尤其重點研究了養老保險制度平衡模式和基金運行模式的優化①。

對於養老保險制度優化的統分思路，多數學者堅持基本養老保險層次全國統一設計，補充養老保險層次不同群體分別設計的制度優化原則。有學者（宋曉梧，2001）考慮到中長期發展，在當時的環境條件下，指出以建立統一的城鎮職工基本養老保險制度爲前提，分開設計企業的補充養老保險和機關、事業單位的附加養老保險；通過出抬稅收優惠政策推動補充養老保險盡快走上發展軌道，並建立城鄉有別的養老保障體系②。

事實上，早在1993年，在社會保障制度模式的選擇上，中國多層次養老保險體系雛形確立之時，社會保障改革面臨的三條道路③就引發了社會保障目標模式選擇的大爭論，其本質是對以社會保險方式爲基礎推進社會保障體系建設思路的確定，這也直接影響了養老保險體系的制度選擇和路徑優化。有學者④（高書生；2002，2003，2004，2006）基於自身在體制改革中的實際工作經驗，結合當時的中國國情，對養老保險體系的制度優化及改革路徑作出比較，認爲走社會保障的「第三條路」，即實行狹義的社會保障是合乎國情的選擇。在這一模式下，養老保險制度將包括老、遺、殘三個項目，以社會保障稅收徵繳機制爲輔助，在現收現付的籌資模式下實行一步到位的全國統籌，而個人帳戶的設立則轉移到補充養老保險層次。同時，他也強調養老保險制度優化的可持續路徑，需要在不同制度層面和對不同年齡段群體界定政府與市場責任，重點保障65歲以上的老年人；65歲以前的各類保障問題則可通過各類商業保險解決。當然，也有學者認爲在路徑二的大前提下，可繼續維持「統帳結合」的基本養老保險制度框架，分離基本養老保險的社會統籌帳戶與個人帳戶，對社會統籌基金與個人帳戶基金進行分帳管理，以避免制度執行不力對政策設計產生的偏差（胡秋明，2004）⑤。

---

① 成思危. 中國社會保障體系的改革與完善 [M]. 北京：民主與建設出版社，2000.
② 宋曉梧. 中國社會保障體制改革與發展報告 [M]. 北京：中國人民大學出版社，2001.
③ 三條道路一是「社會保險+城市低保」，二是「個人帳戶爲主，社會統籌爲輔」，三是「狹義的社會保障」，即以防止和減少老年貧困爲目標，不設個人帳戶，實行全國統籌。
④ 高書生. 社會保障：我們該走哪條路 [J]. 經濟研究參考，2004（18）；高書生. 我們需要什麼樣的社會保障 [N]. 經濟參考報，2006-07-31：12版；高書生. 社保改革思路需「推倒重來」[N]. 中國證券報，2006-09-07：A15版；高書生. 關於推行「低門檻與可持續的社會保障新計劃」的初步設想 [J]. 內部文稿，2002（15）；高書生. 解開社會保障改革的「死結」[N]. 經濟參考報，2006-08-21：12版；高書生. 中國社會保險制度架構的缺陷 [J]. 經濟理論與經濟管理，2003（5）.
⑤ 胡秋明. 中國社會養老保險制度改革的路徑選擇分析 [J]. 天府新論，2004（2）.

隨著中國社會保障制度的全面搭建和逐步完善，養老保險制度優化的戰略方向在前人諸多道路選擇的爭議中逐漸明朗，它以「公平、正義、共享」作爲制度建設的核心價值理念和改革的重要標準，將「免除所有國民老年生活的后顧之憂、確保老年人生活質量」爲基本目標，「以統籌兼顧、增量改革、新老分開」爲改革的基本策略，逐步建立起以繳費型養老保險制度爲核心的、具有中國特色的多層次養老保障體系。並以「三步走」戰略和多元制度設計作爲制度推進的重要保證（鄭功成等，2011）[①]。

（2）國外學者的改革關注

在中國養老保險制度變遷和道路選擇的改革進程中，國際社會對中國養老保險制度優化給予了高度關注。

有學者（Martin Feldstein，Jeffrey Liebman，2006）在制度環境和經濟社會轉型背景下分析了中國社會保障的制度吸引力，提出從轉制成本的消化、管理體制的規範、繳費稅率的控制和個人帳戶基金投資策略的改進四方面挖掘養老保險制度優化的內在潛力[②]。

也有學者（Nicholas Barr and Peter Diamond，2010）對中國養老金改革的爭議、選擇及應對措施進行了戰略研究，通過對國際經驗的總結和中國實踐的考察，明確了養老金制度優化的核心目標和設計準則，並通過對養老金計劃結構的分析，引入了優化養老保險制度擴面的非繳費型養老金計劃，認爲應在城鎮實行現金轉移計劃基礎之上的強制性繳費制度，將公共雇員也納入其中，並從五年計劃和長期計劃的設計中，論證了個人帳戶養老金和基礎養老金的管理投資及延遲退休年齡等具體改革事宜[③]。

2012年，中國養老保險制度在城鄉範圍內基本實現全覆蓋，在此背景下，世界銀行（World Bank，2013）對中國養老保險體系縱深改革的推進給予展望，它基於目前存在的三層次體系，分析了城鄉無勞動收入居民的養老金需求，肯定了繳費匹配計劃（MDC計劃）的中國經驗；同時，建議引入NDC計劃優化城鎮養老保險制度設計，解決轉制成本和隱形債務問題；並在設置彈性退休年齡、人口老齡化和勞動力市場結構調整三者的互動關係中作出了制度安

[①] 鄭功成，等. 中國社會保障改革與發展戰略［M］. 北京：人民出版社，2011.

[②] Martin Feldstein, Jeffrey Liebman. 2006, Realizing the Potential of China's Social Security Pension System, China Economic Times, February 24.

[③] Nicholas Barr and Peter Diamond. 2010, Pension Reform in China: Issues, Options and Recommendations. London School of Economics, Massachusetts Institute of Technology, Boston.

排，對補充養老保險的改革路徑進行優化①。

1.3.2 多層次養老保險體系的制度內涵和基本問題

1.3.2.1 多層次養老保險體系的制度內涵

對中國養老保險改革而言，「多支柱」（multi pillar）是個外來詞，國內通常稱之爲「多層次」，是養老保障體系的設計理念之一。1991年《國務院關於企業職工養老保險制度改革的決定》（國發〔1991〕33號文件）首次對中國「多層次」的養老保險制度做出政策解釋，即「基本養老保險、企業補充養老保險和職工個人儲蓄性養老保險相結合的制度」。國內也有學者②（林義，1992）較早對多層次養老保險制度作出一般性界定，即：國家根據不同的經濟保障目標，綜合運用各種養老保險形式而形成的老年經濟保障制度。

對於多層次架構的制度內涵，有關專家（World Bank，IMF；1992）在總結智利、新加坡及瑞士多層次社會保障模式基礎上，提出了四層次劃分法，包括：由國家舉辦的以強制儲蓄計劃爲特徵的第一層次養老金計劃；由國家舉辦的以收入再分配爲特徵的第二層次養老金計劃；由企業建立的國家予以稅收等各項優惠政策的補充養老金計劃；由勞動者個人或家庭建立的自願儲蓄的補充性退休收入保障計劃③。爲此，立足經濟制度和經濟保障視角，養老保險制度選擇的雙重標準被確立，它既要有利於老年人分享經濟發展成果，又要有利於經濟增長。因此多樣化被看成是養老金計劃組合的最佳方式。同時，世界銀行（The World Bank，1994）還強調，一個有效的養老保障計劃應兼具儲蓄、再分配和保險三項功能，各國應建立由多重老年保障層次分擔責任的籌資和管理方式，包括非累積的強制性公共管理層次、累積的強制性私營層次和自願性私人層次，三者各司其職④。

然而，類似「三層次」架構的設計標準並非普適，它提供的只是一個政策組合的可能性框架，在對多層次養老保險改革的審視和反思中，各國應根據國內資本市場、制度歷史路徑、改革目標、財政預算及行政管理結構等情況合理作出制度安排（Robert Holzmann，1999），辯證看待第二層次養老金計劃與

---

① MarkC. Dofman, Robert Holzmann, Philip O'Keefe, Dewen Wang, Yvonne Sin and Richard Hinz. (2013) China's Pension System: A Vision. World Bank.
② 林義. 論多層次社會保障模式[R]. 經濟改革與社會保障國際研討會，1992.
③ ISSA. 1992, International Social Security Review.
④ The World Bank. 1994. Averting the Old–Age crisis: Polities Protect the Old and Promote Growth, A World Bank Policy Research Report.

公共固定待遇計劃的關係（Peter R. Orszag, Joseph E. Stiglitz；1999）。經過對20世紀90年代各地區養老保險改革的考察，可以看出，將現收現付的第一層次養老金計劃與個人帳戶完全累積的第二層次養老金計劃相結合已得到普遍認可，由於NDC模式的存在，DB型制度有了更多的選擇（Louise Fox, Edward Palmer；1999）。

「多層次」的養老金改革在世界範圍內擴展，但人口覆蓋率並未擴大，學者們（Robert Holzmann, Truman Truman, Jose Cuesta；1999）假設了貧困人口及自由職業者的大量存在以及交易成本和制度設計等因素弱化了參保激勵，致使覆蓋率較低；同時學者們也關注到強制繳費型老年收入保障計劃的重要替代方式——非繳費型養老金計劃和廣泛存在於發展中國家的傳統家庭養老安排，有助於擴大養老保障的覆蓋面。這些多樣化的老年經濟保障方式，為「三層次」養老保障體系的拓展提供了制度空間。為緩解更多老年弱勢群體的貧困風險，熨平個人收入，更好地適應養老保障體系中各目標群體和各國的具體實際，世界銀行（The World Bank, 2005）將原來的「三層次」體系拓展為「五層次」，增加了以消除貧困為目標的非繳費型計劃（「零層次」）和多種非正規保障形式構成的非經濟層次（「第四層次」）。至此，多層次養老保障體系的理論構建得到完善。

1.3.2.2 多層次養老保險體系的制度構建

（1）多層次體系構建的關鍵思路和基本內容

多層次養老保險體系是不同養老金計劃的優化組合。它是多層次社會保障制度的重要組成部分。有學者①（李鐵映，1995）依據資金籌集方式和保障目標的不同，將中國社會保障體系劃分為三大板塊：第一板塊中的保障項目由國家財政支撐，包括社會救濟、社會福利、優撫安置和社區服務；第二板塊的保障項目由國家法律強制實行，包括養老、失業、醫療、工傷、生育保險和住房保障，是社會保障的主體部分；第三板塊遵循自願原則，包括個人投保、企業投保、互助型保險等各種以營利為目的的商業保險項目，是社會保險的重要補充。在各層次保障體系的建設中，鼓勵社會、企業、機構、家庭、個人等一切社會力量出力興辦，積極探索家庭保障的有效形式，充分發揮家庭的保障作用，鼓勵發展商業性保險。可見，中國構建多層次養老保障體系在多層次社會保障制度中已初現輪廓。

---

① 李鐵映. 建立具有中國特色的社會保障制度[J]. 求是, 1995 (19).

多層次養老保險制度的成型是多種深層次因素綜合作用的結果。有學者[1]（林義，1997）運用制度分析的方法對社會保險制度的歷史演進溯源，通過對制度背後深層的社會結構以及家庭結構等歷史文化因素的考察，解釋了中國多層次養老保障體系的制度安排，指出家庭保障在多層次保障模式中將發揮西方多層次社會保障制度無法替代的重要作用，強調企業保險和社區保障在多層次體系中的核心作用；認爲政府責任的側重點是爲在前兩個層次未獲得基本保障的公民提供兜底保障，發展完善社會救濟制度。

對世界銀行三層次體系的認同上，有學者[2]（葛延風，1998）認爲中國設立「第一層次」固定津貼型養老保險值得商榷，在肯定其「保證退休者收入、通過轉移支付實現社會保障公平性原則」等作用的同時，也指出受限於中國的具體國情，固定津貼型養老保險的施行可能存在財務收支不平衡等技術性問題，不宜實行最低養老金制度，而應由社會救濟代替該層次的功能，將個人帳戶完全累積的第二層次與強有力的社會救助體系相結合，同時以發達的商業保險作爲補充；政府的責任主要是對那些無力自保的社會弱者提供一種制度化、社會化的救助體系，維持其基本生活。

也有學者[3]（中國社會保障體系研究課題組，2000）指出，儘管中國養老保險制度一直在向「三層次」體系努力，但究其實質，仍是一個「一層次」的養老保險體系，即政府保險。面對養老保險困境，有學者[4]（李紹光，2000）認爲需建立一個以基金制計劃爲核心的多層次養老金制度，以現收現付爲融資方式的基本養老金計劃主要面向「老人」，解決歷史遺留問題，該層次隨著「老人」的退出逐漸萎縮；養老金制度其主幹部分爲第二層次的基金制計劃，主要面向「中人」和「新人」，即現在或將來參加制度的人，該計劃可引入增加投資回報的增值投資計劃和有限的收入再分配填補計劃等多種子計劃；也可在此基礎上建立自願儲蓄型養老金計劃，並鼓勵個人購買商業性保險。

多層次養老保險體系也可以是經濟保障、服務保障和精神保障的結合。有學者[5]（鄭功成，2003）按照責任承擔主體及承擔方式對多層次進行新的界

---

[1] 林義.社會保險制度分析引論［M］.成都：西南財經大學出版社，1997.
[2] 葛延風.養老保障制度改革——新的體制建設中需要討論的兩個問題［J］.現代企業導刊，1998（2）.
[3] 中國社會保障體系研究課題組.中國社會保障制度改革：反思與重構［J］.社會學研究，2000（6）.
[4] 李紹光.養老保險的困境與出路［J］.經濟社會體制比較，2000（3）.
[5] 鄭功成.中國養老保險制度的未來發展［J］.勞動保障通訊，2003（3）.

定，指出在五層次養老保障體系中，第一層次是家庭或自我保障層次，經費主要來源於個人儲蓄或家庭，國內絕大多數老年人處於該層次，政府需擔負起維護家庭保障功能的責任；第二層次是政府負責層次，主要包括普惠式國民養老金及現行的社會救助制度，政府是該層次的直接責任主體；第三層次爲政府主導、責任分擔層次，主要由差別化的職業養老保險構成；第四層次是單位負責層次，主要包括補充養老保險，是職業福利的重要組成部分；第五層次是市場提供層次，指商業性養老保險以及其他通過市場渠道獲得的老年保障，該層次實則屬於個人負責層次，政府在后三層次中扮演政策環境的創造者。

（2）制度搭建中各層次養老金計劃的互動

在多層次養老保險體系協調發展的過程中，有學者①（劉子操，1995）基於社會保險和商業保險的區別性、動態交融性和運行方式上的高度關聯性，提出二者合理分工、相互促進、協調發展的合理構架；也有學者②（林義，1997）立足中國特色的社會主義文化內核和基本國情，審視了補充養老保險制度安排的深層次原因，指出介於家庭保障和社會保險計劃之間的企業補充保險制度是中國特有企業文化的延伸和體現，這一擴大了的家庭保障職能兼具物質保障和精神保障功能，符合企業職工「以企業爲家」的根深蒂固的文化心理定式；建議政府因勢利導，將其納入規範化軌道，強調和重視發展企業補充養老保險計劃，突出其在整個養老保障體系中的作用，使之呈現出更加濃厚的中國特色。

有學者③（鄭功成，1998）認爲現階段合理的社會保障制度設計是建立在家庭保障基礎上的一種新的混合型社會保障制度，指出家庭保障是建立社會保障制度的一種先天性優勢，社會保障制度不是要取代家庭保障的功能，相反，可以彌補其功能的弱化。也有學者④（徐勤，1997）顯示出對家庭養老保障功能的擔憂，從中國改革開放以來侵犯老年人權益案件中贍養權受侵害的案件所占比例最高這一事實出發，指出家庭養老問題突出，尤其是那些高齡、多病、無收入和無配偶的老年人及生活在農村的老人得不到家庭照顧，婆媳關係不和睦、老人對家庭財產權的弱化使老人在家庭糾紛中處於劣勢。對城鄉養老狀況進行比較後，認爲城鎮老人的退休金是維持其晚年生活的可靠保障，農村卻不能。由此得出「家庭養老的削弱應以社會養老的增強爲前提，只有發展社會

---

① 劉子操. 談談社會保險與商業保險的協調發展問題［J］. 財經問題研究, 1995（6）.
② 林義. 發展中國企業補充養老保險的設想［J］. 財經科學, 1997（5）.
③ 鄭功成. 論中國社會保障制度的改革［J］. 社會保障制度, 1998（11）.
④ 徐勤. 農村家庭養老能走多遠［J］. 人口研究（人口與發展論壇）, 1997（6）.

養老才是解決家庭養老問題的根本途徑」這一結論。

1.3.2.3　多層次養老保險體系的制度優化

（1）多層次養老保險體系制度失衡及糾偏

在多層次養老保險體系建設中存在層次錯位和缺位的現象，有學者①（徐開東、李德根，1996）指出中國現行養老保險與商業養老保險在性質上出現趨同，呈現出「誰交錢、誰受益」「多交錢、多受益」「不交錢、不受益」的制度邏輯，造成負面社會影響。

目前中國補充養老保險和個人儲蓄性養老保險發展水平極低，相比基本養老保險的參保人數和基金滾存，差異較大，亟需促進多層次養老保險的平衡發展，提高養老保險待遇的整體水平（張舉剛，1999）②。當然，也有學者③（陳佳貴，1999）認爲發展商業保險和企業補充養老保險具有獨特的戰略意義，倡導在現行社會保險制度框架內給商業保險正確定位，爲企業補充養老保險的試點確立一個恰當的政策框架。

基於消費者選擇理論，也有學者④（馬敏，1998）從近期和跨時期橫縱兩個方面對商業養老保險和社會養老保險間的關係進行微觀分析，指出在多層次養老保險體系的構建中應重視保障水平研究，處理好「度」和「量」的關係，使「以基本養老保險爲主，商業養老保險爲補充」的目標落到實處。

在多層次養老保險體系建設中，學者們對政府在各層次中的責任劃分進行了探討。有學者⑤（魏競飛，2003）認爲企業補充養老保險層次，是國家責任和商業運作的有機結合，企業補充養老保險作爲國家推動的一個養老層次，必須體現國家的責任或意圖，需要其指導和規範。

（2）多層次養老保險體系的制度分割及整合

除了多層次架構的錯位和失衡，制度分割和各層次內部的制度碎片也是影響制度優化的重要因素。目前中國基本養老保險層次實行的「統帳結合」被認爲是適合中國國情的理想模式⑥（國務院發展研究中心社會部，2000）。它與世界銀行倡導的「多層次模式」基本一致，但社會統籌與個人帳戶仍應明

---

① 徐開東、李德根.當前社會保險運作中五個問題亟待解決[J].經濟理論與經濟管理，1996（2）.
② 張舉剛.略論中國養老保險制度改革的取向[J].社會保障制度，1999（2）.
③ 陳佳貴.中國社會保險制度研究[J].中國社會科學，1999（4）.
④ 馬敏.社會養老保險在排擠商業養老保險嗎[J].統計研究，1998（4）.
⑤ 魏競飛.企業年全國家責任與商業運作的雙重性[J].保險研究，2003（10）.
⑥ 國務院發展研究中心社會部.分離體制轉軌成本，建立可持續發展制度——世紀之交的中國養老保障制度改革研究報告[J].經濟社會體制比較，2000（5）.

確分屬兩個相互獨立的組織管理系統，基於不同的功能定位服務於不同的保障目標才能規避制度分割問題。其結合的核心應該是資金籌集、發放及管理運作，需由不同的管理主體，通過不同的組織機構，按照不同的管理方式分別實施。兩套系統在組織機構和管理權限上要明確地分開，個人帳戶養老保障系統仍屬於由政府發起的社會保障體系而非私人儲蓄。同時，鼓勵在「統帳結合」的基礎上建立各類補充養老保險（吳敬璉，2000）[1]。

也有學者[2]（鄭功成，2003）主張在現有基本養老保險發展的基礎上，將「統帳結合」模式分解並發展爲普惠式國民養老金與差別化的職業年金，再推動補充性養老保險的發展，是破解制度碎片問題的重要途徑。還有學者[3]（林治芬，2004）認爲至少在 20 年內，中國社會養老保險的目標是部分累積制，指出目前需要做的是實行「統帳分管」，包括帳款分流、統帳分記、個人帳戶實記、責任分負，這也能在一定程度上緩解制度不統一的問題。

事實上，制度設計中應體現多層次與多元化並存的特徵，多層次的好處在於適度減輕政府直接承擔的社會保障責任，同時適應地區差別、行業差別和企業差別，使國民保障水平不至於因改革而劇降；而多元化儘管暫時呈現出「碎片化」的制度缺陷，但它是基於不同社會階層社會經濟基礎將長時期存在差異來考慮的，盲目追求高度統一的制度並不現實[4]（鄭功成，1998）。也有學者[5]（胡寶剛，1998）在多層次養老保險的具體實施方案中，分別就城鎮企業職工、國家機關事業單位職工和「三資」企業的中方職工，建立了由基本層次、企業補充層次到個人儲蓄保險層次的三重格局；並針對個體工商戶和農民設計了基本養老保險和個人儲蓄保險兩層次的養老保障體系。

與多層次和多元化的理念相反的，是打破交叉。有學者[6]（王國軍，1998）認爲這種多層次、「碎片化」的交叉局面，亟須打破，以適時實現養老保險體系從「二元」到「三維」的轉變，並將城鄉分割的制度整合到由基本到補充的三層次體系之中。還有學者[7]（鄭秉文，2009）建議將目前單一群體的「統帳結合」改爲多元群體的「混合型統帳結合」，同時對「繳費型」養老

---

[1] 吳敬璉.社會保障體系建設專家談 [J].勞動保障通訊，2000（10）.
[2] 鄭功成.中國養老保險制度的未來發展 [J].勞動保障通訊，2003（3）.
[3] 林治芬.中國養老社會保險最終目標與現實路徑選擇 [J].社會保障制度，2004（3）.
[4] 鄭功成.論中國社會保障制度的改革 [J].社會保障制度，1998（11）.
[5] 胡寶剛.在企業保障向社會保障轉變過程中建立多層次共同負擔養老保險機制 [J].安徽大學學報：哲學社會科學版，1998（3）.
[6] 王國軍.社會保障：從二元到三維 [J].社會保障制度，1998（11）.
[7] 鄭秉文.建立統一基本養老保險制度的可行性 [J].社會保障制度，2009（2）.

保險制度與「非繳費型」養老制度（養老補貼）混合設計。

(3) 多層次養老保險體系制度水平的虛高及調整

從目前發展的現狀來看，中國基本養老保險的替代率較高，維持在50%～60%左右，在時機成熟的時候可將「統帳結合」模式中個人帳戶部分轉入企業補充養老保險中，將養老保險的「小補充」變為「大補充」。企業補充養老方面，實行半強制，在規定個人帳戶規模內強制繳費，超出則通過稅收優惠的方式鼓勵實施，使替代率隨著企業經營情況的不同而略顯差別，該層次的替代率可維持在40%～60%。三層次養老保險完整體現了政府、企業、個人三者的責任。同時，在三層次養老保險體系的整合方面，由於中國個人帳戶空帳運行的實際情況，加之資本市場發展的不成熟，給現實的改革工作帶來重重障礙[①]（王東進，1997）。

(4) 多層次養老保險體系中家庭功能的發揮與融合

在多種養老保障形式的發展中，部分學者也顯示出對家庭養老保障功能的擔憂，有學者[②]（姚遠，1997）指出農村傳統家庭養老運行的物質環境、思想環境和社會環境發生了變化，老人的家庭及社會地位受到挑戰，子女數量減少、價值觀念變化及外出發展的自主性增強致使養老對象和養老保障的提供者呈現疏離狀態。傳統養老方式的動搖使得現代家庭養老機制的建立成為必要。因此，需從老人、子女及社會三方面創造農村家庭養老的現代運行環境，調動老人參與社會養老的積極性，進行自我儲蓄或參加社會養老保險；子女方面則由對老人的「共同居住、親自服侍」轉向多形式的照料，包括養老資金的供給，通過購買多種形式的養老服務或資助老人參加社會養老保險來實現。

但也有學者（曾毅，1997）指出家庭保障對社會保障存在擠出效應，過去「農村以家庭養老為主」的提法有待商榷，認為它不利於轉變農民生育觀念和生育水平，不利於扭轉出生性別比失衡的傾向，更不利於社會養老保險的發展。

1.3.3 養老保險制度優化研究的技術路線

在養老保險制度變遷和優化選擇的過程中，隨著方法論研究的不斷創新，演繹動態制度優化進程、剖析制度演進動力以及評估制度優化績效成為多學科整合研究的焦點。

---

① 王東進.社會保障制度改革的現狀與趨勢[J].經濟工作導刊，1997（5）.

② 姚遠，徐勤，曾毅.農村家庭養老能走多遠[J].人口研究（人口與發展論壇），1997（6）.

1.3.3.1 制度優化和路徑分析的傳統架構

傳統的制度變遷及績效分析方法多沿襲經濟學的均衡分析路徑。國外學者（Samuelson，1958①；Diamond，1965②；Aaron，1966③）的諸多研究構建了一般均衡理論框架下養老保險制度變遷的理論演繹基礎。其後，動態生命週期模型（A-K 模型）的創立（Auerbach，Kotlikoff；1987④）和不斷修正（Feldstein，1974⑤；Barro，1974⑥；Kotlikoff，1998a⑦），使這一時期以養老保險私有化改革爲主線的結構化改革有了證實的方法論依據。鑒於研究方法的更新發展，國內有學者⑧（鄭偉，孫祁祥，2003）針對當時社會養老保險制度變遷，在一般均衡框架下構建了一個兩期的動態生命週期模型，分別從宏觀經濟生產者、微觀經濟生產者、微觀經濟消費者、經濟公平和轉軌代價五個方面對制度變遷的經濟效應進行了模擬量化分析，證實了中國養老保險制度變遷經濟效應的正面性。

1.3.3.2 制度優化和路徑分析的整合性視角

在制度分析方法論的整合創新上，諸多學者爲之作出了重要貢獻。有學者⑨（Polany，1957）將經濟規律的發展視爲制度化進程，認爲其植入或嵌入特定社會結構、歷史傳統和觀念文化象徵結構之中，強調從社會、自然環境與人類之間交換、代謝關係的角度來研究經濟問題。有學者⑩（Avner Greif；1998，2002）不僅將制度分析的演繹法與歸納法相融合，形成「比較歷史制

---

① Samuelson, Paul A. (1958).「An Exact Consumption-Loan Model of Interest with or without the Social Contrivance of Money」, Journal of Political Economy66, pp. 467-482.

② Diamond, Peter A. (1965).「National Debt in a Neoclassical Growth Model」, American Economic Review55, Issue 5, pp. 1126-1150.

③ Aaron, Henry (1966).「The Social Insurance Paradox」, Canadian Journal of Economics and Political Science32, pp. 371-374.

④ Auerbach, Alan J. and Kotlikoff, Laurence J, (1987), Dynamic Fiscal Policy, Cambridge University Press.

⑤ Feldstein, Martin (1974).「Social Security, Induced Retirement and Aggregate Capital Accumulation」, Journal of Political Economy82, no. 5, pp. 75-95.

⑥ Barro, Robert J. (1974)「Are Government Bonds Net Wealth?」Journal of Political Economy82, pp. 1095-1117.

⑦ Kotlikoff, Laurence J, 1998a,「The A-KModel - Its Past, Present and Future」, NBER Working Paper 6684.

⑧ 鄭偉, 孫祁祥. 中國養老保險制度變遷的經濟效應 [J]. 經濟研究, 2003 (10).

⑨ 林義. 波蘭尼的制度經濟學思想及其啟示 [J]. 財經科學, 2001 (3).

⑩ Avner Greif . 1998. AssociationHistorical and Comparative Institutional Analysis, The American Economic Review, Vol. 88, No. 2. Avner Greif . 2002. The Game-Theoretic Revolution in Comparative and Historical Institutional Analysis. bbs.cenet.org.cn.

度分析」框架，突出強調文化在制度變遷中的作用，而且將博弈論引入制度演進的分析框架內，基於文化信念、規則和組織構建了博弈均衡模型，並將其推演至動態制度建立、制度慣性和變遷的歷史發展中。也有學者[①]（Acemoglu，2003）利用動態博弈均衡的分析框架構建了制度變遷的動態模型，著重將政治因素納入制度變遷的分析框架中。

　　結合中國實際，國內學者[②]（林義；1997，2001）也洞悉到制度分析的重要意義，及時將其引入社會保障制度的分析框架中，創新了養老保險制度優化的方法論意義。該方法強調，制度分析的內核在於從一個整體的、相互聯繫的、辯證發展的和歷史的視覺來研究經濟制度的變遷，及其與社會、政治、歷史、文化等因素的互動關係。應將經濟制度及其運行軌跡嵌入複雜的社會關係、社會組織和文化環境中，在歷史進程的演進中，基於總體分析和跨學科、跨文化研究，把握經濟變遷的深層動因。此外，也有學者[③]（鄭秉文，2009）從制度實踐的比較研究著手，在制度發展史中歸納出社會保障制度「碎片化」的動力根源和制度衝動，並將其作爲養老保險制度優化和路徑選擇的重要約束力，認爲強勢群體與弱勢群體博弈、制度設計缺陷、認識誤區、中央權威弱化等諸多因素綜合作用是其形成的原因。

1.3.3.3　制度優化和路徑選擇的技術實現

　　此外，也有學者[④]（王宇熹，汪泓，陳群民，肖峻；2012）將系統動力學的方法運用於養老保險制度優化的分析中，強調將結構的方法、功能的方法和歷史的方法融爲一體，並以上海市養老保險制度優化爲模板，基於養老保險改革系統動力學模型的構建和 Vensim 平臺的演算，模擬了六種情景的養老保險制度優化路徑，在對養老基金收支及缺口預測趨勢分析基礎上發現，將上海市城鎮居民養老保險和外來務工人員綜合保險並入城鎮職工基本養老保險的政策將對上海原養老保險系統產生較強的正效應，但同時也爲未來基金的可持續發展埋下隱患。

　　國外廣泛用於公共政策評估的倍差法（DID）從資源配置的角度爲養老保

[①]　Acemoglu, D. 2003, Why Not a Political Coase Theorem? Social Conflict, Commitment and Politics. Journal of Comparative Economics. 31：620 -52.
[②]　林義. 社會保險理論分析的新視角——兼論制度分析的方法論意義 [J]. 社會學研究，1997（4）；林義. 制度分析及其方法論意義經濟學家 [J]. 經濟學家，2001（4）.
[③]　鄭秉文. 中國社保「碎片化制度」危機與「碎片化衝動」探源 [J]. 甘肅社會科學，2009（3）.
[④]　王宇熹，汪泓，陳群民，肖峻. 上海養老保險改革的系統動力學仿真分析 [J]. 上海交通大學學報，2012（8）.

險制度優化和路徑選擇提供了新的思路。國內有學者① （李永友，陸晨晨；2012）已將其用於公共物品的供給與改革試點路徑和方案選擇的研究，它能夠區分不同改革資源的投入對制度優化的路徑影響，並在基準組與實驗組間作出比較。然而，由於數據質量的限制，該方法在養老保險資源配置和制度優化方面的應用尚屬空白。

1.3.4　國內外研究現狀評析

國內外學者對多層次養老保險體系制度優化和路徑選擇的研究，無論從內容上還是方法上都推動了理論的深化和實踐的發展。其研究呈現如下特點：

一是研究內容的階段性。20世紀70年代至90年代，制度變遷最顯著的特點便是籌資模式的變化以及以此爲基礎的結構性調整，這一時期的制度優化與路徑選擇也主要局限在上述範疇，使得研究具有針對性和現實應急性。

二是研究高度的戰略性。除了微觀視角，制度優化和路徑選擇的研究還必須具有一定的戰略高度。由於制度變遷的漸進性，隨著養老保險制度改革的發展，必然經歷由分到統，由具象到抽象的過程，必須把握住制度優化的力量驅動和路徑選擇的實質。這無疑增加了研究的深度和難度。

三是研究視角的多樣性。制度優化是多方力量互動的必然演進結果，涉及制度系統內外主體博弈和力量均衡，需要在方法論上有所創新，才能把握住制度演進的本質、制度優化的成效，看清路徑選擇背後的主體行爲。多樣化的研究視角推動了理論研究的整合以及方法論創新。

任何事物都有一分爲二的優勢和劣勢。前人研究的特點和經驗總結爲筆者的研究提供了借鑑，留下了創新空間。前人研究的階段性特點雖使研究具有針對性和現實應急性，卻又不得不妥協於它的歷史局限性。如今，中國覆蓋城鄉的養老保險已實現制度全覆蓋，機關事業單位養老「雙軌制」格局被打破，在新的社會經濟條件下，呈現出新的制度優化需求和新的改革驅動特徵，這種制度分析的時空拓展帶來的創新空間和本質探源，是前人無法獲得的。同時，前人的研究方法雖多元，但基於中國當前實踐，將制度分析方法與技術路線整合研究的卻少之又少，這爲本研究在跨學科探索上的嘗試提供了空間。

---

① 李永友，陸晨晨. 基層分權改革與農村社會公共品供給——基於DID方法的經驗證據[J]. 經濟學家，2012（7）.

1.4 研究目的和思路

1.4.1 研究目的

本研究目的主要有三：

一是基於政府與市場關係的歷史演進，總結各國在多層次養老保險制度優化中政府與市場的邊界及其實踐經驗。

二是探尋中國養老保險制度發展的歷史規律，抽象出推動制度發展的系統因素和驅動力量，並結合現實情況考察其運行軌跡和力量博弈。

三是為中國多層次養老保險體系的制度優化和路徑選擇提供新思路。

1.4.2 研究思路

1.4.2.1 研究對象

筆者研究的對象是多層次養老保險制度的優化問題。鑒於實踐模式的多樣性，理論界對「多層次」的制度內涵界定不盡相同。從廣義上看，以社會救助為基礎、社會保險為主體、社會福利為補充的多維架構曾被看成是多層次制度的政策詮釋；而國際社會討論得更多的則是世界銀行於1994年提出的「三支柱」模式以及在此基礎上得以完善的「五支柱」體系，如圖1-1所示。本書結合以上內容，依據1991年中國確立的多層次制度框架，將養老保險制度的優化範圍限定在以個人、企業和國家為制度參與主體的三層次架構內，並以

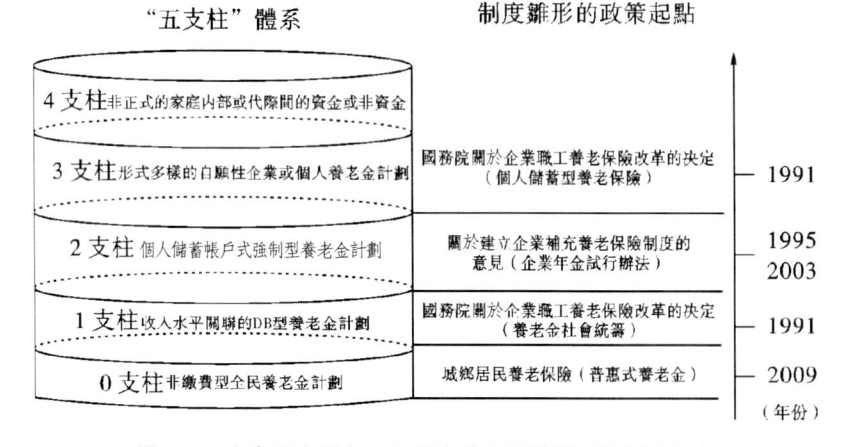

"五支柱"體系	制度雛形的政策起點	
4支柱 非正式的家庭內部或代際間的資金或非資金		
3支柱 形式多樣的自願性企業或個人養老金計劃	國務院關於企業職工養老保險改革的決定（個人儲蓄型養老保險）	1991
2支柱 個人儲蓄帳戶式強制型養老金計劃	關於建立企業補充養老保險制度的意見（企業年金試行辦法）	1995 2003
1支柱 收入水平關聯的DB型養老金計劃	國務院關於企業職工養老保險改革的決定（養老金社會統籌）	1991
0支柱 非繳費型全民養老金計劃	城鄉居民養老保險（普惠式養老金）	2009
		（年份）

圖1-1 本書研究對象：多層次養老保險體系的制度內容

三主體的經濟社會屬性變化和行爲演進爲線索，串聯全書制度分析和路徑優化的全部內容。

1.4.2.2 研究內容

研究多層次養老保險體系的制度優化及有效路徑，首先要弄清多層次優化的問題實質。筆者從政府與市場關係的理論探討入手，剖析多層次架構中政府與市場的責任邊界，並通過對國際實踐中多層次養老保險體系改革的趨勢描述和各國制度優化的經驗總結，構建可供中國養老保險制度改革參照的政策框架。

以此爲邏輯起點，筆者對中國多層次養老保險制度的時代背景和演進歷史進行了深度剖析，對制度現狀和運行風險進行了全方位評估。通過對歷史和現實的參照，將制度優化置於時代和歷史的印記中，以厘清改革路徑的歷史約束和制度主體的屬性特徵。同時，在制度的現實運行中發現其存在的問題和未來可能發生的風險，以把握制度優化的關鍵環節，洞悉改革推進過程中的重難點。

基於歷史和現實的總結，立足制度環境的影響及其與參與主體間的互動聯繫，通過系統動力的驅動研究，構建以個人、企業和政府爲核心的三大運行環境，包括人口子系統、財政投入子系統和企業發展子系統，在政策模擬的假定環境中還原了各制度主體的行爲驅動和系統互動，並在設定的「以預警式社會保險制度爲主體的多層次架構」和「以普惠式非繳費型養老金制度爲基礎的多層次架構」兩大改革情景中，預測了各制度主體的資源投入規模和制度的政策效果。與此同時，筆者還從制度主體的資源約束和行爲偏好著手，數理推導了在制度優化中起主導作用的中央和地方兩級政府，在經濟發展和民生推進上的政策選擇和博弈過程。

中國養老保險制度向何處去？是本書試圖厘清的核心問題。遵循前文分析中「問題實質的剖析—國際趨勢的判斷—歷史現實的比照—本土問題的分析—行爲模式的還原—系統動力的探究」這一研究脈絡，筆者最後將給出制度優化和路徑選擇的答案。

全書分爲八章，五大板塊，具體內容安排如下：

板塊一：導論

第1章　導論。

本章闡明了論文選題背景和價值，研究基礎、研究方法、研究依據以及研究的必要性和現實性。

板塊二：對問題實質的把握

第 2 章　多層次養老保險體系制度優化的問題實質：政府與市場關係的理論辨析。

本章是筆者研究的理論基礎和邏輯起點。

一方面，本章對政府與市場關係作了一般性探討，從亞當·斯密的自由市場理念、弗里德曼的有限政府觀、哈耶克經濟自由主義中對政府作用的描述和布坎南公共選擇理論中的對政府缺陷的論證，強化政府發揮基礎性作用的「守夜人」角色；另一方面，綜合凱恩斯政府積極行動主義、新古典綜合派的政府觀以及新劍橋學派對政府社會調節功能的闡述，強調政府在市場失靈時能動性發揮作用的必要性。以上理論要點在社會保障制度建設的決策模式和行為慣性中均能找到與之契合的政策實踐。此外，中西方財稅體制的比較也是考量政府干預行為的重要途徑。通過對多層次養老保險體系中政府與市場關係的理論辨析，可以總結出如下結論：首先，從政府與市場的理論辨析中可以看出，既不存在一直「守夜」的政府，也不存在一直「能動」的政府；二者是此進彼退的關係，且存在週期性更替和變動。其次，政府與市場能動的界限在於二者與經濟社會環境及當期發展需要的相一致；同時，政府與市場的關係的維繫也需符合一國的歷史文化傳統和當期的社會理想及價值。

板塊三：歷史與現實的比照

從第 3 章開始，筆者將養老保險制度優化這一國際難題和多層次架構這一搭建思路本土化，剖析中國養老保險制度的運行環境，探尋適合中國國情的優化路徑。

第 3 章　中國多層次養老保險體系制度演進的時代背景。

本章基於經濟社會發展的歷史軌跡，旨在從改革開放路徑與宏觀經濟調控、不同資本性質企業的變遷與博弈、勞動就業變化與社會分層三方面對養老保險制度參與主體的行為基礎、經濟屬性和心理特徵進行背景分析。強調這一歷史環境對制度現狀的影響力和制度參與主體的重塑性。首先，改革開放 30 餘年來，政府宏觀調控下的治理邏輯業已形成，並在 2010 年以後得到新的發展。從依靠行政思路解決市場問題、在資源分配和角色定位上對不同市場主體實行差別管理的治理模式，逐漸轉向依靠經濟自運行的軌道上來，更加注重民生與經濟的協同發展。其次，不同資本性質企業的博弈格局日漸均衡，隨著混合所有制經濟均衡發展改革思路的調整，不同資本性質的企業由相互擠壓到平等競爭的環境得到重塑，尤其是鄉鎮、私營企業發展環境的改善和政府對外資

企業「最惠待遇」的漸進取消，使得養老保險制度參與主體的非公平因素和差異化程度縮小。最后，勞動就業變化與社會分層的動態發展，使制度參與主體的微觀能動因素日漸得到重視，並成爲行爲心理分析的重要内容。

第4章　中國多層次養老保險體系制度演進的歷史變遷。

本章以社會養老保險和商業性養老保險發展的歷史軌跡爲主要研究内容，探尋了多層次養老保險體系推進的兩大制度基礎；同時再現了制度模式的權衡和優化、制度補缺的契機和選擇，以及行業統籌和地方統籌的實際經驗，並總結了海南和深圳兩個全國社會保障綜合改革試驗區的制度成長歷程。首先，從多層次體系演進的制度基礎看，社會保險與商業保險在業務内容和管理經辦主體上存在多次的重疊與變更，使得多層次養老保險體系中各層次養老金計劃協同發展成爲了可能。其次，從制度演進的關鍵環節看，養老保險制度模式的多次爭議和權衡，使其最終向「統帳結合」這一思路定型，其籌資模式也最終走向混合。在制度補缺的歷次改革中，不論是農民工養老保險制度的單獨試點抑或拆並、被徵地農民養老保險以及城鄉居民養老保險的地方試點，均未能撼動「城鎮職保」制度的統領地位和標杆效應。養老保險行業統籌和地方統籌的改革，仍然遵循分而治之的思路，制度整合和統籌層次的提高並未在地方試點中實現。

此外，海南模式和深圳模式的社會保障綜合改革試點，成爲中國養老保險制度改革推進過程中，具有里程碑意義的歷史事件。兩模式集中反應了養老保險制度建立的各類矛盾，包括由過去一直持續至今的矛盾。其「大帳戶、小統籌」和「大統籌、小帳戶」爭議的實質，是社會化的多層次養老體系所依託的制度文化與中國傳統養老文化和原有政策路徑的抗衡。從辯證的視角看，兩模式無所謂優劣，它們都曾經在不同的制度環境和歷史發展階段中發揮過積極的作用，而正是多層次養老保險體系的制度組合及其包容性，使得兩者的制度功能得以兼顧和平衡。

第5章　中國多層次養老保險體系的制度現狀透視。

本章是對制度運行的全面監測和評估。其中包括對監測路徑的梳理，對制度資源投入中政策集中度、計劃參與水平和制度能力的評估。以期發現各層次制度運行的差異、制度整體運行的協調性，以及人財物的投入水平和制度效果。

通過監測評估發現，首先，在制度投入的政策密度上，全國性政策資源在基本層次和補充層次的分佈並未顯現出極端的差異性，國家對不同層次養老保險制度的政策投入反而呈現趨同的規律性。同時，在政策頻次上，國家層面的

政策資源在基本養老保險、企業補充養老保險和商業性養老保險三層次的結構比爲10∶12∶4，略有差異。其次，從計劃參與水平的評估結果可以看出，多層次養老保險制度的人口覆蓋存在聯動特徵和異質性特徵。在資金投入方面，遵循三大規律，一是資金投入自平衡機制的良性運行；二是資金投入的階段性和風險性。三是第二層次企業年金計劃資金投入現狀呈現職工個人資金投入率與稅收優惠率的倒掛、中央政府資金分擔權重較大兩大特徵。在制度運行載體的投入方面，不論是基本養老保險層次的網路搭建和基層經辦機構建設，還是補充養老保險制度市場准入及其營運資格的放寬，均體現了多層次養老保險制度建設中機構投入的充足性。在制度負擔能力方面，總體而言，城鄉居民養老保險基金支付能力和撫養能力各項指標值趨於平均，均處於較低水平。

第6章　中國多層次養老保險體系面臨的風險及存在的問題。

本章是基於制度運行現狀的問題總結和風險辨析。

受制於中國國情的特殊性和中華文化的本土性，多層次養老保險體系的設計理念和運行原則與之存在衝突，面臨文化適應性風險；同時，改革開放30餘年來對制度參與主體價值和行爲的重塑，也導致價值異化風險的產生；隨著制度運行中矛盾的凸顯以及改革推進過程中信息不對稱的發生，制度優化的社會信任風險也日漸加劇；此外，人口老齡化對養老保險基金運行的挑戰、歷史遺留問題對制度參與水平的弱化、人口城市化難題對短板補足的牽制、財政供需偏差對制度效率的限制，以及制度設計不足對市場配置功能的約束，均有可能成爲制度可持續發展的制約因素。

板塊四：系統環境與行爲驅動的還原

第7章　中國多層次養老保險體系制度優化的驅動力。

本章是對制度優化的系統環境和行爲動因的探究。

本章沿襲個人、企業和政府的脈絡主線，構建了人口子系統、財政投入子系統以及企業發展子系統三大模擬平臺，並依託三者間的因果聯繫，對兩種不同的改革情景進行政策模擬，以考察其政策效果和制度參與主體的資源負擔能力。從仿真過程可以看出，多層次養老保險體系以人口的自然增長和經濟分化爲前提，其制度運行有賴人口子系統中非正規就業人口和城鄉居民規模的變化。而財政投入子系統在人口子系統運行的基礎上，增加了各資金投入板塊的競爭效應和擠出因子，在與企業養老保險制度參與成本聯動的基礎上，將勞動力市場因人工成本上升而引起的失業與人口子系統的變化以及財政補貼人口相聯繫，構成了政府仿真的邏輯圈。從政策仿真的結果可以得知，在多層次養老

保險制度的路徑選擇上，鑒於中國目前的區域差異和市場主體的分化程度，在可預期的經濟社會發展水平下，仍適合選擇「以預警式社會保險制度爲主體的多層次架構」。因爲政府不僅需要「底線履責」，更重要的是通過就業市場的正規化引導和勞動力市場的激活，培育多層次養老保險體系的自運行機制，而非政府干預下的永久性助推。

同時，通過博弈推演，在完全信息條件和不完全信息條件下，對中央政府和地方政府在經濟發展和民生投入間的取捨進行了行爲分析。一方面，在完全信息條件下，中央政府與地方政府共同存在於一個激勵相容的機制內，二者在發展民生和追逐經濟增速的雙重目標下，存在同一性，一旦中央作出政策號召，地方政府便會作出一以貫之的回應。在此情境下，縱向政策體系的上傳下達暢通而透明。另一方面，在完全信息條件下的利益格局往往變得複雜。博弈推演結果顯示，二者雙贏的概率，是中央政府強化經濟發展的概率、中央和地方共享收入及結構、中央政府爲社會穩定付出的成本、消極抵抗或是強勢推進的懲罰成本等多因素共同作用的結果。

板塊五：優化思路和政策建議

第 8 章　中國多層次養老保險體系制度優化的政策思路及建議。

本章是基於前文研究的總結和提升。通過對制度優化目標的設定、制度優化難題和要點的把握，以及階段性任務的描述，對制度優化和路徑選擇提出了積極的政策思路和建議。

1.4.3　研究方法和技術路線

本研究以制度分析方法貫穿始終，同時將定量與定性相結合。基於通過文獻綜述、制度分析、統計數據和歷史資料說明對制度演進的時代背景和歷史規律進行分析，並對制度運行現狀及風險進行定性和定量的評估。同時，依託系統論爲研究框架進行綜合分析，以個人、企業和政府的主體偏好和社會行爲主線，搭建三者賴以生存的系統環境，並以此爲基礎，探討人口子系統、財政投入子系統和企業發展子系統三者間的因果邏輯和互動關係。此外，筆者還採取博弈論的分析方法，對制度參與主體的政策行爲進行數理推演。

具體而言，其技術路線如圖 1-2 所示：

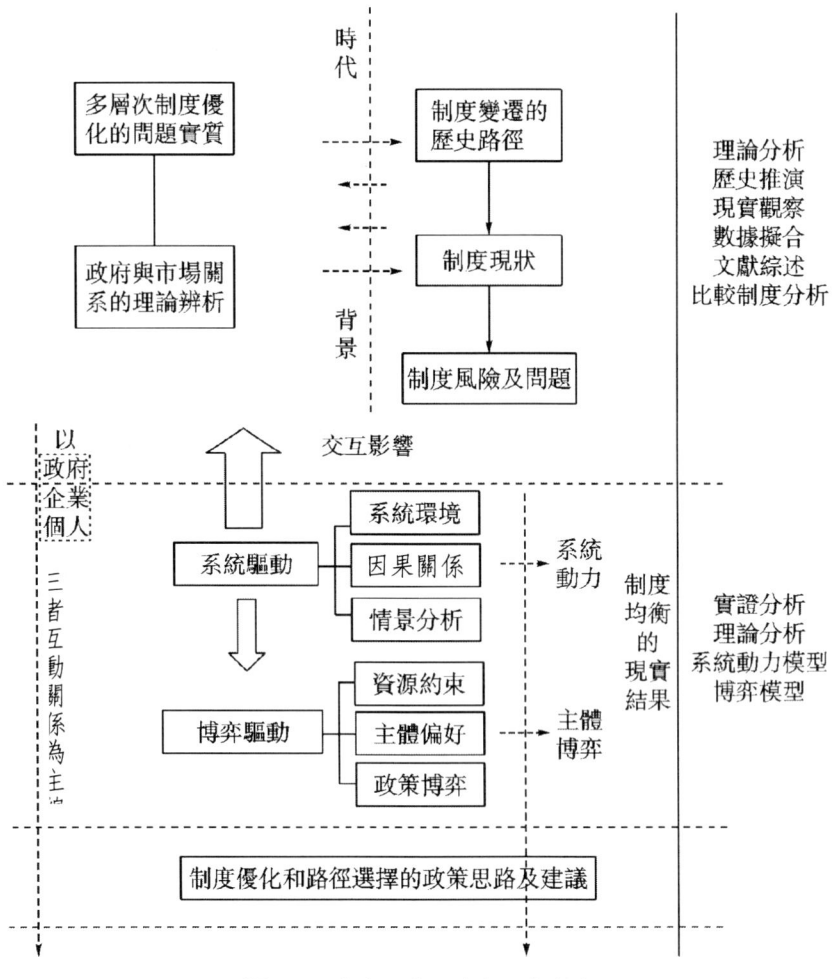

圖 1-2　本書研究思路和研究方法

1.5　創新和不足

1.5.1　創新之處

筆者研究嘗試在以下三方面有所創新：

一是研究視角上的改進。將政府公共資源配置的效用和參與者的行爲選擇這一互動結果作爲驅動制度優化研究的脈絡，更加重視影響制度優化的系統性因素和左右路徑選擇的原動力。

二是研究對象上的聚焦。基於中國改革開放 30 餘年的特殊背景，對制度參與主體的行爲心理和經濟社會屬性及其特徵進行因果分析，並以此貫穿全書，這與以往的研究相比，在經濟、行爲、心理等交叉研究上作了新的嘗試。

三是研究方法上的整合。將制度分析的方法對歷史的推演與系統分析方法和主體博弈的實證研究相結合，用於對中國特殊的多層次養老保險體系制度優化和路徑選擇的探討，對社會保障理論研究和方法工具的整合提供了新的思路。

具體而言，在創新研究方面，本書作了以下努力：

（1）基於歷史的比較制度分析，對中國經濟非正規化的發展趨勢和持續期限進行了預測判斷，並以此爲基礎，在制度優化和路徑選擇的現實選擇中論證了短時期內財政規模投入的不可退出性，以及制度「補課」的必然性。同時，對中國多層次養老保險體系制度優化路徑進行系統提煉和深度挖掘。

（2）搭建了多層次養老保險制度系統動力分析的模擬平臺，將社會系統動力學的分析方法與多層次養老保險制度的系統環境相結合，對當前養老保險制度改革進行情景模擬和政策仿真，篩選出切合當前中國實際的改革方案，並對財政可行性進行了預測和論證。此外，企業參加社保制度的成本和企業發展水平間的互動關係在模型建構中得到了體現，通過對企業養老保險成本的測度，論證了企業發展子系統與勞動力市場互動的系統邏輯。

（3）在「經濟發展」與「民生投入」存在擠出效應的理論假設下，通過對中央和地方政府的決策行爲進行博弈推演，從行爲經濟的角度解釋了當前養老保險制度改革中的利益障礙和政府行爲驅動。

1.5.2 研究的不足

（1）研究內容上的抽象性和概括性：不同於以往對機制性問題和制度運行政策細節的具象研究，基於制度演進的歷史性分析和抽象因素的定量論證，需要紮實的理論基礎和知識廣度，同時也需要務實的方法累積。這增加了本研究的難度和研究結果的風險。

（2）方法上的不足：筆者將制度分析方法與相應的實證研究相結合，在理論上能夠被證實，然而受限於數據和資料的可得性及質量，在論證過程中還有待實踐的檢驗。尤其是系統動力模型的檢驗，需要將預期設定的邏輯關係用於對歷史數據的擬合，由於中國養老保險制度投入和預算管理近年才逐漸走向規範化，補充養老保險體系的制度規模又較小，因此，部分歷史數據的擬合將無法被證實。

2 多層次養老保險體系制度優化的實質：政府與市場關係的理論辨析

2.1 基於「守夜人」角色的政府論和社會保障干預模式

政府扮演「守夜人」角色，是指政府不直接參與或干預市場經濟活動過程，而是憑藉公眾賦予的強制力為社會和市場「守夜」，提供法治、秩序、保護等。它有兩層含義。

一是將政府職能及機構屬性設定在履行國家社會事務管理職能範圍內，除賦稅等用以維護國家機器正常運轉的開支需要外，不存在其他經濟職能。由於經濟過程作為一個自然過程，將自發形成「自然秩序」，政府只需要履行「看門人」和「守夜者」角色，防止「外部入侵者」破壞原有的自然秩序。因此，該觀點認為政府沒有必要干預市場，不應當介入經濟活動過程。

與之相對應的政府社會保障干預模式，多集中在政府「底線思維」的原則上，通過與社會保障模式相匹配的財稅體制的建立和轉移支付渠道的設定，建立起社會保險制度自運行的安全網。具體而言，在多層次養老保險體系的優化過程中，政府責任集中體現在以低保制度和高齡老人津貼制度為核心的國民年金制度上；對於繳費型計劃，尤其是補充養老保險計劃，政府應盡可能地避免直接干預，而更多地依靠市場配置資源的優勢功能發揮。

二是政府在經濟活動中只能充當「監護人」或「裁判」的角色，其目的在於保證其監護對象或調解對象的權益不受侵犯，不被他人無償或暴力剝奪。倘若政府人為干預或參與經濟活動，就會破壞原有的自然秩序，剝奪公民的自由，導致經濟衰退等負面效應產生。

基於該理論，政府社會保障的干預，集中體現在監管職能和風險防範上。中國企業年金營運由單一保險契約型向信託模式轉變，經歷了「政府/行業直接營運監管—商業保險公司營運管理—信託模式下的多元市場主體營運」三階段，充分體現了政府監管方式和職能的轉變，政府退居「監護人」和「裁判」角色后，年金市場營運管理秩序更規範，基金投資營運流程更透明。

不論是經濟學理論的演進還是各流派的分化，在對政府與市場責任邊界的劃定上，從亞當·斯密到新古典主義，從貨幣主義到公共選擇學派都反應出上述觀點和思想傾向。

2.1.1 自由市場理念及其在補充養老保險層次的適用性

亞當·斯密的經濟學主張集中闡述了「守夜政府」觀點。該觀點的提出源於「經濟人」假說和經濟自由主義理念。基於其經濟哲學：人人都是有利己心的「經濟人」，生產者為人們提供充足和豐富的物品，不是出於他們對人類的同情和恩惠，而是出於他們「自利的打算」，出於他們追求最大價值的動機，即人人在追求個人利益的同時，不自覺地增進了整個社會的利益，促進了國民財富的增長。因此，要實現國民財富的增加，必須給人們追求個人利益的自由，通過自由競爭的市場機制自發調節人們的行為，而無須政府插足和干預。斯密認為，由於市場本身具有調節利益關係的功能，所以，把調節市場的權力交給任何一個自以為有資格行使的人去行使，都是一種危險的行為。只有將它交給「看不見的手」去指引，才是最恰當、最有效的行為。在市場運作過程中，政府只能無為而治，充當自由經濟的「警察」，不能也不應當直接干預市場①。

在多層次養老保險體系建設中，斯密的自由市場理念僅對補充性養老金計劃有效，而對基本養老保險層次的養老金計劃卻不適用。原因在於老年經濟保障領域市場失靈情況的長期存在，尤其是在基本養老保障層次，需要政府履行好「廣覆蓋、保基本、可持續」的建制職能，並通過及時的財政轉移支付來實現社會性養老保險制度的互助共濟功能。

2.1.2 有限政府觀與社會保障財政投入的有限理性

弗里德曼作為貨幣學派的代表，強調貨幣作用的重要性，並主張以市場引

---

① 亞當·斯密. 國民財富的性質和原因的研究（下卷）[M]. 郭大力，王亞南，譯. 北京：商務印書館，2008.

導金融政策，從而消除通貨膨脹，保證經濟的正常運行。這一思路通常與凱恩斯學派相抗衡。

基於「有限政府」的理性約束，該流派反對政府對經濟的過多干預，認爲政府的作用是非常有限的，市場的自發力量能夠使經濟自然而然地趨向均衡。與凱恩斯學派政府干預的觀點相反，他提出戰後資本主義社會經濟的大波動多是由於政府採取了干預市場經濟的錯誤的財政和金融政策。並認爲，擴張性的財政政策將導致政府機構的龐大化，加劇了通貨膨脹和經濟的低速增長。政府龐大化的結果必然導致貨幣供應量的加速增長[1]。同時，由於政府的龐大化，政府支出隨即增加，爲了給龐大的政府日益增加的開支籌措資金，政府不能僅僅依靠增加稅收，因爲經常增稅要受到納稅人的抵制，因此，政府自然會用徵稅以外的途徑取得收入，其中最好的「捷徑」就是發行新的貨幣彌補財政赤字，其結果自然是貨幣供應量增加和通貨膨脹。

同時，龐大的政府必然會過多地對經濟實行干預，其結果將造成稅賦加重，從而使人們失去了努力工作、存款投資的積極性；由於通貨膨脹日益頻繁和加劇，使市場結構出現不平衡，經濟活動的效率受到損失；由於通貨膨脹經常發生變化，人們爲了防止資產的損失，必然以對付通貨膨脹的投機活動代替努力工作，即通過各種方式來逃避通貨膨脹，而不是積極從事生產活動以獲取更多收入；政府爲制止通貨膨脹，採取了物價和工資等管理政策，導致價格體系不能正常變化，以致不能使經濟資源得到有效的利用[2]。

弗里德曼從貨幣政策的角度來探討政府與市場的關係，得出了政府之於市場的作用非常有限的結論。他認爲凱恩斯主義擴大政府權力的經濟政策違反了市場自身運行的規律，需將政府職責限定在制定必要的規章制度和仲裁經濟糾紛上，而非人爲干預市場。

基於以上理論邏輯和經濟傳導效應，在多層次養老保險體系的制度優化中，與「有限政府觀」相對應的必然是政府所履行的「有限財政責任」。與福利國家模式相異，實施社會保險模式的國家多認爲政府對養老保險制度的財政資源投入是有限的。從中國經濟發展增速和養老保險制度的推進情況來看，在制度補缺和人口擴面的相當長時期內，其財政投入均呈現無規律性和波動性特徵，且投入資金規模巨大。但自2010年實施社會保險預算制度以來，財政轉移支付逐漸走向常規化和規範化，尤其是2012年城鄉養老保險制度基本實現

---

[1] 弗里德曼，紀元．危機中的經濟自由 [J]．世界經濟譯叢，1982 (2)．
[2] 弗里德曼．弗里德曼文萃 (上) [M]．胡雪峰，武玉寧，譯．北京：首都經濟貿易大學出版社，2001．

全覆蓋以後，其財政投入思路也漸入「有限理性」的政策常態。

2.1.3　自由主義中政府作用與個人制度參與積極性的調動

哈耶克是新自由主義在經濟學領域的重要代表人物，堅持經濟自由主義，反對政府對經濟的干預。哈耶克的經濟哲學尊崇個人主義，認爲真正的個人主義只是一種旨在使自發的社會產物之形成易於理解的理論。他把經濟自由主義和個人主義聯繫起來，認爲經濟自由主義是個人主義在經濟上的必然結論。因爲各個社會成員的利益不可能用一個統一的具有先后次序的目標序列來表達，而且任何人都沒有能力去瞭解所有人的各種需要並給它排出先后次序，因此在經濟上的任何集體主義行爲都是無效或低效的，只有讓個人分散決策才能保證經濟活動效率，而市場就是一種整理分散信息的機制，它比人們精心設計的任何機制都更爲有效。

他認爲價格體系最重要的是其運轉所需的知識的經濟性，即參與該體系的個人只需要掌握很少信息便能採取正確的行動。哈耶克主張，只有堅持經濟自由，讓「看不見的手」自發調節經濟，才能真正實現經濟的繁榮和人類的進步。個人的自由選擇、自由競爭和自由企業制度是人類社會唯一有效的制度，任何人爲的試圖用其他機制去替代市場機制的做法都是錯誤的[①]。

政府在經濟活動中的角色既不是經濟活動的積極干預者，更不是濫用權力於經濟過程的調控者。他認爲，政府濫用貨幣發行權的結果，造成了持久的、廣大範圍內的通貨膨脹，克服這一弊病的根本途徑是取消政府貨幣發行的壟斷權，實行自由貨幣制度，即由私人發行競爭性貨幣，通過競爭機制的作用來實現貨幣的穩定。因此，政府的職責應該是：完善法律，創立和維護一種有效的競爭制度，創造各種條件使競爭順利進行並產生效率；在不能使競爭機制有效發揮作用的場合，政府要予以補充，爲社會提供公共產品和良好服務。

如果參照哈耶克的經濟自由主義和價格機制邏輯，以參保繳費爲前提的社會保險制度必然陷入制度覆蓋率較低的困境。我們假設包括養老保險在內的各項社會保險制度的繳費水平是制度參與的成本和經濟保障產品的價格，那麼，靠產品價格自發調節的個體參保行爲，將伴生初次分配的不公平。因此，此時的「個人自由主義」和政府責任的無限小顯然不奏效，需要引入制度激勵，通過政府的間接調控調動個體的參保積極性。

---

① 哈耶克文選 [M]. 馮克利, 譯. 南京：鳳凰出版傳媒集團，江蘇人民出版社，2007.

2.1.4 公共選擇理論中政府缺陷與社會保險制度推進的行政驅動

布坎南在討論政府與市場關係時把政府納入經濟學分析框架，運用西方經濟學的邏輯和方法，包括經濟人假設、效用最大化、交換和供求分析等，論述了政府行為的特點並指出其行為缺陷。布坎南認為，由政府活動所構成的政治制度就像市場制度，政治家相當於企業家，公民即類似於消費者，選舉制度如交易制度一般，選票如同貨幣。由於政治制度與市場制度存在諸多相似性，因此，經濟學的許多原理可以用來分析政治決策行為。在政治市場建立起契約交換關係，一切活動都以個人的成本—收益曲線為參照。

公共選擇理論下的政策制定者同經濟人一樣，均是理性的、自私的，如同經濟市場上追求利益最大化的個體一樣，他們同樣在政治市場追求其最大的政治利益，而不管這些利益是否符合社會公共利益。儘管他們可能有反應公共利益的願望，但這種願望只不過是許多願望當中的一個。

同樣，公民作為選民也是理性和自私的，其選舉同樣以個人的成本—收益曲線為基礎。由於普通選民無力支付和瞭解政治的成本，他們作為理性人往往不參加投票，因此，普通選民對特殊利益集團的制約作用是有限的。政府往往被代表特殊利益集團的政策制定者所操縱，由此滋生種種經濟和政治弊端。布坎南認為，現代西方社會面臨的重重困難，與其說是市場制度的破產，不如說是政治制度的失敗，現代社會面臨的挑戰不是市場制度方面的挑戰，而是政治制度方面的挑戰。

布坎南針對人們把政府干預經濟的必要性普遍歸結為市場存在缺陷，提出政府干預是彌補市場缺陷唯一良策的觀點，他指出：人們必須破除凡是政府都會全心全意為公眾利益服務的觀點，不應該視政府為按公眾要求提供公共物品的機器，而要看到政府是由個人選出也是由個人組成的群體[1]。同時，承認政府業已存在的缺陷，這種缺陷不僅表現為政府在干預經濟的過程中由於政策操作而導致的缺陷，更為嚴重地表現在政府官員制度本身存在嚴重缺陷，包括：個人的多元目標與選舉投票規則的缺陷；政府官員制度的低效率；政府自我權力擴張行為；政府官員的尋租行為等。由於以上缺陷的存在，人們希望用「看得見的手」來辦「看不見的手」干不好的事，卻可能出現「看得見的手」把事情辦得更糟的結果。政府自身的缺陷使其在干預市場時，不僅不能提高效

---

① 陳憲. 市場經濟中的政府行為 [M]. 上海：上海立信會計出版社，1995.

率,反而會損害效率。爲此,必須慎重選擇政府行爲或基本放棄政府干預行爲①。

公共選擇理論和「政治人」假說在養老保險制度推進過程中表現得尤爲明顯。受政府傳統治理模式及績效考核體系的影響,政府在養老保險制度的試點推進過程中,並不必然表現爲惠民利民的制度初衷,而是考慮到自身政務形象的樹立和各項考核指標的優先完成。因此,在此思路下搭建的老年經濟保障制度,不免出現人口覆蓋率低、制度可持續性差、業務經辦秩序混亂等因操之過急而伴生的新的制度問題。

2.2 基於「主觀能動」角色的政府論和社會保障干預模式

「主觀能動」的政府角色與「守夜人」角色不同,能動政府論強調政府之於市場的作用,政府不僅要在經濟活動中維持市場秩序,充當市場的「監護人」,更應積極採取行動,克服市場內在缺陷,解決市場失靈問題,影響和改善市場環境、條件,通過政府主動的干預行爲保持市場穩定和繁榮。凱恩斯主義、新古典綜合派和新劍橋學派均是這一觀點的主要代表。

主觀能動的政府論恰好與多層次養老保險體系的搭建思路相一致。在多層次制度架構中,從養老保險的基本層次到補充層次,政府干預市場的職責、角色和功能均呈現逐級弱化的趨勢,由較低層次的直接干預到補充性計劃的間接干預和監管調控。這也爲多層次架構中政府與市場關係的明晰提供了範例。

2.2.1 積極行動主義與政府養老保險基金管理的思路優化

「凱恩斯革命」開創了西方經濟學研究的新時期,這種革命不僅表現在反對薩伊定律,反對古典和新古典理論以供給爲中心、把需求作爲供給的函數的傳統方面,而且表現在它動搖了自亞當·斯密以來忽視政府作用的經濟學體系,在經濟運行機制和經濟學體系中導入了政府干預的因素,提出了政府積極干預經濟過程的政策主張。

凱恩斯的理論體系由「有效需求不足」「三大心理法則」和「反週期政策主張」三部分構成。凱恩斯在《就業、利息和貨幣通論》一書中運用「總量分析」的方法闡述了有效需求原理。他認爲社會的就業量取決於有效需求,

---

① 廖進球.論市場經濟中的政府 [M]. 北京:中國財政經濟出版社,1998.

包括消費需求和投資需求，而有效需求的大小又主要決定於三大基本心理因素，即「消費傾向」、「對資產未來收益的預期」和對貨幣的「流動偏好」以及貨幣數量。資本主義社會之所以存在失業和蕭條，主要就是由於這些心理規律的作用所造成的有效需要不足，而危機的爆發則主要是由於對投資未來收益缺乏信心所引起的「資本邊際效率」的「突然崩潰」。

在此基礎上，他提出了擴大政府干預經濟力度的反週期對策：一是要重視財政行政管理的作用，即通過國家的直接投資和消費來彌補私人消費和投資的不足，從而提高國民收入，實現充分就業。二是要注重貨幣政策的有效性，因爲貨幣政策的目的在於通過對貨幣數量的控制來改變利息率，並通過利息率的改變來刺激投資，以便使國民收入達到充分就業水平。三是要重視政府舉債方式的作用，因爲用舉債方式興辦資本項目，能增加投資，如果用於彌補其他財政項目的赤字，則爲負儲蓄，能增加消費傾向，因此，舉債支出能提高有效需求，增加總就業量，達到充分就業的均衡。總之，政府應擔負起調節社會總需求的責任，採取積極行動強化需求管理，即運用財政和貨幣政策刺激消費，增加投資，以保證社會有足夠的有效需求，實現充分就業的目標①。

凱恩斯政府積極行動主義及擴大政府干預經濟力度的反週期對策，對業已形成規模的養老保險基金管理形成有效借鑑。政府對養老保險基金在人口老齡化以及經濟週期性波動的背景下的貶值風險需做出積極應對，尤其是養老保險基金分類投資的長效機制和產品組合的設定，包括投資範圍和方向的確定，可在兼顧基礎設施建設項目推動的同時，實現養老保險基金保值增值的雙向共贏。

2.2.2 新古典綜合派政府觀與老年保障風險化解的多元路徑

以薩繆爾森爲代表的新古典綜合派，實際上是從凱恩斯學派演變過來的，它將凱恩斯的宏觀理論與新古典學派的微觀理論綜合起來，強調採取宏觀政策管理的必要性和微觀市場協調的適用性。沿襲凱恩斯的思路，薩繆爾森將宏觀經濟分析與微觀經濟分析結合起來，形成一個綜合體系，不斷兼容各現代西方經濟學流派的觀點，發展成一個龐大的經濟學體系。

薩繆爾森綜合體系的重要特點是把資本主義經濟稱爲「混合經濟」。所謂混合經濟，是指既有市場機制作用，又有政府機制作用的經濟，是私人組織和政府機構都對經濟過程施加影響的經濟。私人組織通過市場機制的無形指令實

---

① 凱恩斯. 就業、利息和貨幣通論 [M]. 高鴻業, 譯. 北京：商務印書館, 1999.

施個人行爲，政府機構通過調節性指令和財政刺激實現宏觀經濟目標。或者說，混合經濟即是國家機構和私人機構共同對經濟實施控制，是政府與私人企業並存，壟斷與競爭並存的經濟制度；政府控制的成分與市場調節的成分交織在一起共同組織社會的生產和消費。政府和市場這兩個部分都是不可缺少的。薩繆爾森將政府在經濟中的作用概括爲四個方面，即：確立法律體制；決定宏觀經濟穩定政策；影響資源配置以提高經濟效率；建立影響收入分配的合理機制①。

多層次養老保險體系制度架構本身就遵循多元保障的思路和老年風險多途徑化解的原則，因此，其多元路徑下必然存在政府、企業、個人、社會和家庭參與的混合機制。而政府在多元保障架構中主要承擔的職能則多限定在規則的制定和體制機制的建設方面。

2.2.3　政府社會調節者形象與社會保險制度收入再分配功能的發揮

新劍橋學派是當代凱恩斯主義的重要學派，以英國劍橋大學經濟學教授瓊·羅賓遜等人爲代表。他們認爲凱恩斯主義革命的重大突破之一就在於從均衡觀走向歷史觀，強調不確定性。因此新劍橋學派認爲，要堅持凱恩斯主義，必須堅決抛棄均衡概念，樹立歷史分析的觀念，要強調社會制度和階級分析的方法。他們把經濟增長與收入分配結合起來考察，形成了新的經濟增長理論，分析了「滯脹」的原因，提出了不同的經濟政策主張，塑造了政府是社會調節者的形象。

在經濟政策主張方面，新劍橋學派既反對新古典綜合派給資本主義經濟開出的「藥方」，也反對貨幣主義者減少政府干預的主張。他們認爲，新古典綜合派提出的調節社會總需求和實行工資物價管制的經濟政策主張已經被實際經濟生活證明是無效的；它們不但沒有解決通貨膨脹和失業問題，反而造成了社會資源的巨大浪費、環境的污染和收入分配的進一步失調。對於貨幣主義者提出的減少政府的干預和聽任市場機制發揮作用調節經濟的主張，新劍橋學派認爲，20世紀30年代的資本主義經濟大危機已經證明，市場機制是一個效率極差的調節工具，因此貨幣主義者的觀點實質上是一種倒退。

新劍橋學派的經濟政策主張重點在於收入分配政策。他們認爲，由於市場機制不能改變不合理的收入分配格局，因而，必須通過政府實施一系列社會經濟政策，才能改變現行的分配制度和收入分配不合理的狀況。他們的主要政策

---

① 保羅·薩繆爾森. 經濟學 [M]. 19版. 蕭琛，譯. 北京：商務印書館，2013.

主張包括：一是實行累進的稅收制度來改變社會各階層收入分配不均等的狀況。累進的稅收制度可以對高收入者課以重稅，以便在一定程度上消除一些收入不均等的現狀。二是實行高額的遺產稅和贈與稅，以便消除私人財產的大量集中，抑制社會食利者階層收入的增加；同時，政府還可以通過這一稅收方式將所得到的財產用於社會公共目標和改善低收入貧困階層的生活水平。三是通過政府的財政撥款對失業者進行培訓，提高他們的文化程度和技術水平，以便使他們能有更多的就業機會，並能從事收入較高的技術性工作，從而縮小一些收入上的不均等現象。此外，國家可以通過預算給低收入水平的家庭一定的生活補貼，增加他們的收入。四是制定適應經濟穩定增長的財政政策，減少財政赤字，逐步平衡財政預算；根據經濟增長率來制定實際工資增長率，以改變勞動者在經濟增長過程中收入分配的相對份額向不利方向變化的趨勢，從而在經濟增長過程中逐漸扭轉分配的不合理現象。五是實行進出口管制政策，利用國內資源的優勢，發展出口產品的生產，以便為國內提供較多的工作崗位，增加國內的就業機會，降低失業率，提高勞動者的收入。六是政府運用財政預算中的盈余來購買私人公司的股票，把一部分公司股份的所有權從私人手中轉移到國家手中，從而抑制食利者階層的收入，增加低收入家庭的收入。新劍橋學派政府社會調節者形象的樹立和收入分配政策的設計為以養老保險為主體的社會保險制度收入再分配功能的發揮提供了理論保證。

2.3　基於財政稅收政策的政府論和社會保障干預模式

一個國家的財政稅收政策內容和改革動向，基本反應其政府干預市場的內容和界限，為此，基於各國財政稅收管理體制的探討和與之相對應的社會保障干預模式的辨析，具有重要的理論意義。

2.3.1　中西方在財政問題上的主要差異和社保制度舉辦上的差別

一般而言，西方國家干預公共經濟的治理邏輯基於「市場有效運行—市場失靈—政府介入—公共財政」的閉環。而計劃經濟時期的中國政府，在傳統「國家分配論」的思路影響下，其干預經濟的治理邏輯通常是「生產力發展—社會分工出現—私有制產生—階級和國家產生—以國家為主體的財政分配

產生」①。

兩者之間差異的主要體現是，一方面，從國家干預和財政問題涉入的起點來看，前者在西方微觀經濟學尤其是福利經濟學基礎上，圍繞市場效率分析得出「充分競爭的市場是能夠有效配置資源」的結論；而後者則以國家的出現爲起點，雖也提到商品生產和交換問題，但並非是一種體制形式的市場經濟出現的先兆，而是其後延續了數千年小商品經濟的發端。

另一方面，從強調的側重點來看，西方的「公共經濟論」強調市場經濟基礎，認爲市場機制有效運行的前提，是盡可能地確保市場不受人爲因素干擾，尤其是不受政府干預和操縱，由此從市場有效運行和市場失效的角度融入政府干預和財政資金注入。而中國政府干預模式下的傳統「國家分配論」，則強調財政與國家不可分割的關係，但其沒有與市場直接相關。即使是在市場經濟情況下，也是因爲國家的存在財政才得以存在，而非由市場經濟決定財政的存在。

此外，從國家干預職能的履行和財政功能看，傳統計劃經濟下的「國家分配論」並未反應出市場經濟的內容和要求，其整個經濟活動均以國家爲中心展開，強調國家的主體作用和財政爲國家履行職能而分配的政治功能。多數時候，國家直接安排和控制整個經濟活動，以及財政直接爲國家經濟建設籌集和供應資金的現實相吻合。儘管改革開放後，中國政府財政職能逐漸向服務於市場轉變，「國家分配論」反應市場經濟的內容逐漸增多，但相當長時期內的政府干預慣性並未實現逆轉。

這也是中國養老保險制度從 20 世紀 80 年代起到 90 年代末十餘年的試點建設中，長期保持作爲國企改革和經濟發展配套角色的制度根基所在。這一階段，一切經濟社會活動均服從於經濟改革和經濟規模的迅速做大。

2.3.2　中西方國家財稅體制的劃分與社會保險徵繳體制的設計

改革開放以前，中國實行「統收統支的分成型」財政管理體制，其重點在於「集中」。在兼顧中央和地方利益的前提下，不同形式的分成制度實行了 30 餘年，直至 20 世紀 80 年代初，進行了改革開放后的首次財稅體制改革，此後，1980—1993 年，中國基本實行「包干」的財政管理體制，包括「劃分收支，分級包干」、「劃分稅種，核定收支、分級包干」和「多種包干」等各類包干形式。現行的財稅管理體系，主要是沿襲 1994 年分稅制改革以來的基本

---

① 李炳鑒，等. 比較財政學 [M]. 天津：南開大學出版社，2005.

模式，即劃分稅種和稅權的方式來確定各級政府財權和事權的範圍。在財稅體制演變過程中，傳統的財政制度呈現出「計劃型、爲公有制服務、對價格全面干預、對初次分配產生廣泛直接影響、基本與收入再分配無關、直接調控宏觀經濟」等特徵，而在改革開放深入推進的經濟轉型期，隨著政府職能的轉變和經濟結構的轉型，計劃財政也逐漸向轉型財政和公共財政過渡①。中國社會保險制度的徵繳體制建設，並未建立起社會保險稅收徵繳體制，而是一直實行多元經辦主體履責下的社會保險繳費制度。

與此相區別的是，西方國家業已成型的財稅體制和社會保險徵繳渠道。筆者基於英、美、法、德、日五國的具體實踐經驗及各國開徵社會保障稅的實際情況，對其進行比較。

2.3.2.1 典型國家的財稅體制設計

（1）英國政府財權和事權的劃分及轉移支付情況

在財權和事權的劃分上，英國社會保障支出屬於中央預算支出的範圍。其上下級政府收入劃分方式以集中分稅的財政體制爲核心，不設共享稅。其中，中央預算收入包括三類：直接稅、間接稅、國民保險基金及其他的雜稅費，由中央政府的社會保障部基金收入局向企業收取；而地方預算收入則包括中央政府補助金、地方稅收和地方自籌收入等項目。英國具有較成熟的轉移支付制度，其上級政府對下級政府的轉移支付數額占中央財政支出較大比重，占地方財政支出約 2/3。爲此，不難看出，英國的財力主要集中於中央政府。

（2）美國政府財權和事權的劃分及轉移支付情況

美國實行的是聯邦制財政體制，即由憲法和法律確定各級政府獨立行使各自的財權財力，自行管理、自成一體的體制模式。該體制下中央政府與地方政府、地方政府與地方政府之間沒有整體關係。政府間的財政聯繫主要依靠分稅制和轉移支付制度來實現。

一方面，在財政管理體制上，聯邦、州和地方三級政府完全獨立，實行徹底的分稅制分權型財政體制。同時，各級政府在財權與事權的界定標準，多以公共產品、準公共產品和私人產品爲標準，來劃分各級政府的職能範圍。而事權和財權上的劃分，則依據受益範圍和效率原則，以受益對象和範圍的大小作爲各級政府承擔財政支出的依據。如參照受益原則，國防外交等以國家整體爲服務對象的，由聯邦政府承擔；州或地方的基礎設施，受益區域是地方的，則由州或地方承擔。參照效率原則，則是指某項事務由哪級政府辦理成本最低，

---

① 楊志勇，等. 中國財政制度改革 30 年 [M]. 上海：上海人民出版社，2008.

效率最高，則由哪級政府承擔。

另一方面，在美國各級政府間財政收入的劃分上，依據稅收作為公共產品價格的原則，各級政府稅收收入主要來自本區域。各級政府確定相應的主體稅種和獨立的稅收體系。除財產稅以外，聯邦政府可開徵所有稅種，但所得稅和社會保險稅是主體稅種，占其全部稅收收入的90%以上。州政府可開徵除了關稅以外的稅，銷售稅和所得稅是其主要來源，占70%。地方政府的主體稅種是財產稅，占其全部收入的40%。

此外，各級政府間的轉移支付主要包括無條件和有條件兩類，但多是有條件的，如專項補助、廣泛基礎補助。

(3) 法國政府的財稅管理體制

從當前各國財政管理體制來看，原來實行徹底分權分稅制財政管理體制的國家，如美國、澳大利亞，正逐步加強中央政府的權力；而原來實行以集權為主的分稅制財政管理體制的國家，如日本、法國，正逐步向權力分散化發展，出現了尋求集權與分權適度結合的發展態勢。

法國政府的財稅管理體制在分權趨勢的影響下，仍呈現以下三類特徵：一是行政和經濟調控權高度集中於中央政府；二是開始適當下放部分事權和財權；三是以計劃合同方式協調中央與地方的關係。

(4) 德國政府的財稅管理體制

德國實行的是以聯邦政府、州政府和地方政府為層級的三級財政分稅制，明確規定了各級政府獨享稅種和共享稅種的分配比例，與其他無共享稅的國家相比，其分稅特徵尚不突出。

在具體職能的劃分上，德國聯邦政府職能以負責國家安全和存在為基礎，相應的財稅收支也集中在該部分；而州政府則負責司法、警務、醫療服務、文化事業；地方政府負責地方公共事業、地方事業和服務事業。

(5) 日本政府的財稅管理體制

日本政府實行單一的財政管理體制，由中央和地方各級政府在中央統一領導下，根據事權劃分財權財力，實行統一財政預算和分級管理模式。其特點是：各項財稅政策的確定和財政收支規模、結構，均由中央確定；地方只是在中央集權統一決策或在中央授權下，擁有財政管理的責任和權力。

一方面，在財政管理體制上，基於分稅制設計，中央集中全國稅收的70%，地方政府稅收收入較少，但這仍不影響其支出占全國財政支出的70%之多。調整中央與地方間的收支不平衡的現象，主要通過中央政府對地方政府大規模的轉移支付實現。

另一方面，是財權和事權支出範圍的劃分。日本政府的財權和事權主要限於公共事務：一類是政府機構事務，一類是社會公益性事務。其財權和事權的劃分主要依據受益範圍原則。若受益範圍是全國性的，則由中央政府承擔，若受益範圍是某地方，則由地方政府承擔。對於那些與中央政府相關的地方事務，則由中央政府撥給地方政府部分經費，實行委託辦理。

此外，在財政收入的劃分上，主要呈現兩大特徵：一是中央財政集中度高，占全國稅收 2/3；二是分稅特徵明顯，將其稅種劃分為國稅、都府道縣稅、市町村稅，基本不實行共享稅或同源稅分別徵收的辦法。在財政轉移支付方面，具備「中央籌款、地方花錢」的特點。中央財政收入相當於地方的兩倍，但支出僅相當於地方的 60%。這種不對稱情況通過轉移支付解決。

2.3.2.2 社會保險稅的開徵與國家履責

社會保險徵繳體制的設計，是以徵稅方式還是人收費的形式進行，其最大的差異在於國家對社會保險制度的干預程度和履責水平。如果徵稅，國家財政則承擔完全的兜底責任和預算管理責任；若以收費的形式，這種履責方式相對靈活，履責水平相對低一些。因此，筆者將其作為辨析多層次養老保險體系中政府與市場邊界的重要維度。從國際社會保險稅收徵繳體制的建設來看，目前主要呈表 2-1 所示的特徵。一方面，由中央政府直接開徵社會保障稅的國家較多，各級政府共享的占比較小。另一方面，從所列社會保障徵稅國家的稅收水平來看，社會保障稅占全國稅收收入比重相對較高，最高可達 41.1%，多數國家的稅收占比在 [20%，39%] 的區間內。當然，也存在社會保障稅收收入較低的國家，如馬來西亞和南非。因此，國家干預社會保障制度建設的水平，不僅與其徵繳體制有關，還與其經濟發展水平和財稅體制密切關聯，僅從單一視角，無法實現權衡和判斷。從總體來看，經濟發展水平較高的國家，政府履責程度也相對較高。

表 2-1　部分國家「社會保障稅」在現行稅制中作為主要稅種開徵的情況

	國家	占全國稅收收入比重(%)	徵收級別
1	阿根廷	15.1	中央
2	奧地利	38.1	中央、州和地方
3	比利時	31.9	中央和地方
4	巴西	30.3	中央、州和地方
5	保加利亞	30.8	中央
6	智利	7.3	中央

表2-1(續)

	國家	占全國稅收收入比重(%)	徵收級別
7	捷克	41.1	中央
8	芬蘭	8.7	中央
9	法國	39.2	中央和地方
10	德國	35.1	中央
11	希臘	30.3	中央
12	匈牙利	27.2	中央
13	愛爾蘭	13.3	中央
14	以色列	14.9	中央
15	義大利	29.9	中央和地方
16	韓國	10.8	中央
17	盧森堡	27.2	中央和地方
18	馬來西亞	1.5	中央
19	墨西哥	9.6	中央
20	荷蘭	42.3	中央
21	挪威	23.2	中央
22	秘魯	9.1	中央
23	波蘭	39.1	中央和地方
24	葡萄牙	26.4	中央
25	羅馬尼亞	39.0	中央
26	俄羅斯	21.3	中央
27	南非	1.8	中央
28	西班牙	37.1	中央和地方
29	瑞典	26.4	中央
30	瑞士	33.6	中央
31	泰國	3.3	中央
32	英國(雇主國民保險稅)	17.8	中央
33	美國	22.9	中央和地方

註：與當期資料對比，大部分國家稅制及徵收情況基本穩定。
資料來源：國家稅務總局稅收科學研究所. 外國稅制概覽［M］. 北京：中國稅務出版社，2004.

2.4 本章小結：多層次養老保險體系中政府與市場關係的實質

能夠對社會資源進行配置的力量不外乎兩種：一種是市場的力量，另一種則是政府的力量。從政府與市場的理論辨析中可以看出，既不存在一直「守夜」的政府，也不存在一直「能動」的政府；二者是此進彼退的關係，且存在週期性更替和變動。同時，政府與市場能動的界限在於二者與經濟社會環境及當期發展需要的相一致。具體而言，包括以下四個方面：

一是處理政府與市場關係必須把握好「度」的界限。從「市場決定論」到「政府救市論」再到「市場自由」直至政府與市場關係間的搖擺不定。回顧各理論流派對政府與市場關係的認識，不難看出，對於如何處理二者的關係，並沒有合意的答案。無論是政府對市場干預不夠，還是干預過度，都會產生負面的效果。政府與市場共同參與的重要特徵，也成為多層次養老保險體系制度優化的問題實質和理論基礎。

二是政府與市場的具體邊界是互補的、動態的，只有二者協調發揮作用，才能保持經濟社會健康運行。政府的具體職能和職能範圍，在不同時期有不同的要求。落足到多層次養老保險體系建設，也存在同樣的制度邏輯。政府在各層次養老金計劃的舉辦期，均有不同的側重點和階段性任務。

三是處理政府與市場的關係，需符合一國的歷史文化傳統。一國的市場經濟模式，必須與其歷史和文化傳統相符合，否則二者會發生衝突，損害經濟和社會效率。一國的養老保險制度模式和改革優化思路，也同樣需要考慮這一因素。

四是需要明確政府與市場的關係不是一個簡單的經濟問題，它還與社會價值和社會理想息息相關。在政府與市場關係的辨析中，不僅需要關注經濟效率，同時還需關注一個時代的使命及其社會價值，關注市場主體必須承擔的社會責任。

目前，隨著養老保險制度改革多元化趨勢的發展，政府責任正在實現迴歸，集中體現在現金轉移支付計劃在各層次制度中的靈活運用，尤其是在「零支柱」的建設上；同時，制度優化過程中，其設計模塊趨於技術化，更加強調名義帳戶（NDC）模式對解決制度轉軌問題和基本養老保險層次基金管理問題的重要性；制度參與的行為心理也受到極大關注，政府更加重視轉移支付的有效性，尤其在補充養老保險擴面上，重視匹配繳費（MDC）計劃的引入，強調制度參與主體的行為激勵。這都是政府與市場關係在新時期出現的新調整和新變化。

3 中國多層次養老保險體系制度演進的時代背景

一項經濟社會制度的成型或多或少帶有所處時代的歷史印記，社會養老保險制度也不例外。在中國，這一關乎勞動適齡人口老年經濟保障的制度安排，從 1980 年前後的試點起步到機制調整和制度補缺，直至 2012 年實現城鄉應保群體的制度全覆蓋，其制度演進的時間跨度與中國改革開放進程緊密相連。在這期間，中國社會成爲巨大的改革試驗場，伴隨各項改革開放政策效應的釋放，中國經濟保持著高速增長。中央政府對宏觀經濟進行數次調控後，經濟社會發展更加平穩，養老保險制度運行的三個重要主體：政府、企業和個人，也在改革開放和經濟調控進程中實現了重塑。地方政府與中央政府在財權和事權

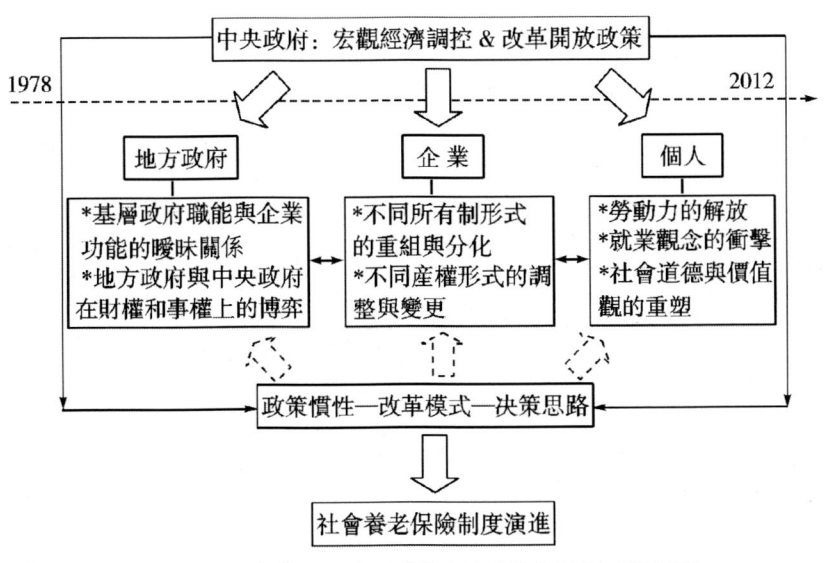

圖 3-1 社會養老保險制度演進的時代背景及系統影響

關係上呈現新的格局，基層政府與企業在產權關係上的模糊不清亦日漸理清，勞動就業人群在宏觀經濟調控與企業改革及產權關係變更下，日漸完成階層分化。這種時代背景對經濟社會生活的潛移默化是系統性的，以致改革開放中的政策慣性、改革模式和決策思路均能在社會養老保險的制度演進中找到縮影（見圖3-1）。

3.1 改革開放路徑與宏觀經濟調控

中國改革開放30餘年來，其改革路徑和經濟調控大致可分為兩個階段（見圖3-2）：一是20世紀八九十年代，這一階段改革的試探性和迸發性特徵明顯，中央政府的宏觀調控也主要基於行政色彩濃厚的緊急制動，故經濟波動較大，政府干預與市場調節的磨合處於較保守的碰撞期。與這一時期宏觀經濟形勢相對應的養老保險改革面臨制度搭建的若干試錯和爭議。二是進入21世紀以後，經歷了前期磨合，中央政府駕馭經濟和宏觀調控的能力增強，不再如彈簧般被動應形勢所迫而緊急應對，經濟增長與通脹水平較前期相對平穩，各市場主體的經濟社會活動也逐漸步入正軌。該階段形成的宏觀經濟形勢和改革氛圍，為養老保險制度補缺和機制優化提供了重要的時代條件。

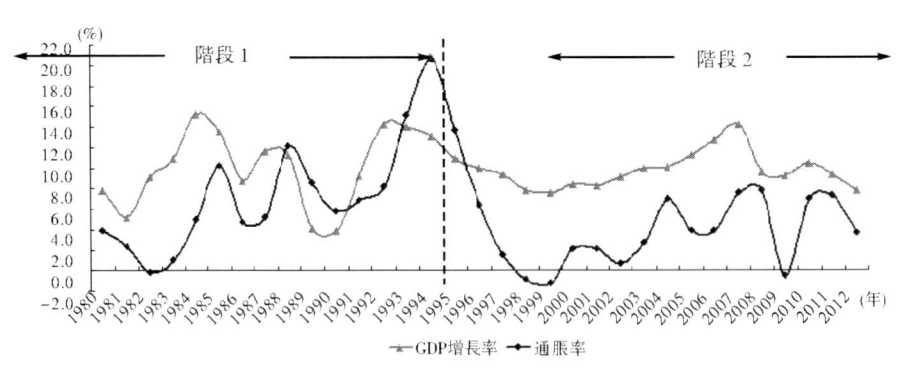

圖3-2　改革開放三十餘年中國經濟增速與通脹水平

資料來源：參照「世界銀行國民經濟核算數據」「經濟合作與發展組織國民經濟核算數據」繪製，http://data.worldbank.org.cn.

這期間，三個關鍵節點穩固了中國改革的方向並助其完成了改革路徑的選擇。首先是1981年經濟復甦後的首次宏觀調控，初次暴露了慣於計劃的政府與被激活的市場間的矛盾，並奠定了未來相當長時期內的決策慣性和政策思路；其次是1984年和1992年鄧小平兩次南下，推動了改革開放的擴面格局；

三是 1991 年和 1998 年朱鎔基分別就任主管經濟的國務院副總理和總理後，對中國經濟發展路徑和模式的重塑。

3.1.1 首次宏觀調控下的政府治理邏輯

1978 年，黨的十一屆三中全會以後，黨的工作重心轉移到社會主義現代化建設上來，中國社會基本建設投資的熱情被激發；農村勞動力的逐步解放和城鎮私有經濟發展的逐漸放開，使得束縛已久的社會經濟細胞復甦。中央政府開始嘗試用價格槓桿調節市場，部分限額配給物資亦逐次放開。經濟形勢的逆轉在短時期內噴發，直接導致宏觀經濟過熱；同時，基礎設施建設、人民生活改善、國企放權讓利以及地方政府財權的擴大，加重了中央財政負擔。1979 年、1980 年連續兩年出現嚴重的財政赤字。爲穩定經濟形勢、力保中央財政與國有企業發展，中國改革開放後的第一次宏觀經濟調控開始。此次宏觀調控通過對爭搶原材料和重複建設的控制，全面壓縮城鄉及地區間對外經濟的多頭競爭格局，同時緊縮銀行貸款、借用地方存款、凍結企業自有資金，以保證中央財政的調配能力和國有企業的發展優勢。其後 1982 年，通過治理嚴重破壞經濟犯罪和打擊投機倒把的「經濟整肅運動」，繼續發揮首次宏觀經濟調控的餘效。

改革開放後首次宏觀調控中形成的政府治理邏輯，成爲今後長達 30 多年改革的重要價值觀，並貫穿中國經濟社會各項改革的始終。首先，此次宏觀調控充分暴露出改革開放初期的中國政府缺乏對市場經濟活動管理的能力和經驗，習慣用行政管理手段和思路解決經濟問題，這一治理模式同樣延續到多層次養老保障體系的建設中。其次，國家在經濟領域依據資產身分的不同性質制定有差別的發展政策，並動用政府力量對體制外資本力量直接或間接遏制，這一制度性約束的持續存在，將直接影響中國企業變革及勞動人群分化，它們是養老保險制度運行的重要主體。最後，此次宏觀調控的最終立足點仍然是加強中央政府的集權統一，各項改革必須在中央政府的控制之下穩定、循序漸進地進行。這是未來相當長一段時期經濟社會改革中政府與市場邊界模糊的邏輯起點，多層次養老保障體系的制度建設也遵從著這一規則。

3.1.2 宏觀經濟鬆動后的漸進改革模式

首次宏觀調控后的經濟鬆動得益於 1984 年鄧小平南下，尤其是對特區經濟政策的充分肯定，促成了中國沿海全境點—線—面的開放格局。然而，改革開放初期並未收到如預期的實際成效，改革開放的引資效應在調控形勢尚不明

朗的情況下也沒能激起跨國資本對中國投資的更大興趣，反而贏得港商的投資熱情；中國經濟改革前行的動力也並非在城鎮企業，而是活躍在計劃經濟束縛較小、舊體制最疏於防範的沿海地區。這一時期，整個時代的主題是加快投資發展，擺脫貧困成為至高無上的理想。這種對物的發展和重視超越了對人的開發和關注，這也使得養老保險制度建設的初衷更多的是成為物的附屬和主體改革的配套，而非提供給人的安全與保護。

也是在這一時期，中央政府在經濟持續趨熱而物資趨緊的背景下，對計劃內外的產銷商品分別實施了基於國家掌控的和市場化的差別價格。帶有明顯計劃經濟色彩的價格雙軌制，雖在抑制通脹方面起到了一定作用，卻也影響了中國不同所有制企業的均衡發展，從屬於不同企業的員工養老保障也必然打上雙軌的印記。這種受限於資源緊缺和優先發展的雙軌思路，在后來的改革中，也沿襲至城鄉發展及多層次養老保險制度建設的方方面面。

歷經中國經濟的快速激活和緊急制動之後，一切經濟社會活動開始步入漸進發展的軌道。遵循「不提倡、不宣傳、不取締、不爭論」的改革實驗原則，讓最終發生的事實來定義改革前行的方向。這也使得中國成為巨大的改革試驗場和冒險之地。在相當長時期內，一切利於經濟發展和財富累積的經濟社會活動，均百無禁忌。這一漸進改革模式同樣主導了中國養老保險制度建設的試點思路，在后來的地方試點階段，一切有利於地方政策創新和行政指標完成的制度模式，均通行無阻，甚至被標榜為中國特色養老保險模式的百花齊放。

3.1.3　政治經濟雙重惡化下的經濟形勢

直至20世紀80年代末90年代初，第二輪力度較大的宏觀緊縮政策開始。物價雙軌制負效應的釋放，加重了物資緊缺和通貨膨脹的壓力。國際局勢方面，蘇共政治惡化使意識形態的分歧重新變得敏感。1989年，中國政府開始了首次宏觀調控之後針對私人領域的最大規模和力度的經濟整頓，打擊面涉及個體私企、國有企業以外的新興企業及行業、城鄉消費品集散地。在政治經濟的雙重壓力下，國內經濟驟冷，出現大量私產歸公的現象，也催生了產品積壓滯銷而形成的「三角債」，中國社會信用體系面臨重大危機。

大量社會組織和個人隨著中央政府經濟政策的鬆緊而流動性成長，形成了中國改革時期特有的經濟形勢。這種不確定、不安全、不穩定的經濟氣候和發展環境，在實踐中並未促成社會組織和社會群體對養老保險等社會保障制度的本能需求，反而助長了短期趨利和投機的社會風氣，這也是養老保障體系后期運行中，企業責任履行一直處於短板位置的重要時代特徵和歷史成因之一。

3.1.4 新一輪經濟增長下的改革路徑選擇

1992 年鄧小平第二次「南方講話」成爲未來中央政府決策的主軸。同年中國共產黨第十四次代表大會召開，建立社會主義市場經濟體制的目標被正式提出。政治動向的明晰決定了經濟動向的開放，新一輪經濟增長加速。以此爲臨界點，如果說此前的改革主要集中在改革方向的堅定上，那其後的改革則是在完成中國改革的路徑選擇。分稅制改革、匯率改革和國企深化改革陸續啓動。中央與地方在財權和事權上形成了新的分配格局；中國全球製造中心地位與外貿拉動型經濟也逐漸成形；國企改革從機制轉變到結構調整的改革新思路，將促成較大規模的社會階層分化。這一系列經濟社會動態均是養老保險制度建設的重要土壤。

1997 年亞洲金融危機之後，更爲強勢的內需啓動政策和改革措施接踵而至。除了力保人民幣不貶值以外，中央政府擬催熱房地產市場以激活國內經濟，其中包括推行住房分配貨幣化，停止黨政機關實行 40 余年的實物分配福利房制度；出抬《個人住房擔保貸款管理試行辦法》和《進一步深化城鎮住房制度改革加快住房建設的通知》，明確建立經濟適用住房爲主的住房供應體系。並通過「改革、改組、改造和加強管理」以幫助國有企業脫困。

儘管受 IT 泡沫破裂的影響，國際經濟於 2000 年前後已日漸衰退，但這幾乎未能影響中國這一后發優勢國家宏觀經濟景氣的持續上揚。始於 1998 年的「中國製造」依然堅挺，直接夯實了中國外貿加內需的雙引擎驅動，中國低廉的勞動力價格比較優勢在這一時期發揮到了極致。

組建於 1982 年的國家經濟體制改革委員會於 2003 年撤並，它是中國改革完成階段性任務的重要標志。至此，基於中國經濟不可遏制的增長態勢，其改革發展呈現出四大規律：一是特有的外向型經濟發展模式。在品牌塑造上僅爲全球價值鏈服務；技術創新上主要依靠引進外資帶來生產技術；耗能上仍是資源消耗型。二是內需刺激的中國模式。包括在土地政策方面，供地政策的市場化與徵地政策的計劃性，以及經濟產業結構由「重」到「輕」的轉型。三是后發優勢的短期利好。在國際發展序列中，由於中國改革發展遲緩，其不論在制度建設，還是技術引進抑或工業化模式的打造上，均具備足夠的模仿空間。這種制度和技術的模仿，能夠促其短期的高速發展，但卻埋下了長期隱患。四是經濟社會改革的紅利。在政策法規尚待探索的改革環境中，形成了中國改革特有的「闖關」傳統，改革發展與當前制度設計的落差不免爲當時的非法行爲和灰色現象留足通道，也鑄就了政府與其他市場主體微妙的經濟社會關係。

中國經濟在規範與不規範中發展，這均是改革開放的短期紅利。

3.1.5 步入改革深水區后的包容性增長

面對 2000 年前后經濟的高速增長，2004 年中央政府採取緊縮政策對過熱的宏觀投資形勢進行調控。其中，基於市場手段的軟調控包括：控制貨幣發行和貸款規模；嚴格土地管理，治理亂占耕地；整頓清理在建、新建項目；再貸款浮息制度；連續提高存款準備金率；商業銀行暫停突擊放款；銀行改革；加強貸款風險管理。同時也通過行政力量干涉，叫停諸多民營資本項目，處於上游壟斷行業的民企受到重創。此次宏觀調控后大型國企在資源型領域的壟斷地位空前鞏固，企業資本市場化和競爭力加強。經過 20 餘年的改革發展，2005 年以后，中國改革的當前路徑選擇已基本完成，整體構架已搭建，在利益複雜而多元的時代背景下，面臨的是更深入的漸進式改革調整。2007 年中國共產黨第十七次全國代表大會召開，會議更加強調科學發展中人的全面發展，以及與經濟社會生態文化的全面協調可持續。隨著 2008 年金融危機的到來，中央政府更加注重中國經濟的平穩過渡，在首輪應對金融危機的措施中，除連續降息、加大投資、擴內需、促增長等保經濟的措施外，當年還在就業和社會保障領域撥付資金 1,338 億元①。

2010 年 9 月，包容性增長作爲解決中國發展問題的關鍵詞被提出，表明在當前的任務目標下，中國經濟發展模式和增長方式是不可持續的，需要統籌各方發展力量而非單純地追求經濟增長，尤其在社會領域，應保證發展成果爲更多人共享。這一經濟社會發展階段的過渡和發展思路的轉變，爲以「公平、正義、共享」爲價值導向的養老保險制度改革提供了好的時代契機。

2013 年，黨的十八屆三中全會召開，確立了全面深化改革的總體目標，在推進國家治理體系和治理能力現代化的基礎上，更加注重改革的系統性、整體性和協同性。在國家宏觀調控上，更加注重對減緩經濟週期波動的影響，以防範區域性和系統性風險，保證穩定市場預期職能的發揮，與以往宏觀經濟調控的角色和手段相比，其從「緊急煞車」的被動救市角色轉入了「保穩定」的柔性長效機制搭建和管理。這對市場環境中的各個市場主體是有利的，包括社會保障制度的長效運行和優化改革。

---

① 數據來源：財政部. 撥付就業社會保障資金 1,338 億元 [EB/OL]. http://www.mof.gov.cn/index.htm.

3.2 不同資本性質企業的變遷與博弈

企業是承載勞動人口工資福利的重要單元，也是社會養老保險制度運行的重要主體。儘管從現狀上看，中國養老保險制度的短板在農村，徵繳盲點在私營經濟領域，但論其制度發端和發展，二者都曾有良好的養老保險運行基礎。中國經濟改革的先行地不在城市，而在農村。基層農村的社隊企業（1984 年改爲鄉鎮企業）改革開放后仍沿襲人民公社時期的福利保障傳統，並在市場環境下試行最基本的養老金制度；同時，在產權及資本性質上，大量鄉鎮企業與基層政府有著千絲萬縷的聯繫，即便是這種「亦公亦私」的企業在隨後的改革中大面積消失並集體擴充了民營經濟，也無法否認其曾經擁有的良好社會保障基礎和員工福利支付能力。改革開放 30 餘年，國企改革路徑及其對經濟社會的影響、外資引入的差別性待遇以及私營經濟領域的拆分與組合，不同資本性質企業的變遷與博弈，最終左右了中國社會養老保險的制度格局和改革方向。

從不同資本性質企業變遷歷程及就業供給來看（見圖 3-3），這種變遷與博弈主要經歷了兩個階段，企業形式的變化也直接導致了勞動就業的分化。第一階段是 1978—1997 年之間。該階段企業經濟形式相對簡單（見圖 3-3-b），以城鎮國有經濟、集體經濟和鄉鎮企業發展爲主導，城鎮個體經濟在 20 世紀 90 年代快速發展。而其他所有制形式處於發展初期，相對薄弱（見圖 3-3-a）。1985 年，首次統計城鎮聯營企業就業 38 萬人，外商投資 6 萬人，而個體經營者由 1980 年的 81 萬人激增到 1985 年的 450 萬人。城鎮私營企業、股份有限責任公司、有限責任公司和股份合作公司分別於 1990 年、1993 年和 1998 年初形成統計規模，當年就業依次實現 57 萬人、164 萬人、484 萬人和 136 萬人。第二階段始於 1998 年。第一階段處於優勢地位的經濟形式逐漸呈下降趨勢，其他新興經濟形式日漸成長（見圖 3-3-c、d）。鄉鎮企業吸納就業在八九十年代實現高速增長后進入平穩期，其后於 2006 年銳減；城鎮國有企業和集體企業在經歷「國退民進」的拆分重組后，亦呈下降趨勢；其他經濟形式吸納勞動就業的能力逐漸提升。

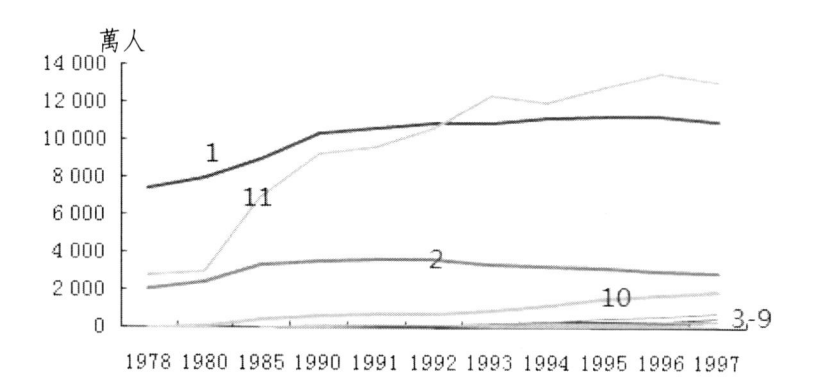

a. 1978—1998 年中國城鄉不同經濟形式就業供給趨勢

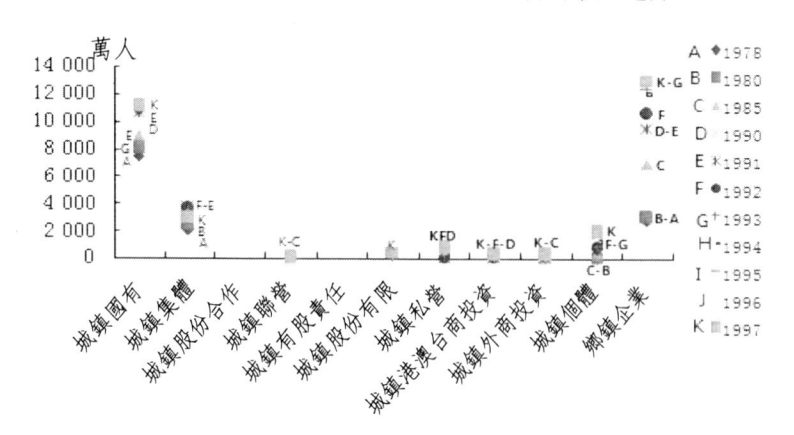

b. 1978—1997 年中國城鄉不同資本性質企業分化與就業分佈

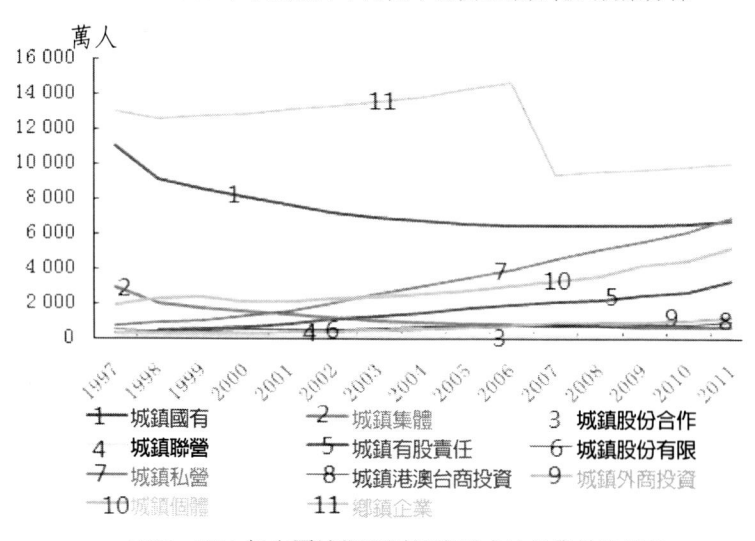

c. 1997—2011 年中國城鄉不同經濟形式的就業供給趨勢

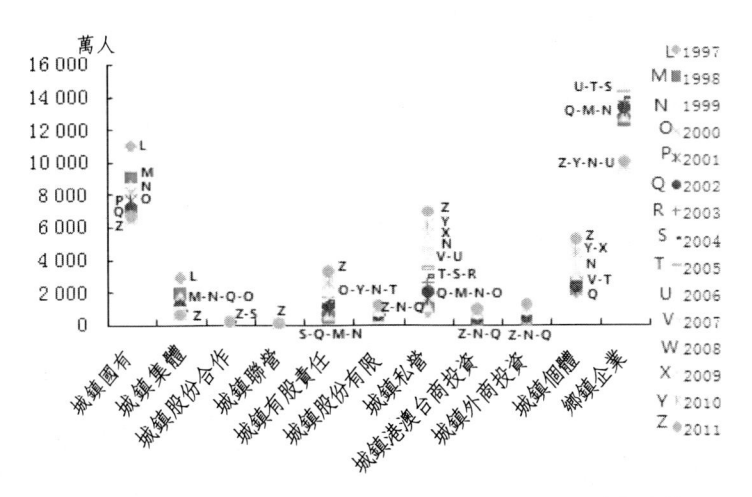

d. 1997—2011 年中國城鄉不同資本性質企業分化與就業分佈

圖 3-3　1978—2011 年中國城鄉不同資本性質企業分化與就業分佈變化

資料來源：根據《中國企業管理年鑒 2009》《中國鄉鎮企業年鑒 1978—2006》《中國鄉鎮企業及農產品加工業年鑒 2007—2012》整理。

3.2.1　鄉鎮企業改革與民營經濟發展

3.2.1.1　階段一：激活與定位

受惠於黨的十一屆三中全會以後生產力的解放，大量農村勞動力從單一的土地勞作中掙脫出來，促成了中國民營經濟初期發展的兩種形式：一是鄉鎮基層政權及集體企業組織；二是自主創業群體。1979—1981 年，國務院相繼發布《關於發展社隊企業若干問題的規定》（試行草案）和《關於社隊企業貫徹國民經濟調整方針的若干規定》，鼓勵農村企業因地制宜，發展種養業、加工業、建築業、運輸業和各種服務行業。同時，「城市工業可有計劃地把部分產品和零部件擴散給社隊企業生產」這一城市工業產品向農村擴散的規定，激發了體制外企業和非正規市場流通渠道的活力，尤其是東南沿海的鄉土經濟，快速通過走私等灰色路徑完成資本的原始累積，而珠三角、溫州地區的個體販賣與私營工廠也異常活躍。

然而，中央政府對體制外經濟活動的放鬆並不意味著鄉鎮經濟與城鎮國有經濟組織的平等發展，其功能仍然是就地小範圍的生產與服務，並被明確要求「不搞產能過剩的加工業，不與先進大工業企業爭原料和動力，不破壞國家資源」①。

---

① 《國務院關於發展社隊企業若干問題的規定（試行草案）》，1979 年 7 月 3 日。

1981年改革開放后的首次宏觀調控，爲力保國有企業、規範市場秩序，國務院連續發布《加強市場管理、打擊投機倒把和走私活動的指示》以及《關於調整農村社隊企業工商稅收負擔的若干規定》以約束私人經濟發展。上述兩文件的市場影響力至1986年文件廢除才逐漸消失，但中央政府對企業發展形勢判斷的方向性決定沒有改變，並在相當長時期內認爲，國企發展的障礙在於「私與國爭利」，其后的企業改革思路也一直秉承「限制民營力保國有」。

1984年《關於開創社隊企業新局面的報告》中社隊企業改名爲鄉鎮企業，並由鄉（社）村（隊）辦的形式擴展到聯營合作及其他形式的合作工業和個體企業。經濟形式的多元化加速了鄉鎮企業的崛起，而這又與地方政府對「共同富裕」和「鄉鎮企業承擔農村社會服務體系」的目標相契合。爲此，中國體制外經濟的發展，一方面遭受著中央政府的約束，而另一方面又獲得了地方政府的支持。至20世紀80年代中后期，民營企業較爲典型的兩大發展模式是以集體經濟爲主體的蘇南模式和以私人經濟爲主體的浙南模式。

3.2.1.2　階段二：改革與發展

1990年前后，受國內外政治經濟形勢的影響，中央政府對民營經濟進行了1981年以來最大規模和力度的整頓，其間出現了這一時期特有的「紅帽子/掛靠企業」，它們基於政治、經濟和營運上的因素掛靠國營企業，以求得生存環境上的安全；同時，對企業的清理整頓在客觀上也催生了股份合作制企業這一新的企業所有制形式。同年，《中華人民共和國鄉村集體所有制企業條例》的頒布亦從法規上保證了集體企業的發展。1992年之后，鄧小平「南方談話」的余熱持續推動經濟加速，次年，鄉鎮企業就業職工人數達1.02億人，首次超過國有企業人數，其工業總產值也占到全國總產值的1/2[①]，正逐漸成爲中國經濟最大的增長板塊。

1997年中國共產黨第十五次代表大會召開，傳統的公有制理論得到修正，混合所有制概念被提出，非公有制經濟的補充角色和社會主義市場經濟重要組成部分的地位得到確認。同年，《中華人民共和國鄉鎮企業法》正式實施，至1998年，全國性的集體所有制企業產權改革全面開始，民營經濟最活躍的江浙地區也開始了集體所有制企業的量化改革。產權清晰化運動終結了以集體經濟爲主的蘇南模式，取而代之的是股份合作制的引入，它同私營發展爲主的浙南模式一道，逐漸融入以市場化、產權人格化爲特徵的主流企業制度之中。在「國退民進」戰略的推動下，2000年前后，中國集體經濟大面積消失，民營企

---

① 數據來源：《中國企業管理年鑒2009》《中國鄉鎮企業年鑒2000》。

業比重迅速上升。

進入21世紀以後的新的發展時期，民營經濟仍不可避免地在經濟週期及國家調控進程中遭遇起伏，但經歷了產權改革和地位明晰之後，鄉鎮企業更多地在吸收農業勞動者就業、保證離土不離鄉的縣域經濟中發揮著更大的作用。而民營企業，也爲社會分層下的多元勞動群體提供了更廣闊的就業空間。

黨的十七屆三中全會以來，爲打造城鄉經濟社會發展一體化新格局，「城鄉統籌」的經濟社會發展目標過渡到了「城鄉一體化」，這也爲鄉鎮企業的發展提供了較好的政策契機。由於其最大的貢獻主要體現在對整個農村產業結構的調整，因此，在體制機制創新上，中國鄉鎮企業早已不是完全意義上的集體所有制形式，而是逐漸形成全國95%以上鄉鎮企業均改制爲股份制、股份合作制和個體私營企業的所有制格局。

此外，鄉鎮企業的區域產業發展也日漸得到重視。全國大多數地區通過建立鄉鎮企業園區，以提高產業的競爭力，擴大區域產業經營規模。同時，區域產業的發展又帶動了農村服務業的興起，使一部分人口向這些產業集中區聚集。通過農村產業化帶動農業，通過小產業帶動新農村，通過工業化來實現農民收入的增加。目前，東部地區興起的鄉鎮企業管理模式中，既存在鄉鎮企業形式的股份制企業，同時又是村委會等基層自治組織的載體，形成了中國特色的鄉鎮企業發展之路。

這一農村經濟集約發展的新現象，爲農業產業化的早日實現提供了條件，也爲多層次養老保險體系拓展到以農村經濟爲主體的非正規就業市場打開了通道。

3.2.2 國營企業改革與國有經濟發展

3.2.2.1 階段一：針對企業經營層和資產管理層的擴權改革

黨的十一屆三中全會以後，國務院發布《關於擴大國營企業經營管理自主權的若干規定》，形成了以擴大自主權爲核心的國企改革主線。隨後，包括首鋼在內的八大國有企業開始了「包死基數、確保上繳、超包全留、歉收自負」的改革，試點企業數量和範圍逐年擴大。同時，受1980年前後經濟形勢影響，首次宏觀調控後，中國政府將國企改革的框架限定在國有經濟體系的大範圍內，即強調集中統一，認爲即便是對國企的放權讓利，也不能超出國家強有力的計劃範圍。然而，這一適用於農村的「承包」邏輯在城市企業改革中卻效果欠佳。由於沒有明晰利益分配的原則，即便是放權之後的生產力釋放，卻也是短暫的。鑒於此，1983年，《關於國營企業利改稅試行辦法》試行，用

比例納稅制替代了國營企業對政府的利潤上繳方式，成爲其向現代公司治理模式轉變的首要舉措。同時，中央政府也啟用「虧損自負，盈利收中央」的改革思路，將中央投資興建的大中型企業收入收歸中央，而對中央與地方共建，尤其是縣級政府興辦的工業虧損企業實行中央負擔比例的梯度下調。

1984年，在業界「廠長（經理）負責制」的改革壓力和需求引導下，國務院先後發布《關於進一步擴大國營工業企業自主權的暫行規定》和《關於城市經濟體制改革的若干決定》，進一步從經營機制上爲國企發展擴權。隨后，黨的十二屆三中全會《關於經濟體制改革的決定》，明確將國企改革方向轉向國家所有權與企業經營權的產權分離，兩年后，《廠長經理負責制》在全國範圍內推行。與產權改革並行的是國企現代化路徑的另一方式：引進外資，並以此促進產業升級和結構調整。這一舉措客觀上對中國輕工業更新換代及消費品市場的啟動產生巨大效應，但由於技術引進不足、利用率低下、貪大求全、缺乏規劃，其效果大打折扣。

國有企業除了自身的改革路徑外，還在與其他非國有企業的博弈和中央經濟的階段性調控中獲得紅利。20世紀80年代末中國資本市場的初步建立，爲國企資金短缺問題和企業產權問題的明晰提供了新的工具。多次針對市場秩序的清理整頓讓私營經濟在頻頻受挫的同時，也鞏固了大型國企的壟斷競爭力。90年代初，中央政府開始重新調整振興國企戰略，將少數效益較差的企業出售，並通過效益好的企業兼併虧損企業這一方式，寄望更多的弱勢企業得到扶持。

3.2.2.2　階段二：針對企業及一般職工的所有權改革

1992年《股份公司暫行條例》和《有限責任公司暫行條例》頒布，募集資金辦企業有了制度支撐，它被認爲是中國企業真正變革的轉折點，對國企改革的影響自然也是系統性的。由於此前的國企改革對象均是針對企業經營層和國有資產管理層，而未明確涉及一般國企勞動者，因此「破三鐵」在全國範圍內的廣泛實施無疑成爲改革風向標轉向的起點。國企改革首次明確針對一般就業者，旨在結束企業與職工間的終身契約關係，通過變革分別代表勞動用工及人事分配制度的「鐵飯碗、鐵交椅、鐵工資」三傳統，激活企業的內部運行機制。然而，受當時社會保障體系建設滯后的限制，最終激進的「破三鐵」運動被叫停，在維護社會穩定的思路下，國務院發布《全民所有工業制企業轉換經營機制條例》，繼續在擴大企業自主權方面著力，國企改革策略重回放權和經營機制調整。

儘管如此，全國穩健的改革趨勢並不能阻礙地方改革勢頭的發展。1993

年，在南部沿海經濟較活躍的地區，效益較差的企業陸續破產，廣東首次出現「下崗」這一新事物。由於破產企業就業安置、按工齡補償等措施並不能長期解決「工作世襲」思維下的弱勢就業群體的經濟保障問題，隨著這種改革的擴大，城鎮貧民階層湧現。其後兩年，國有企業「一業爲主，多元經營」的財團模式發展思路和破產企業的增多，一度使其陷入運行效率和經濟效益的最低點，早先確立的現代企業建設試點也不得不延期。在中央「退二進三」的產業戰略調整下，大量下崗職工和城市貧民階層規模持續擴大，社會保障建設，迫在眉睫。

資本市場的融資途徑僅能解決大型國有企業的改革發展問題，而諸多中小企業在20世紀90年代的改革中卻陷入困境。1996年，「抓大放小」和所有權改革的新方針被中央決策層重視並逐漸推行，它標志著改革開放以來以機制改革爲主題的國企改革運動的終結，並轉換到了新的方向。但這一改革思路亦存在負效應，「大」和「小」的企業概念使企業管理者和經營者陷入集體無意識，並沉浸在追逐「世界—中國—省—市—縣」百強企業的怪圈之中，而地方政府爲實現各項發展目標和指標，也以地方利益爲重，偏好引進外資對中小國企進行重組，下崗職工規模繼續擴大。

1997年中國共產黨十五屆代表大會對「傳統公有制理論」作出修正，並指出國有經濟比重減少不影響社會主義性質，這爲「抓大放小」和「國退民進」戰略的繼續實施提供了政治保障。至此，國有資本逐漸從完全競爭領域大面積退出，同時在上遊能源性行業中強勢形成壟斷格局。中央政府竭力排斥民間及國際資本的競爭，通過強力壟斷保證國有企業利益。1998年前後國有企業最困難的時期，中央提出用三年時間幫助國企脫困的目標，並通過「改革、改組、改造和加強管理」，大規模推進「國退民進」戰略，國有資產退出速度和比例一度成爲地方政府政績考核的重要指標。《中國私營企業調查報告2002》顯示，25.7%的被調查私企由國有和集體企業改制而來。這種對國有資產處置的泛化運動由於法制監管缺失，爲后期發展埋下了諸多隱患。

3.2.2.3　階段三：可持續發展導向下的深化改革

養老保險制度這一重要的參與主體的複雜構成和成長環境，天然地決定了社會保障制度建設的艱難。

2000年以后，宏觀經濟景氣上揚，國有企業擴張明顯，大規模整體海外上市、大跨度的拆分重組，實現了壟斷前提下資本化運作的加快以及與寡頭式跨國資本的結合。在相當長時期內，國有企業營運均以國家名義壟斷而以市場身分營利，在資源型行業內部形成了國有企業之間的內部競爭格局。其後三

年,「國退民進」戰略漸近尾聲, 伴隨著國有資產和集體資產的嚴重流失, 既成的改革成果也暴露出越來越多的問題, 兼併與售賣並非如預期般完美。中國經濟和產業結構也開始由輕型化向重型化躍進。

2003 年黨的十六屆三中全會首次提出的「大力發展混合所有制經濟, 實現投資主體多元化, 使股份制成為公有制的主要實現形式」。這一改革思路, 意味著更多的國有企業特別是大型和特大型國有企業也要走股權多元化道路, 更多的國有企業會引入非國有資本。

2006 年以後, 在經濟增速持續飆高的利好下, 大型國有企業在資源型領域的壟斷地位得到空前鞏固, 企業資本市場化和競爭力愈發加強。目前, 中央政府對國企改革的思路早已由市場經濟條件下的幫扶脫困轉向新興工業化道路下國有企業的可持續發展。

當前, 國企改革已經進入「反哺期」。相關數據顯示, 截至 2011 年年底, 全國國有企業（不含金融類企業）已劃歸社會保障國有股權 2,119 億元, 占全部社會保障基金財政性收入的 43.1%。[①] 尤其是在黨的十八屆三中全會以後, 政府更加強調國企紅利的有效利用和民生改善途徑的穩固。相關決議提出,「提高國有資本收益上繳公共財政比例, 2020 年提到 30%, 更多用於保障和改善民生」。2016 年 3 月國務院新公布的《全國社會保障基金條例》再次對國有資本劃轉社會保障基金予以明確。因此, 國企改革的目標在現階段可以理解為, 實現國有資產保值、增值, 最終目標應當是國民福利最大化。這對以養老保險制度為主體的社會保障制度建設無疑是較大的政策利好。

3.2.3 外資引入與市場經濟環境重塑

3.2.3.1 階段一: 外商投資謹慎入圍

改革開放後對外國資本的引入, 其初衷在於融入新的力量, 搞活經濟、帶動發展, 尤其在東南沿海與經濟特區的建設上更是如此。然而整個 20 世紀 80 年代, 受中國經濟轉型局勢和政府宏觀調控的影響, 外國資本卻是謹慎入圍, 港商資本反而快速跟進。1985 年, 中國開始嘗試對外投資, 並逐步在國有企業現代化改革上採取引進外資的方式, 以促進產業升級和結構調整。這一階段的引資方式主要局限在成套設備的購進而非技術引入上, 存在一定的盲目性和重複性, 外匯消耗較大。

3.2.3.2 階段二: 市場換技術的實體參與

中國經濟領域真正意義上的外資外貿擴大, 是在 1992 年以後。1993 年,

---

① 數據來源:《國務院關於國有企業改革與發展工作情況的報告》, 2012 年 10 月。

黨的十四屆三中全會《關於建立社會主義市場經濟的若干問題的決定》確立了「深化對外經濟體制改革，進一步擴大對外開放」的改革思路，爲確保全方位開放和對外經貿體制改革的目標實現，中國政府在外資准入方面給予了超國民待遇，對外商投資企業提供有別於內資企業的稅收優惠政策，地方政府也通過開發區建設和其他招商引資渠道給予外資企業各種政策優惠，包括減少社會保險徵收類別、降低徵繳比例及其他繳費減免等。一時間，除了外資的蜂擁而至，不少內資企業也紛紛註冊成外資以享受合理避稅政策；各地更是紛紛加快了開發區獲批開建的步伐。其后，外資一度被當成轉換企業機制的最佳動力，諸多合資企業陸續出現。這一變革所涉及的職能部門結構調整和相應的人事變動，爲新的下崗群體和城鎮貧困階層的出現埋下了隱患。

3.2.3.3 階段三：股權換經驗的資本滲透

2000 年以后，國內宏觀經濟景氣勢頭明顯上揚，國企擴張迅速，並通過大規模整體海外上市促成海外血緣關係的形成以謀求新的發展。外國資本進入中國的態勢也發生了新的變化，它們表現出極強的自願性和擴張欲，紛紛向與政府關聯緊密的、資本投入量大的行業湧進。其一，在政策優先的最惠待遇下，由早先的完全競爭領域轉向進入壟斷或準壟斷領域；其二，在國有資本強勢重組的背景下，外國資本的金融性投資增大；其三，在民營資本改革示範和國有壟斷企業的內戰中，外資企業獨資化趨勢明顯。至 2005 年，跨國資本已滲透到中國市場的各個層面。2006 年在 WTO 協議全面開放人民幣業務期限漸近的背景下，金融領域也通過引入國際戰略投資人的方式實施「銀行再造」。至此，外資進入戰略逐漸由 20 世紀八九十年代以市場換技術的模式轉變爲以股權換經驗，它們逐漸在國有壟斷行業企業的資本化市場運作中扮演著越來越重要的角色。

3.2.3.4 階段四：平等競爭市場環境的重塑

外商投資在中國經濟發展及企業格局形成中起著至關重要的作用。隨著中國社會主義市場經濟的基本建立，一系列針對外商投資的優惠政策也將逐步取消，以保證在市場經濟公平競爭原則下不同資本類型企業處於相同的市場發展環境以實現平等競爭。2008 年，國家稅務總局發布《關於外商投資企業和外國企業原有若干稅收優惠政策取消后有關事項處理的通知》，明確並規範內外資公平競爭環境。與之相配套的地方性招商引資優惠政策亦有逐步調整，其中包括社會保險費徵繳內容和比例的規範。同時，建立起符合國際慣例的「准入前國民待遇和附清單制度」，規範外商投資和外資營運的審查流通機制。

3.3 勞動就業變化與社會分層

人，作爲經濟社會發展的推動者和社會保障制度的重要主體，在養老保險的制度演進中扮演著重要角色。而就業人群的社會分化和勞動者社會心態的變化也在改革開放的時代背景中呈現出特定的歷史性和階段性。

3.3.1 個體民營勞動者初現

中國的勞動就業變化和社會階層分化與經濟體制改革緊密聯繫。改革開放以前，中國的社會勞動狀況和社會結構相對簡單，主要包括農民和工人兩大階級以及知識分子階層，而勞動者及其經濟組織的所有制結構也以高度公有化和單一性爲主。1978年黨的十一屆三中全會以後，黨的工作重心轉移到經濟建設上來，隨著農村家庭聯產承包制的逐步推廣，大量農民從土地束縛中解放出來，尤其在土地嚴重缺乏的東南沿海，大量閒散人口逃離土地，轉入工業製造領域尋找就業機會，這也爲鄉鎮企業的意外崛起提供了充足的勞動力資源。同時，由人民公社演化而來的社隊企業以致后來發展起來的集體經濟，其生產職能的轉變，爲農村勞動力從事單一土地勞作以外的經濟活動提供了機會。中國改革，農村略先於城市。與農村形成鮮明對比的是，城市全民所有制企業中，工人仍將工作看成權力而非機會，工人身分世襲的社會意識依然濃厚。

1979年2月，國務院允許上山下鄉的知識青年陸續返城，這無疑增大了城鎮就業壓力，大量閒散勞動力在短時間內的湧現，促使中央政府在經濟政策上稍作放鬆，根據市場需求，逐漸允許一些正式戶口的閒散勞動力從事修理、服務、手工業等個體勞動[①]。南方沿海城市「三來一補」工業模式[②]的興起以及私營企業雇傭現象的增多[③]，也逐漸打開了人們的就業思路和逐利意識。

3.3.2 體制內外供職鬆動

儘管經濟氛圍在逐漸寬鬆，但中央政府駕馭轉型經濟的能力仍需要相當長

[①] 1979年4月9日，國務院批轉工商行政管理總局《關於全國工商行政管理局長會議的報告》（1979年3月23日）中首次提出了恢復和發展個體經濟。

[②] 即：工廠產品樣式、原料、設備境外運來，產品以補償貿易方式出口，內地勞動者和政府收取一定加工費。

[③] 1987年中央5號文件發布之後，才免除了私營企業雇工人數的限制，此前雇工數高於8個則認爲存在剝削性質。

時間的培育和完善。在宏觀調控下，對生產資源流動的限制，尤其是對人才資源的限制，在 1988 年「允許科技人員兼職」這一政策出拾之前①，仍未放鬆。打擊投機倒把的運動不僅包括經濟上的「投機倒把」，也表現在對技術「投機倒把」的整治。

改革開放初期對生產領域的激活和對流通領域的限制，催生了新的經濟社會事物產生，「倒爺」現象包括「官倒」階層均成為經濟轉軌的必然寄生物。1984 年隨著鄧小平首次南下，「全民經商熱」的浪潮被激起，加上日后的 1987 年和 1993 年，形成了新中國成立后的三次「下海經商潮」。同時，1986 年前后農民進城就業的高潮亦出現。人們的社會心態和就業意識在改革開放各項經濟政策的推動下逐漸被重塑。20 世紀 80 年代后期，在中央政府用市場手段搞活企業經濟的思路下，「承包風」刮遍全國。1987 年，「企業家」一詞最先在《辭海》中出現。在這個社會轉型時期，大多數人都沉浸在對改革的膜拜中，體制內的就業者對自己的工作生活普遍不滿意，對本職工作漸失興趣，均利用各種機會和公有設備尋找著掙錢的門道。尤其是沿海地區，從事「第二職業」者人數較多。

3.3.3　城鄉就業壁壘固化

1989 年中國社會形勢在經濟政治上的雙重惡化促使宏觀緊縮政策出拾，中央發布緊急通知嚴控農村勞動者盲目進城②，這是繼 1981 年宏觀調控后再次發出限制農村勞動力流動的重要通知③。同時，城市投資項目的治理整頓，也使得失業者增多，農村就業者即便返鄉，也同樣遭遇鄉鎮企業倒閉的衰敗景象，不得不再次湧入城市。在新舊體制衝突嚴重的社會轉軌時期，不平衡的全民心態也在不斷積聚。

3.3.4　以城市為主體的就業分化

20 世紀 90 年代以后，隨著國企改革的戰略思路調整，其改革對象逐漸由針對經營管理者和資本所有者轉向針對一般勞動就業人員。國有企業的出售與兼併催生了新的社會問題，下崗工人的善后問題一時成為改革配套的關鍵環

---

① 國務院辦公廳轉發國家科委《關於科技人員業余兼職若干問題意見的通知》（國辦發〔1988〕4 號文件）。
② 《國務院辦公廳關於嚴格控制民工盲目外出的緊急通知》（國辦發明電〔1989〕12 號文）。
③ 《國務院關於嚴格控制農村勞動力進城做工和農業人口轉為非農業人口的通知》（國發〔1981〕181 號文）。

節。這無疑衝擊了大多數城鎮就業者的傳統勞動意識，以廠爲家、以工人階級身分爲榮的主人公意識崩塌，而與此相對應的則是下崗思想準備的不足和再就業能力的欠缺。1992 年，建立社會主義市場經濟體制目標確立，國企改革「破三鐵」運動①也首次將改革矛頭對準企業普通職工，在社會保障制度尚未建立的年代，激起了社會動盪，城市貧民階層也逐漸在「重點扶持、其餘放活」的國企改革思路下湧現。在民營經濟領域，科技人員被允許做兼職並開始公開承包項目，「知識就是金錢」的時代特徵顯現；而政府中低層官員的下海經商熱，也激起了停薪留職和辭職創業的浪潮。

3.3.5　階層特徵明顯的基本就業格局形成

2000 年以後，隨著社會主義市場經濟制度的不斷完善和國企改革的階段性調整結束，勞動就業及社會分層的變化逐漸明顯。在城鎮，儘管下崗職工的就業安置仍存在歷史遺留問題和后續隱患，但隨著下崗再就業服務中心的陸續關閉以及「三條保障線」階段性功能的銜接，城鎮下崗職工問題從制度上基本得到解決。農村進城務工人員作爲一個龐大的就業群體，在城鄉經濟發展中起著越來越重要的作用，與其相關的戶籍、住房及子女教育等問題也在配套改革中凸顯。在前期改革的基礎上，2008 年國家組建公務員局，規範公職人員管理並逐步在地方試點公務員制度改革；2011 年，中共中央國務院正式發布《關於分類推進事業單位改革指導意見》，擬從制度上突破體制內外的非均衡格局。至此，中國勞動力市場格局的差異化特徵顯現，社會分層明晰，卻也在城鄉壁壘與體制內外間逐步實現了均衡與統一。2013 年黨的十八屆三中全會以后，在健全城鄉發展一體化體制機制的改革背景下，國家出抬財政轉移支付政策同各地先后出抬農業轉移人口市民化掛勾機制，農業轉移人口市民化的改革力度日漸加大。

3.4　本章小結：多層次養老保險體系制度優化的歷史約束之一

多層次養老保險體系制度演進的時代背景，是制度優化和路徑選擇需要考

---

① 破三鐵：即破除「鐵飯碗」：國企勞動用工制度；「鐵交椅」：國企人事制度；「鐵工資」：國企分配制度。

慮的重要歷史約束條件之一。政府、企業和個人等制度參與主體在時代變遷中實現了「性格」的重塑，並確定了各自所獲資源的可及範圍和支配能力。一方面，政策慣性、改革模式和決策思路決定政府行為；同時，制度負擔能力和改革承載能力將決定企業決策思路，包括對社會保險制度參與成本的態度和對社會責任的認識；此外，在時代環境的影響下，個人的制度參與能力及行為偏好也日漸成型。

具體而言，總結30余年來中國改革開放路徑和宏觀經濟調控規律，主要包括以下幾大內容：

一是宏觀調控下的政府治理邏輯業已形成，並在2010年以後得到新的發展。從依靠行政思路解決市場問題、在資源分配和角色定位上對不同市場主體實行差別管理的治理模式，逐漸轉向依靠經濟自運行的軌道上來，更加注重民生與經濟的協同發展。這一變化也映射到多層次養老保險體系的優化焦點由基本養老保險層次向補充層次的改革並重。

二是不同資本性質企業的博弈格局日漸均衡。從制度演進的歷史發展來看，中國多層次養老保險制度的錯位和失衡，其根源在於不同資本性質企業的發展格局、政策資源的優先水平，以及市場定位的差異。然而，隨著混合所有制經濟均衡發展改革思路的調整，不同資本性質的企業由相互擠壓到平等競爭的環境得到重塑，尤其是鄉鎮企業、私營企業發展環境的改善和政府對外資企業「最惠待遇」的漸進取消，使得養老保險制度參與主體的非公平因素和差異化程度縮小。這也是對養老保險制度碎片整合及徵繳規範化制度歷程的真實寫照。

三是勞動就業變化與社會分層的動態發展。從制度參與個體身分變化及其所在群體的分化可以看出，未來制度優化過程中存在不可逾越的歷史遺留問題需解決，尤其是短期內政府對非正規勞動力市場政策和資金投入存在不可退出性。儘管在多軌並行的制度模式下，公眾的公平意識和縮小待遇差的矛盾被激化至最高點，但城鄉一體化發展思路下人的全面發展和以人為中心的利益被重視，將在一定程度上緩解這一矛盾。

當前，中國經濟進入新常態，伴隨供給側結構性改革的推進以及「中國製造2025」的實施，各類企業和就業者將面臨前所未有的挑戰。加之「大眾就業、萬眾創新」的政策激勵和機關事業單位「雙軌制」的打破，中國社會尤其是中國勞動力市場將迎來新一輪重構。如何有效應對可能大規模湧現的非正規就業者及可能存在的結構性失業，是中國政府在繼續深化改革和多層次養老保險體系優化中，必須完成的答卷。

4　中國多層次養老保險體系制度演進的歷史變遷

　　多層次養老保險體系是國家根據不同的老年經濟保障目標，綜合運用各種養老保險形式而形成的老年經濟保障制度[①]。它始於二戰後一些工業化國家的養老保險制度調整，在 20 世紀 80 年代頗受重視，並在實踐中呈現出三大主要模式：一是養老普惠與就業關聯的養老金計劃的兩層次組合；二是強制型養老保險爲主體、企業年金和商業年金保險爲補充，低收入階層福利性保障爲基本的多層次組合；三是國民年金計劃、法定企業補充養老保險和個人儲蓄性養老保險的多層次組合。20 世紀 90 年代初，世界銀行根據各國實踐總結出多層次養老保險的「三支柱」模式，即包含強制非累積，由政府管理的待遇確定的第一支柱；由私人機構管理的強制累積的繳費確定型第二支柱；以及以自願性儲蓄爲主的第三支柱。[②] 該模式成爲這一時期各國理論探討和實踐參照的主流。2005 年，世界在「三支柱」模式的基礎上擴展了以消除貧困爲目標的基本支柱（零支柱）和包括家庭贍養等在內的非經濟支柱（第四支柱），形成了更爲完善的「五支柱」模式。[③]

　　中國真正意義上的多層次養老保險模式初現是在 20 世紀 80 年代末，四川南充爲解決街道小集體職工養老問題，設計了基本加補充的養老保險辦法，由政府組織保障水平較低的養老保險，各企業依據自身經濟情況建立補充養老保險。這一試點經驗的總結成爲《關於企業職工養老保險制度改革的決定》（國發〔1991〕33 號）文件中首次明確提出「要在中國逐步建立基本養老保險、

[①] 林義. 多層次社會保障模式 [R]. 經濟改革與社會保障國際研討會，海口，1992.

[②] World Bank policy research report, 1994. Averting the Old Age Crisis: Policies to Protect the Old and Promote Growth, Oxford University Press, New York.

[③] Robert Holzmann, Richard Hinz, 2005. Old-Age Income Support in the 21st Century-An International Perspective on Pension Systems and Reform. World Bank.

企業補充養老保險和職工個人儲蓄性養老保險相結合的養老保險制度」的重要實踐來源。

4.1 多層次養老保險體系演進的制度基礎

多層次養老保險體系的制度變遷反應了政府與市場關係不斷磨合的過程。從養老金計劃舉辦主體來看，它包括政府辦養老和市場主體辦養老兩大類別，因而，社會養老保險和商業性養老保險的發展成爲多層次養老保險體系演進的兩大制度基礎。

4.1.1 社會保險與商業保險二元格局初現

早在新中國成立之前，社會保險和商業保險在保障功能上就有著各自的目標群體和業務分工。以商業保險爲載體的中國現代保險業隨著對外貿易口岸的開放而興起，長期以來主導業務爲「水、火、交通運輸」等產險類險種，其后興起的壽險，其最初的業務群體也是規模極小的在華外國人。這種市場格局慣性致使商業保險公司的經營優勢和主營業務更多落足於物的風險而非人。儘管在壽險業務中，市場對人生死的關注更甚，但老年經濟保障的業務功能也逐漸顯現，如南京政府時期成立的中國保險公司，除增辦終身人壽保險、限期繳費終身保險、人身意外保險、勞工保險和雇主責任險之外，還開辦了儲蓄保險[①]。

與此同時，由國家舉辦的社會保險在新中國成立之前，其運行載體和制度基礎業已存在。民國時期，社會保險的營運實體主要依託工會，孫中山先生曾在《地方自治開始實施法》中提出地方自治團體開展保險合作的主張，隨后在《工會條例》中，組織勞動保險和儲蓄被明確爲工會職能之一。20 世紀 30 年代，中國共產黨各根據地成爲社會勞動保險推行的基本單位。1947 年，國民政府曾成立中央社會保險局，並頒布了《社會保險法原則草案》。

從這一時期的制度發展來看，政府與市場、社會保險與商業保險兩層次並行的二元保障架構初露端倪。

4.1.2 國家保險形式改變二元格局

新中國成立以後，蘇聯的國家保險理論和經驗成爲指導中國實踐的重要準

---

① 中國保險學會，《中國保險報》. 中國保險業 200 年 [M]. 北京：當代世界出版社，2005.

則。爲恢復國民經濟、平衡財政收支，1949年全國統一的國家保險機構中國人民保險公司成立，並參與了不同資本性質保險機構的撤並與改造，包括國民政府時期建立的中國保險公司的重組與合併。這一經營各類保險業務的經濟實體，同時也是領導和監督全國保險業職能的行政管理機構，即便這一系列行政管理職能后來分別從屬於財政部和中國人民銀行，這一經濟實體也很難褪去國家辦保險的行政色彩，這也成爲中國多層次保險體系錯位、政府與市場界限模糊不清的制度根源之一。

國民經濟恢復的短暫時期，原有的社會保險和商業保險二元格局不復存在，同時並入中國人民保險公司的業務範疇。這一時期，其經營的人身自願險包括以集體方式和以個人方式投保兩類，二者均帶有儲蓄性質。集體性質的儲蓄性保險爲職工團體險，經歷1949年的上海試點后在全國推行；個人儲蓄方式投保的則爲簡易人身險。1951—1952年短短一年間，全國參保人數達10萬人。然而，隨著《中華人民共和國勞動保險條例》和《國家機關工作人員退休、退職處理暫行辦法》的相繼實施以及農村人民公社規模的日漸擴大，勞動保險和公社保障對國家保險形成了替代之勢，加之其他宏觀環境變化，包括儲蓄性人身保險在內的國內各項保險業務，在經歷短暫發展高峰後被叫停，並由此轉入低谷，中國人民保險公司的業務範圍被限制在涉外保險上。

4.1.3 社會保險與商業保險協同運行

黨的十一屆三中全會以後，黨的工作重心轉移到社會主義現代化建設上來。和新中國成立初期相似，經歷了一場浩劫之後，經濟社會建設亟須恢復到正常運行的軌道上來，保險業損失補償和風險分擔的核心職能發揮正逢其時，國內保險業逐步恢復。

從機構定位上看，與新中國成立之初相比，中國人民保險公司這一經濟實體不再作爲行政管理機構，而是在中國人民銀行的領導、管理、監督下獨立開展業務活動，與老年經濟保障相關的保險職能也日漸恢復。1982年全國保險工作會議決定試辦職工團體人身保險；爲適應新的所有制形式發展，1984年起城鎮集體企業職工法定養老金保險由中國人民保險公司承辦；同時，爲配合計劃生育政策的實施，計劃生育養老保險開始在中國農村地區試行。直至20世紀90年代初，中國人民保險公司在社會保險領域仍發揮著積極作用。相關調查顯示，全國大部分人民保險公司積極參與社會保險制度改革，其業務範圍已覆蓋全民、集體、三資、私營企業職工和農民的養老保險、國營企業的待業保險及公眾的人身保險等，並與相關部門配合，創設獨生子女養老保險、義務

兵養老保險等項目①。

不難看出，在改革開放初期，中國人民保險公司作爲保險營運機構，最初在社會保險的舉辦權上與勞動部門存在一定競爭，相當長時期內它同時承擔著經辦商業性養老保險和社會性養老保險的雙重職能，多層次養老保險協同運行，各項保險形式均統籌於帶有濃厚行政色彩的準公司之中。

4.2 多層次養老保險體系演進的制度關鍵

儘管中國人民保險公司在社會保險與商業保險的協調運行中發揮了階段性作用，政府興辦的社會保險與公司興辦的商業保險也曾呈現二元並行的歷史格局，但它並非現代意義上決定中國多層次養老保險成型的制度關鍵。

一般而言，考量多層次養老保險體系的維度包括六個方面：一是覆蓋範圍的普遍性；二是制度參與的強制程度；三是繳費方式和籌資模式；四是待遇給付模式；五是養老金累積方式；六是制度治理模式②。以上六維度並非單獨存在於某一層次，而是通過不同階段呈現的差異化組合融入多層次養老保險體系的制度變遷。

從多層次養老保險的發展路徑來看，相當長時期內，中國養老保險制度建設與改革主要集中在繳費方式和籌資模式的選擇上，待遇給付模式和基金累積方式與之聯動。制度模式基本確立後，中國養老保險體系建設開始注重制度補缺，改革和制度建設的核心議題也由制度模式及其參量調整轉移到對覆蓋面和制度實際參與率的關注上，是多層次養老保險體系六維度中，維度三及與之聯動的維度四和維度五向維度一、維度二的過渡。然而，在中國，這種不同維度組合的過渡並未在縱向的多層次體系中產生新的養老保險形式，而是在單一層次內完成了不同制度的橫向補缺和制度統籌。

維度六制度治理模式是多層次養老保險體系創新發展的關鍵。如前文所述，筆者在討論多層次養老保險制度基礎時，將政府與市場邊界的磨合按照傳統思路簡化爲政府與市場分別作爲保險興辦主體的二元劃分，從而總結了傳統

---

① 中國（海南）改革發展研究院社會保障制度改革課題組.七城市社會保障制度改革情況考察報告［R］．1992.

② Louise Fox, Edward Palmer (2000). New Approaches to Multi-Pillar Pension Systems: What in the World is Going on? The Year 2000 International Research Conference on Social Security, Social Security in the Global Village.

意義上養老保險二元格局的雛形。然而，自新公共管理運動興起以來，高效率的公共事務運行必然會走向公私治理的混合模式，需要輔以市場營運，政府舉辦的社會養老保險同樣需要商業性營運機構的參與。因而，這種立體化多層次的公私界限，在原本板塊分割且碎片化嚴重的養老保險制度下，越發向單層次的平板化趨近。正因爲如此，中國多層次養老保險架構尚未成型，其演進過程中的三次重要轉折，成爲決定其制度走向和體系現狀的關鍵。

4.2.1 制度模式的權衡

城鎮職工基本養老保險「統帳結合」制度模式的成型是中國多層次養老保險體系制度演進的首次轉折。它依託多層次養老保險體系繳費方式和籌資模式的區分，通過個人繳費和單位繳費的方式，將個人帳戶完全累積與社會統籌相結合，旨在實現基本養老保險單一層次基金制與現收現付制的有效整合。「統帳結合」的制度模式試圖將養老保險社會互助與自我保障的疊加效應發揮到極致，以體現兩種養老保險形式差別應對老年經濟保障目標的矛盾統一。然而，在制度搭建和后期運行中，兩模式的結合併未充分發揮其互補優勢，二者在單一層次並行的複合性矛盾逐漸暴露，成爲未來多層次體系錯位運行的制度性障礙之一。

4.2.1.1 單一模式的傳統承襲

以養老保險現收現付制爲基礎的社會統籌，其運行機理可追溯至計劃經濟時期中國傳統保障模式的基金提取和資金運行。20世紀50年代初《勞動保險條例》頒布，城鎮職工範圍內的勞動保障運行機制初步搭建。它以工會組織爲依託、資方履責爲基準，在全國範圍內建立了包括中華全國總工會、行業工會、基層工會在內的三級資金輸轉平臺。勞動保險基金全權由企業一方按照職工工資總額的3%提取，資金由下至上分儲在三級工會籌資平臺，以分層支付企業和國家分屬的保障項目；同時，保險基金也具備由上至下分撥和調劑的靈活性。

按照《勞動保險條例》相關規定搭建的這一運行機制，因「文革」時期工會組織癱瘓，籌資機制遭到破壞，勞動保險基金提取被迫叫停，但待遇給付機制依然維持，一切福利保障計劃轉由企業包干，國家保險由此向企業保險轉換。這也正是20世紀80年代初國民經濟恢復發展時期，實現退休費用社會統籌、亟待爲企業減負的重要歷史背景。從某種意義上講，退休費用社會統籌可看成是對原勞動保險籌資機制的恢復和重建。也正因如此，勞動人事部門以此爲主線積極推動不同所有制企業勞動保障事業的統一發展。但在一個經濟社會

亟待轉軌的新舊交接時期，相比於后來引入的個人帳戶，社會統籌在養老保險制度搭建中被定義在一個傳統而保守的位置上。

4.2.1.2 新舊模式的更替競爭

這一時期，與社會統籌並行的，是個人繳費的強化。隨著新的勞動用工制度發展，1981年國務院體改辦明確提出發展社會保險事業，並建議在集體經濟和個體經濟中試辦由集體單位、個體勞動者繳納保險費的社會保險；次年，國家資助下企業和勞動者定期繳費建立社會保險基金的重要意義再次被明確[1]。實踐中，集體經濟組織開辦的社會保險多按單位和個人20：3的職工工資總額和個人標準工資比例提取統籌費用，分別以勞動保險委員會或保險公司爲載體實現新制度的運行[2]。從表面上看，集體企業中廣泛推行的社會保險不過是退休費用社會統籌在新經濟組織中的擴大化，其個人繳費仍被納入社會統籌；事實上，它卻爲引入個人帳戶完全累積的籌資模式創造了條件。在個人繳費和基金確權的過程中，部分試點城市已超越待遇確定的給付模式和統籌管理界限，引入分帳累積和繳費確定的計發形式。《南充市城鎮集體所有制企業職工老年社會保險暫行辦法》規定，個人繳款由老年社會保險委員會發放保險基金登記證作爲憑證，收款后按月計入，分戶立帳。個人帳戶基金可轉移或清退。江蘇南京玄武區對街道所轄集體企業開辦社會保險的規定中，對男35歲、女30歲以下的參保人員，也明確了待遇計發按照個人和單位分帳累積的本息和計算[3]。

個人帳戶基金完全累積這一資金籌集的新形式無疑對傳統模式的重建和推廣形成了競爭。

4.2.1.3 並行模式的定位分歧

中國養老保險制度模式的權衡並非現收現付的社會統籌與個人帳戶完全累積的相互替代，而是二者組合層次及規模的商榷。從1989年海南、深圳兩市社會保障改革綜合試點的啓動到1997年中國養老保險制度模式的統一，甚至是2000年對業已確立的制度模式的反思，長達10年時間，制度模式的分歧與調試貫穿於中國養老保險改革的始終（見表4-1）。這一問題的焦點集中於三大方面：一是個人帳戶的引入與否；二是個人帳戶與社會統籌的籌資比例和建

---

[1] 國務院體改辦：《關於調整時期經濟體制改革的意見》，1981年6月12日；《經濟體制改革的總體規劃》，1982年2月25日。

[2] 中國人民保險公司：《城鎮集體經濟組織職工養老金保險試行辦法》，1983年10月1日。

[3] 勞動人事部.城鎮集體經濟組織職工社會保險辦法匯集[M].北京：勞動人事出版社，1983.

帳規模；三是個人帳戶與社會統籌在多層次養老保險體系中的分佈和組合。

表 4-1　　1989—2000 年中國養老保險制度改革重要成果及研討

年份	會議名稱	主要議題	說明
1989	中國社會保險制度改革國際研討會	基於海南、深圳試點方案的評估對社會保險制度模式的研討	國家體改委舉辦
1992	中國社會保障與經濟改革國際研討會	養老保險制度個人帳戶引入的利弊分析及制度模式的選擇	中國改革發展研究院與聯合國開發計劃署、世界銀行、國際勞工組織聯合舉辦
	全國體改系統社會保障制度改革培訓班對中國社會保障制度改革若干問題的建議		
	《中國社會保障制度改革的基本思路研究報告》發布		
	《七城市社會保障制度改革情況考察報告》發布		
1994	亞洲國家社會保障制度比較國際研討會	關於公平與效率、社會保險立法、基金管理和營運等方面的研討	中國改革發展研究院、德國艾伯特基金會、勞動部聯合舉辦
1996	全國分配和社會保障制度改革工作座談會		中國改革發展研究院與國家體改委聯合舉辦
1997	中國社會保障制度改革研討班	市場經濟中養老保險改革相關問題的探討	中國改革發展研究院與國家體改委聯合舉辦
2000	中國發展論壇·社會保障體制改革國際研討會	制度建設的方向；對「統帳結合」制度模式的反思	國務院發展研究中心

資料來源：根據「中國改革發展研究院二十周年紀要」有關資料整理。
http://www.cird.org.cn/20/dsj/

（1）個人帳戶的引入。在效率優先、兼顧公平的經濟轉軌時期，基於個人繳費的養老保險個人帳戶被貼上效率的標籤，而社會統籌則成為低效率與平均主義的代名詞，加之國際養老保險實踐的影響，個人帳戶的引入在這個革舊迎新的時代成為必然之選。

（2）統帳模式的籌資比例與建帳規模。1989 年社會保障綜合改革試點之前，試點方案評估小組對社會統籌基金和個人帳戶基金的功能和定位產生分歧：一方認為社會統籌基金應作為低水平的基本養老金處於第一層次，個人帳戶養老金應直接與個人繳費和待遇掛鉤，處於補充的第二層次。另一方的看法則與之相反，認為應該以個人帳戶為核心，以社會統籌基金為補充。其後，海

南、深圳兩地改革試點即遵循了思路二「大帳戶、小統籌」的籌資格局，個人帳戶和社會統籌的規模分別為①：18∶6和22∶8，其中養老保險個人帳戶規模為14%和18%。

在1992年中國社會保障與經濟改革國際研討會上，中國養老保險制度模式選擇及其在多層次養老保險體系中的定位再次成為討論的熱點。儘管個人帳戶在市場取向改革和效率優先的時代背景下無疑得到強化，但勞動主管部門始終對「大帳戶」的模式持商榷態度，主推養老待遇與個人繳費掛鉤的社會統籌；財經體改系統②則順勢在「大帳戶」框架下對個人帳戶建立基本層次或補充層次做了二次論證。

（3）個人帳戶與社會統籌在多層次養老保險體系中的分佈。關於兩籌資模式的組合及層級分佈，試點兩年後的海南模式無疑為政策走向提出新的參考。相關數據顯示，「統帳」模式在海南的擴面並不樂觀，其覆蓋面僅為應參加企業的58%③。鑒於此，1994年海南在相關試點辦法中做出調整：個人繳費部分不再進入個人帳戶，而是納入社會統籌調劑使用；並明確了在補充保險層次建立個人帳戶的需求。在個人帳戶與社會統籌的博弈中，海南模式最終回到社會統籌的原點，其個人帳戶的運行仍在多層次體系中縱向發展。

4.2.1.4 統帳模式的統一敲定

1994年，通過對「統帳」模式及其實施中各種利弊的分析，國務院決定將勞動部正在試點的方案按「統帳」模式修改後成為全國試點方案。最終，社會統籌與個人帳戶在矛盾激化後走向短暫綜合調整。1995年，國務院《關於深化企業職工養老保險制度改革的通知》在「統帳結合」框架下發布了兩個不同的實施方案，次年全國有七個省市以「大帳戶」的模式進行，五個省市選擇「大統籌」，其餘省市和行業統籌則在這兩種模式上進行了二次綜合。這一分而治之的試點局面直到1997年才實現統一，社會統籌與個人帳戶的規模差距也明顯縮小，帳戶結構約為13∶11。

1997年國企改革進入攻堅階段，次年養老保險行業統籌移交地方，「兩個確保」和「三條保障線」也明確實施。在此背景下，「統帳」模式面臨個人帳戶累積和社會統籌互濟的雙重壓力，資金運行吃緊。2000年，中國發展論壇·社會保障體制改革國際研討會的召開為制度模式的反思提供了新的平臺。在「統帳」模式混帳管理、空帳運行的現狀下，養老保險制度建設的方向問

---

① 其中，個人帳戶和社會統籌涉及比例較小的醫療保險，個人帳戶為4%。
② 即財政、經貿等主管部門，經濟體制改革辦公室（委員會）等部門。
③ 謝冠洲.海南社會保障制度改革與發展［J］.特區展望，1994（4）、（6）.

題再次被重提，堅持「統帳」模式的觀點再次經受住了考驗。主流意見仍然相信，目前存在的問題歸因於新舊體制銜接而非制度設計本身，是舊體制欠帳拖累了新體制的運行，使得個人帳戶在短期內難以發揮作用，但長期來看定會產生「統帳」模式的叠加效應。

4.2.1.5 兼容模式的反思優化

此后，對制度模式的反思，其問題癥結又回到 1990 年前后對個人帳戶模式在多層次養老保險體系中如何定位的分歧上。在確定保留個人帳戶後，制度模式的優化方案有三：一是維持現行辦法，縮小個人帳戶，分帳管理並逐步做實；二是個人帳戶從基本養老保險中分離，置於補充養老保險層次。基本層次實行現收現付，補充層次實行完全累積的個人帳戶制；三是實行完全累積的個人帳戶制輔以社會救助。而最終方案一也被多數人所接受，成爲 2000 年國務院發布《關於完善城鎮社會保障體系實施方案》的藍本，通過分離個人帳戶實現補充養老保險發展尤其是多層次養老保險體系的錯位糾偏再次喪失契機。2005 年，經過「東三省」做實個人帳戶試點后，「統帳」模式中「小帳戶、大統籌」的格局被推向全國。

4.2.2 制度補缺的契機

如果說城鎮職工養老保險「統帳」模式的確立是中國多層次養老保險體系制度演進的首次轉折，那麼城鎮主體制度確立之后的制度補缺，則是理順不同層次養老保險形式的第二次契機。2000 年前後，針對城鎮企業職工的基本養老保險制度模式基本定型後，中國養老保險制度補缺主要集中於農村外出務工人員和被徵地農民，其后擴展至一般農村居民和城鎮居民。制度補缺的系列路徑依然遵循由下自上，通過地方試點的經驗總結進而提煉完善成全國推廣的政策。在各類群體的制度補建過程中，農民工養老保險主要呈現「仿城模式」和「獨立模式」兩大類別；被徵地農民則遵循「土地換保障」的思路，其養老保險計劃依據保障水平的差別性，主要呈現「保障型」「仿城型」「保障與保險結合型」三大類[①]；農村養老保險地方試點則包括「仿城模式」和「基礎養老金+個人帳戶養老金完全累積」兩類；城鎮居民養老保險未經歷地方先期試點的「百花齊放」，而是參照農村養老保險制度統一的政策設計在全國推廣。

---

① 楊翠迎. 被徵地農民養老保障制度的分析與評價——以浙江省 10 個市爲例 [J]. 中國農村經濟，2004.

從制度補缺的目標群體和試點思路中不難看出，一方面，補缺群體占勞動就業人口的大多數，是業已參加城鎮職工基本養老保險人數的 3～5 倍，也是未來多層次養老保險體系中制度參與的重要力量；同時，目標群體制度參與能力有限，相比城鎮職工，就業環境不穩定、經濟能力不足；另一方面，制度補缺思路沿襲「仿城設計」和「獨立發展」兩種類別。2000—2010 年地方試點的 10 年間，制度補缺的三大特徵實際上為城鎮主體制度「統帳」模式的適度分離、不同群體養老保險制度在多層次框架下的重新整合提供了新的人群基礎。由於城鄉就業群體經濟特徵的差異性，同時在保障需求上又具有同一性，因此，在全國統一的基本養老保險制度下，發展繳費水平差別化、保障水平梯度化的補充養老保險，著實為該階段的路徑選擇之一。然而，政策的全國統一併未如制度預期般發展，而是在「統帳」模式的制度慣性下，將城鎮職工養老保險制度當成一個筐，所有群體都往裡面裝[①]。單一層次中板塊分割的碎片化格局在制度補缺的「仿城」路徑下逐漸成形，立體縱向的多層次養老保險體系優化亦與第二次契機擦身而過。

4.2.2.1 農民工養老保險的試點契機與制度選擇

全國範圍內政策層面對農民工社會保障問題的重視始於 2000 年以後。在此之前，由於城鎮職工基本養老保險的單一建制，國家在養老保險擴面過程中，對城鎮企業包括農民工在內的各類職工、私營企業、個體及靈活就業人員的制度安排僅在基本養老保險的補充性政策中作為一般參照。2001 年《關於完善城鎮職工基本養老保險政策有關問題的通知》首次明確城鎮基本養老保險「農民合同制職工」的參保轉續問題。然而，由於農民工輸入地與輸出地之間就業市場的差異，致使地方政府在處理農民工社會保險問題上的政策導向和具體細則也有所不同，除參照城鎮職工基本養老保險辦法執行以外，全國試點還包括「仿城模式」和「獨立模式」兩種。前者具有「雙低」特徵，即在城鎮基本養老保險的制度模式下，根據農民工群體的收入特徵，設置較低的繳費比例或繳費基數，以保證城鎮不同就業群體保障制度的統一，而又滿足各自的經濟支付能力。全國大部分城市採取的「雙低仿城模式」，由於其制度模式和營運方式均未超越城保制度「統帳」結合的本質，因此，這一試點從制度設計上也並未對多層次養老保險體系的制度優化產生衝擊。

真正對多層次養老保險體系的錯位格局產生衝擊的是與「仿城模式」完全不同的農民工綜合保險（以下簡稱「綜保」）。該模式完全獨立於城鎮基本

---

① 高書生. 社會保障改革何去何從 [M]. 北京：中國人民大學出版社，2006.

養老保險體系之外，根據農民工群體的就業特徵，單獨設置包括工傷、醫療和老年補貼在內的綜合費率，並在營運管理環節引入商業保險公司分保機制。儘管隨著制度整合的推進，全國範圍內單獨的農民工養老保險辦法在草擬徵求意見後並未正式出枱，各地試點最終也並入了城鎮職工基本養老保險，但從階段性功能的發揮上看，上海、成都兩地的綜保試點均在不同程度上對多層次養老保險體系的錯位格局形成了一定的衝擊。

衝擊之一，是綜合費率與險種設置的權重分配。在上海、成都兩地的綜保試點中，綜合費率擬承擔的待遇支付包括工傷（意外傷害）、醫療和養老，但從一次性支付的老年補貼水平可以看出，針對農民工群體的社會保險，其保障重點並非風險發生時滯過長的老年經濟風險，而是發生週期更短、更為緊要、與就業安全息息相關的人身風險。同時，在綜合保險的上海試點中，從屬單位的農民工個人無須繳費，而是由用人單位履行籌資義務。前期試點中綜保一攬子險種設置權重與農民工養老保險並入城保後農民工各險種的參保數據相互印證。歷年全國農民工監測調查報告顯示，養老、工傷、醫療三大主要險種的農民工覆蓋人數，工傷居首、醫療其次，養老保險參保率則一直處於低位，2008—2012年5年間參保率從未超過15%，與覆蓋率較高的工傷保險相比，其差距常年保持在10個百分點以上[①]（見表4-2）。這無疑暴露了單一層次中不同群體在整齊劃一的制度設計中並行的矛盾，至少在城市化快速發展的相當長時期，多層次養老保險「零支柱」的考慮是必要的。

表4-2　　　　中國農民工社會保險主要險種歷年參保率及增速　　　　單位:%

主要險種	2008年	2009年		2010年		2011年		2012年	
	參保率	參保率	增速	參保率	增速	參保率	增速	參保率	增速
養老保險	9.8	7.6	-22.4	9.5	25.0	13.9	46.3	14.3	2.9
工傷保險	24.1	21.8	-9.5	24.1	10.6	23.6	-2.1	24.0	1.7
醫療保險	13.1	12.2	-6.9	14.3	17.2	16.7	16.8	16.9	1.2

資料來源：《2012年全國農民工監測調查報告》。

衝擊之二，是綜合保險的營運管理模式。上海、成都兩地的綜保試點在養老保險制度上均通過低水平老年津貼的形式一次性支付，從社會保險的屬性來看，是綜保設計的不足。但上海試點利用中國人壽保險公司在全國的業務網

---

① 數據來源：國家統計局. 2012年全國農民工監測調查報告[EB/OL]. 2013-05. http://www.stats.gov.cn/tjsj/zxfb/201305/t20130527_12978.html.

路，將老年津貼的兌付轉由該公司全國任何分支機構承辦。同時，兩地試點在醫療與工傷保險的償付上，通過購買指定商業保險公司團體險的方式，將風險發生后的理賠事宜轉移。綜合保險的營運管理模式基於比較優勢理論，體現了政府與市場職責分工，爲全國統一政策在養老保險縱向層次上協調整合提供了實踐依據。儘管農民工綜保制度在完成其階段性任務之后與城保制度實現並軌，但從其制度設計和並軌前后的運行現狀來看，筆者認爲，這一制度設計弊端和試點終止不在於制度本身，而在於制度定位。在一個養老保險層次分工明確、以「零支柱」爲基本的多層次架構內，量體裁衣式的綜合保險是值得農民工就業分佈較廣的行業在補充養老保險計劃設計上借鑑的。

4.2.2.2 被徵地農民養老保險的試點契機與制度選擇

被徵地農民養老保險對多層次養老保險體系的優化在於對「零支柱」建立必要性的進一步論證。從勞動屬性上看，被徵地農民與農民工群體存在一定的同質性，二者均面臨離開土地這一傳統生產資料，而短期內又無法穩定融入新的勞動環境這一現實問題。被徵地農民在勞動環境上大多面臨三種轉換：一是戶籍身分的轉換，由「農轉居」過渡至城鎮居民，進而面臨失業或以靈活就業人員身分謀業等問題；二是就業方式的轉換，由土地勞作轉變爲就地在鄉鎮產業就業的安置；三是失地而無業的農村居民。三種類型的被徵地農民均全部或部分享有由「土地換保障」而來的社會保障補貼或兌換。

從全國被徵地農民養老保險試點模式看，包括保障型、保險型和保障與保險相結合三類。保障型模式以當地城鎮最低生活保障水平爲依據設計，並用徵地補償款的部分額度或個人自願性補繳費用共同建立個人帳戶，以支付被徵地農民年老時的退休金，不足部分由財政補足。該模式的實質是在局部範圍內建立起保障基本生活水平的基礎養老金。保險型模式則是將被徵地農民納入城鎮基本養老保險的制度覆蓋範圍，政府注入部分養老保險基金。該模式主要針對「農轉居」的被徵地農民，其實質是將該群體市民化，但也僅僅是戶籍制度上生硬的市民化而未在長遠上完全實現人的城市化。保障與保險結合型則是指依據被徵地農民勞動適齡界限對勞動就業人口和非勞動就業人口依照前述兩種模式進行分類保障。

上述三種模式實質上明確了影響制度設計的兩大問題，一是資金來源，二是待遇水平。被徵地農民養老保險資金籌集多來源於財政補貼，同時其待遇水平多維持在保障基本生活水平上。這一系列因素爲「零支柱」的建立或是專門針對被徵地農民的特殊年金保險提供了補充性依據。同時，也對徵地補償階段將被徵地農民納入就業相關聯的城鎮基本養老保險制度可能存在的風險和不

可持續性提供了警示。

4.2.2.3　城鄉居民養老保險的試點契機與制度選擇

城鄉居民養老保險試點的政策選擇主要包括農村居民養老保險和城鎮居民養老保險兩大板塊，後者在前者的制度框架下建立。2009年國務院發佈《關於開展新型農村社會養老保險試點的指導意見》，確立了新型農村養老保險「基礎養老金＋個人帳戶基金完全累積」的制度模式，標誌著農民養老普惠時代的開始。2011年，國務院《關於開展城鎮居民社會養老保險試點的指導意見》發佈。2014年國務院印發《關於建立統一的城鄉居民基本養老保險制度的意見》，新農保與城居保實現制度合併。城鄉居民養老保險的模式有別於就業關聯的城保模式，是在總結老農保完全依靠個人繳費累積的階段性試點之後形成的新制度。國家財政補貼資金的有效注入是城鄉居民養老保險制度的重要內核。

城鄉居民養老保險尤其是新農保地方試點時期的重要經驗在多層次養老保險體系的優化過程中具有重要借鑑意義。

一是繳費補貼匹配待遇補貼的財政供給。繳費方式和籌資模式是區分多層次養老保險體系的重要維度之一。新農保國家試點的藍本以陝西寶雞模式為基礎，重在制度普惠，遵循低水平、廣覆蓋的原則，其著力點在政府補貼上，而非制度設計的仿城化，力求通過低門檻將更多的農村居民納入養老普惠的制度範疇。這正是廣大發展中國家在養老保險「零支柱」建設上的重要內容。

二是個人帳戶功能的金融創新。個人帳戶基金的累積營運模式是養老保險制度可持續的重要內容，尤其在補充養老保險層次，相比基本養老保險制度，個人帳戶基金的金融創新具有更大的操作空間。新農保試點階段，新疆呼圖壁縣利用專業性金融機構建立起個人養老保險基金與農業生產週轉資金的轉續通道，並密切追蹤農業生產發展的實際情況，創新養老保險證質押貸款，將累積的部分養老保險基金用於農業生產，以緩解農忙時期資金週轉不便與保費繳納的矛盾（見表4-3）。呼圖壁貸款資金來源是參保人員繳納的保費進入金融機構營運後的農保基金，而非純粹的金融機構資金。這一金融創新在當地建立起了農業生產與老年經濟保障良性循環的資金流轉模式，同時，也引發了對基本養老保險基金安全性的擔憂與營運方式的爭議。筆者以為，從制度創新本身和當地生產實際來看，這一模式的確發揮了積極作用，但也正是因為外界對資金安全性的關注和對該模式推廣性的爭議，促成了對該模式在多層次養老保險體系中定位的反思。尤其在農村集體經濟發展基礎較好的地區，這一金融創新經驗的推廣和集體經濟優勢的發揮完全可以置於補充養老保險計劃之中，而非基本養老保險層次的調動。

表 4-3　　　　　　　新疆農村養老保險證質押貸款的具體內容

貸款對象	農村養老保險的參保人（被保險人）
出質對象	不必是借款人
貸款用途	主要用於生產發展
貸款時間	即需即貸
貸款種類	委託貸款
貸款方式	質押貸款
質押單位	縣農保辦
貸款銀行	農村信用合作社、工商銀行、農業銀行
貸款金額	保險證面值的 90%（不含集體補助）
貸款期限	一般為 3 個月至 3 年，最長不超過 3 年
貸款利率	與銀行同期基準貸款利率相同，逾期還款按銀行罰息標準罰息
利息權屬	縣農保辦
貸款責任	農戶無法歸還貸款，縣農保辦和銀行可以用被質押保險證的余款核銷頂帳，或者協商退保處理，多退少補

資料來源：張時飛. 農村養老保險證質押貸款：現行模式與理想設計［J］. 學海，2008（2）：77.

4.2.3　制度整合的選擇

養老保險制度整合包括兩個方面的內容，一是根據不同制度的同質化程度在橫向的單一層次進行轉續銜並，以實現制度統一；二是根據不同制度的異質性分佈在縱向的多層次架構內實現各自的定位和功能互補，這是多層次養老保險體系制度成型的關鍵。然而，中國多層次養老保險體系的制度演進主要圍繞單一層次內部的轉續銜接進行，縱向定位及功能互補未能完全實現。其中，在制度演進過程中，兩個關鍵節點的橫向整合改變了制度縱向發展的路徑選擇。

4.2.3.1　養老保險行業統籌

20 世紀 80 年代后期的養老保險行業統籌，是為了破解原勞動保險制度籌資機制破壞后國家保險變企業保險的困局，緩解離退休人員漸入高峰后企業養老負擔的壓力而推行的。1986 年 7 月，原勞動人事部、財政部批轉水利電力部《關於直屬企業試行離退休費用統籌的請示》（財綜字〔1986〕第 80 號）同意水利電力部直屬企業試行離退休費用統籌，標誌著行業統籌試點的開始。

隨后，鐵路、郵電、電力、水利、建築五部門的行業統籌逐步實現。這一時期，與行業統籌相對應的是退休費用由地方統籌。受當時國民經濟發展和國有經濟格局的限制，行業統籌與地方統籌並行試點。至1993年年底，鐵道部、交通部、郵電部、水利部、民航總局、煤炭部、有色金屬工業總公司、電力部、石油天然氣總公司、工商銀行、農業銀行、中國銀行、建設銀行、交通銀行、中保集團、中國建築工程總公司等11個行業17個部門的所屬企業實行了基本養老保險行業統籌①。至1997年年末，行業統籌社會保險機構累積基本養老保險基金約150億元②。

然而，隨著20世紀90年代末城鎮基本養老保險制度在全國範圍內的建立和行業統籌存在的問題日漸暴露，制度橫向整合成爲當時的政策之選。1998年，國務院發布《關於實行企業職工基本養老保險省級統籌和行業統籌移交地方管理有關問題的通知》（國發〔1998〕28號），要求在省級行政區劃範圍內統一養老保險制度，將原行業管理的養老保險交由地方社保機構管理。原行業統籌的2,014個統籌單位、1,393萬在職職工和421.6萬離退休職工的養老保險關係和基金面臨轉接。

從養老保險行業統籌的制度基礎和並軌后原統籌行業在基本養老保險中的參與現狀來看，通過行業統籌的整合實現多層次養老保險體系縱向發展的有利條件，可從如下兩方面得到印證：

一是行業保障的福利驅動和良好的制度運行基礎。從統籌行業的單位屬性來看，它們一部分集中在資源枯竭型重型工業企業，處於產業鏈的上游環節，在行業性質、工作條件等方面與一般行業存在顯著差異。另一部分集中於金融行業，在經濟實力和行業風險上也異於一般行業。補充養老保險的建立即是爲了協調不同職業群體或就業個體在經濟保障需求以及支付能力方面的各種差異。

二是原統籌行業在基本養老保險制度中的保障水平。原統籌行業企業正規化程度較高，其基本養老保險待遇水平也略高於參保群體平均水平，但這種相對高的水平又無法與其經濟支付能力和保障需求相匹配，因此，將其分離於多層次體系中不失爲行業統籌並軌的路徑之一。但現實中其橫向整合於單一層次，則拉大了基本養老保險制度不同群體之間的差距，加劇了多層次架構的失衡。

---

① 國務院《關於企業職工養老保險統籌問題的批覆》（國函〔1993〕149號）。
② 王文軍.行業統籌下放地方管理銜接問題的探討［J］.中國勞動，1998（10）.

4.2.3.2 養老保險地方統籌

在養老保險體系的制度演化過程中，除了行業統籌對多層次架構優化的影響外，在養老保險地方統籌的實踐中，也出現了基本養老保險與補充養老保險的建制區分。

2001 年，在廣東全省進行養老保險省級統籌的改革中，深圳市將原企業職工基本養老保險結存的 60 億元基金留存本市管理，並以此建立起地方性補充養老保險，將原養老保險待遇項目中難以納入基本養老保險範圍的並入地方補充養老保險，以補足省級統籌中因政策調整而產生的待遇差。新修訂後的《深圳經濟特區企業員工社會養老保險條例》明確規定：「職工社會養老保險包括基本養老保險、地方補充養老保險和企業年金等多層次的養老保險」，並明確了用人單位在地方補充養老保險的資金籌集上對深圳戶籍員工負有 1% 的繳費義務，以此充實地方補充養老保險共濟基金①。

除了深圳在多層次架構內對原養老保險的制度優化外，上海在城市化進程中對小城鎮養老保險制度（以下簡稱「鎮保」）的覆蓋群體也設計了補充養老保險計劃。上海市小城鎮養老保險主要針對郊區範圍內用人單位及其具有本市戶籍的從業人員、被徵地農民等，因此這一制度的繳費水平和待遇水平均低於城鎮基本養老保險。補充養老保險計劃的設立，正是在這一背景下對制度差的彌補。《上海市小城鎮社會保險暫行辦法》明確規定，用人單位和職工個人分別按照本單位上年度職工工資總額和本人上年度工資收入確定，繳費比例由二者自主確定；繳費比例在城保與鎮保繳費比例差額以內的由用人單位繳納，符合有關規定的部分，在稅前列支；個人繳費符合規定部分亦不計入個人所得稅計稅基數。

4.3 多層次養老保險體系演進的地方縮影

中國養老保險制度成型遵循由地方到中央，由局地試點到全國推廣的政策路徑。典型地區先行試點的代表性和作為全國藍本的普遍性在這一演進範式下得以實現。20 世紀 80 年代末 90 年代初，面對國際養老保險實踐以及改革之初國內形勢的變化，中國養老保險制度也亟須解決體系搭建之初的方向權衡和模式探索問題。1989 年 3 月，海南、深圳獲批全國社會保障制度綜合改革試點

---

① 編纂委員會. 深圳市社會保險志 [M]. 深圳：海天出版社，2004.

地，擬爲全國性統一制度的搭建先行探路。

4.3.1 試點基礎

任何制度的搭建都依託於當時當地的實際情況，全國試點先行的海南、深圳也不例外。兩地雖同處南部沿海，屬改革開放的前沿陣地，但二者的情況卻不盡相同。相比海南這一農墾大省，深圳的城市發展基礎幾乎爲零，一切在此地待行的政策都將是在白紙上畫畫。這也決定了深圳勞動適齡人口年齡結構的年輕化、企業運行和制度建設均無路徑依賴的束縛。同時，爲配合特區經濟建設，深圳市在改革勞動用工制度方面也走在全國前列，早在1983年，其新招工人實行勞動合同制的範圍便已擴展至全市各種所有製單位，這也是合同工社會保險制度在該市全面鋪開的人事基礎。

4.3.2 政策起步

海南、深圳改革開放之初的情況差異，決定了綜合改革試點之初兩地養老保險制度模式的不同。如表4-4所示。20世紀90年代初的制度模式探索階段，海南以社會共濟爲改革導向，在新的所有制形式發展基礎上適當引入個人繳費的補充機制，形成了「大統籌—小帳戶」的強制型兩層次養老保險制度格局。深圳則以當地平均勞動年齡28歲的實際情況爲基礎，旨在通過學習新加坡公積金制度的運行經驗，在社會主義市場經濟發展的趨勢下建立適應新興就業市場發展的養老保險制度，因此，最終形成了「大帳戶—小統籌」的強制型單一層次。兩制度模式有著各自的優勢和特點。以社會互濟爲核心內容的海南模式強化用人單位在基本養老保險層次中的責任，並設有以社平工資增長爲依據的自動調待機制，以保證人民共享經濟發展的成果。該模式補充養老保險建帳規模僅爲3%，其自我保障責任的強化並非通過個人繳費體現，而是在待遇給付環節使待遇確定型（DB）養老金水平與個人繳費工資指數掛鉤。與此相對應的，是強調個人繳費性強制儲蓄的深圳模式，儘管個人繳費與單位繳費之比爲16∶5~10，但社會共濟基金和個人帳戶的建帳規模則分別爲5%和16%。可見，該模式更強調單位對個人老年保障的微觀責任，而非社會責任。由於其給付模式爲完全的確定繳費型（DC），社會共濟金僅起到了兜底的作用。因此，深圳模式附有最低養老保障條款，明確規定個人養老金水平低於上年本市社會平均月工資總額40%的，按保底水平支取。

表 4-4　全國首批社會保險綜合改革試點城市多層次養老保險體系的制度演進

海　　南	深　　圳
制度模式初建	
1992.01《海南省職工養老保險暫行規定》 (瓊府〔1991〕17 號) 1. 改革導向：大統籌—小帳戶 2. 制度結構：強制型兩層次（基本+補充） 3. 籌資模式： ①基本養老保險—單位繳費 18%—現收現付；稅前列支 ②補充養老保險—個人繳費 3%—預籌累積；免稅 4. 權益歸屬： ①社會共濟帳戶基金—全體參保職工 ②個人帳戶基金—職工個人 5. 給付模式：結構性養老金制 基礎養老金（職工本人在職期間指數化月平均工資總額的 45%；繳費滿 15 年，每超 1 年增加 1%；不足 15 年者，每少 1 年減發 1%）DB；補充養老金（按本省平均壽命計算以養老年金方式逐月給付）DC 6. 調待機制：市、縣上年度社會平均工資增長幅度的 80%	1992.08《深圳市社會保險暫行規定》 (深府〔1992〕128 號) 1. 改革導向：大帳戶—小統籌 2. 制度結構：強制型單一層次 3. 籌資模式：部分累積（單位 16%、個人 5%~10%） 4. 帳戶規模： 社會共濟基金：5%（加未劃入個人專戶部分） 個人專戶：16%（個人繳費全部計入，不足單位劃入） 5. 給付模式：確定繳費型（DC），社會共濟基金僅起到兜底的作用（基本養老金：繳費滿 15 及以上者按個人專戶累積額/120 逐月發給；支取完畢由共濟基金繼續支付；共濟基金支付標準最高不超過本市上年人均生活費支出水平） 6. 最低養老金保障條款：養老金水平低於上年本市社會平均月工資總額 40% 的，按該水平支取
制度模式調整	
1994.01《海南經濟特區城鎮從業人員養老保險條例》 1. 改革導向：三方共擔的大帳戶 2. 制度結構：三層次（強制型基本+自願型企業補充 + 自願型個人儲蓄保險） 3. 籌資模式：基本養老保險繳費比例 21%（單位 18%，個人 3%）—現收現付；補充養老保險—自行制定報批備案 4. 權益歸屬：社會統籌帳戶—全體參保職工 5. 附屬條款：①個人工資低於社平工資 60% 的由單位繳納；②基本養老保險基金提取 1% 作退休人員活動費；③條例實施前的個人繳費計入補充養老保險帳戶 6. 更新條款：機關事業單位人員納入覆蓋範圍，但其基金與企業籌資互不調劑，分帳管理 7. 給付模式：社會養老金（繳費滿 10 年，市、縣上年度從業人員月平均工資總額 25%）；繳費性養老金（以本人指數化月平均繳費工資爲基數，滿 15 年的，每滿 1 年發給本人指數化月平均繳費工資 1.3%；不滿 15 年的發給 1.1%） 8. 調待機制：市、縣上年度社會平均工資增長幅度 50%~80%	1996.07 《深圳市基本養老保險暫行規定》 (深府〔1996〕123 號) 《深圳市基本養老保險制度深化改革方案》 (深府〔1996〕140 號) 更新條款： 1. 覆蓋面調整：「三來一補」企業的勞務工不參加 2. 繳費比例：降低至 19%；低於市上年度職工月平均工資的，個人繳交 4%，單位繳交 15%；高於則個人 5%，單位 14%；外地務工人員 10%（單位 7%、個人 3%） 3. 帳戶規模：共濟基金 6%，個人帳戶 13%；勞務工 7% 計入個人帳戶，3% 計入共濟基金 4. 待遇給付：DB+DC ①基礎養老金（市上年度職工月平均工資 20%~30%） ②個人帳戶養老金：個人帳戶累積額/120 5. 補充條款：①在基本養老保險實施後，選擇少數單位進行補充養老保險和個人儲蓄性養老保險的試點；②允許勞務工退保

表4-4(續)

海　南	深　圳
1999.10 《海南經濟特區城鎮從業人員養老保險條例實施細則》（瓊府136號） 更新條款： 1. 覆蓋範圍擴大至農墾系統 2. 繳費比例：單位18%，個人4%，每兩年提高一個百分點直至8%	1997.06《深圳市企業補充養老保險方案》（深府〔1997〕182號） 1. 制度範圍：深圳市註冊企業、實行企業化管理的事業單位及具有深圳戶籍或藍印戶口的職工 2. 實施條件：經濟效益好，上年度經營無虧損；已參加基本養老保險並按規定繳納基本養老保險費 3. 繳費比例：企業繳納職工工資總額15%以內 4. 稅收優惠：5%以內
制度補缺與優化	
2001.09《海南省城鎮從業人員基本養老保險條例》（修正1） 更新條款： 1. 覆蓋範圍：鼓勵自由職業者參加基本養老保險；機關事業單位參照國家專門辦法執行 2. 徵繳機關：地稅部門 3. 繳費比例：單位20%，個人5% 4. 帳戶規模：個人帳戶11%；社會共濟14% 5. 待遇給付：基礎養老金（上年度從業人員月平均工資的20%）；個人帳戶養老金（帳戶儲存額／120）	1999.01《深圳經濟特區企業員工基本養老保險條例》 更新條款： 1. 最低繳費標準：本市戶籍員工工資總額低於本市上年度城鎮職月平均工資60%的，按該標準計徵；非本市戶籍員工低於40%的，按該標準計徵 2. 繳費比例：本市戶籍17%（單位12%，個人5%）；非本市戶籍10%（單位7%，個人3%） 3. 帳戶規模：共濟基金（本市戶籍6%；非本市戶籍3%），個人帳戶（本市戶籍11%；非市戶籍7%） 4. 待遇給付：基礎養老金（上年度市城鎮職工月平工資20%）；個人帳戶養老金（個人帳戶累積額/120）
2005 《關於建立企業年金有關問題的通知》 （瓊人勞保〔2005〕70號） 區別於國家的辦法：對單位實行5%的免稅額	2000.12《深圳經濟特區企業員工社會養老保險條例》（修訂1） 更新條款： 1. 制度結構：社會養老保險包括基本養老保險（強制）、地方補充養老保險（強制）和企業補充養老保險 2. 繳費比例：基本養老保險13%（單位8%，個人5%）；地方補充養老保險（單位1%） 3. 帳戶規模：基本養老保險個人帳戶規模11%；共濟基金2% 4. 待遇給付：基礎養老金（基礎性養老金為退休時上年度本市城鎮職工月平均工資的20%）；個人帳戶養老金（個人帳戶累積額/120）；地方補充養老金（地方補助＝地方補充養老保險繳費年限×參保人基本養老保險平均繳費指數×18.5+20元）；過渡性補助＝（1992年7月31日前地方補充養老保險繳費年限×參保人基本養老保險平均繳費指數×11+60元）

表4-4(續)

海　　南	深　　圳
2006.01 《海南省人民政府關於完善企業職工基本養老保險制度的實施意見》(瓊府〔2006〕11號) 更新條款： 1. 制度擴面：城鎮各類企業職工、個體工商戶和靈活就業人員必須參加 2. 繳費比例：個人繳費提高至8%	2002.09 《深圳經濟特區企業員工社會養老保險條例若干實施規定》(市政府第120號令)
2008.01 《海南省城鎮從業人員基本養老保險條例》(2007修正2) 更新條款： 1. 制度結構：提倡和鼓勵用人單位爲其從業人員建立企業年金 2. 繳費比例及帳戶規模：單位20%，個人8%全部計入個人帳戶 3. 待遇給付：基礎養老金(省上年度在崗職工月平均工資和本人指數化月平均繳費工資的平均值爲基數，繳費每滿1年發給1%)；個人帳戶養老金(帳戶儲存額／120)	2003.11 《深圳市寶安區、龍崗區城市化人員基本養老保險過渡辦法》(深社保發〔2003〕108號) 1. 制度銜接：寶安、龍崗兩區農村實行城市化，農村村民轉爲城市居民，農村居民參加城鎮養老保險 2. 資金籌集來源：村集體或改制后的股份合作公司、個人、政府共擔 3. 繳費比例：14%〔股份合作公司(村)9%，個人5%〕 4. 帳戶規模：個人帳戶11%，共濟基金3% 待遇給付：基礎養老金(上年城鎮職工月平工資20%)；個人帳戶養老金(個帳累積額/120)；調節金300元
2009 《海南省被徵地農民基本養老保險暫行辦法》(瓊府〔2009〕50號)	2006.07《深圳經濟特區企業員工社會養老保險條例》(修訂2) 更新條款： 1. 繳費比例18%(企業10%，個人8%) 2. 帳戶規模：共濟基金10%，個人帳戶8% 3. 待遇給付：基礎養老金：退休時本市上年度在崗職工月平均工資和本人指數化月平均繳費工資的平均值爲基數，按繳費每滿1年發給1%計算；個人帳戶養老金：個人帳戶累積額/計發月數
2010.09 《海南省新型農村社會養老保險暫行辦法》	2006.12 《深圳經濟特區企業員工社會養老保險條例實施規定》(修訂3)
2011 《海南省人民政府辦公廳關於解決未參保超齡人員參加基本養老保險有關問題的通知》(瓊府辦〔2011〕148號)	2012.07 深圳市實施《廣東省城鎮居民社會養老保險試點實施辦法》細則(粵府〔2011〕127號)

表4-4(續)

海　　南	深　　圳
2011.09 《海南省城鎮從業人員基本養老保險條例》(修正3)	2013.01《深圳經濟特區社會養老保險條例》更新條款： 1. 制度結構：社會養老保險包括職工社會養老保險和居民養老保險。職工社會養老保險包括基本養老保險、地方補充養老保險和企業年金等多層次的養老保險 2. 繳費比例：基本養老保險（單位13%；個人8%） 3. 帳戶規模：統籌基金13%，個人帳戶8%
2011.10 《海南省城鎮居民社會養老保險暫行辦法》(瓊府〔2011〕41號) 2013.04《海南省被徵地農民參加社會養老保險辦法》 2013.05《海南省城鎮從業人員基本養老保險條例》(修正4)	2014.01 《深圳經濟特區社會養老保險條例實施細則》

資料來源：編纂委員會. 深圳市社會保險志［M］. 深圳：海天出版社，2004；深圳市社會保險基金管理局，http://www.szsi.gov.cn/；中國（海南）改革發展研究院，http://www.cird.org.cn/20/dsj/；海南省地方稅務局，http://www.tax.hainan.gov.cn.

4.3.3 制度調整

4.3.3.1 海南模式的強化

在經濟社會環境與政策試點的動態運行中，養老金計劃與當地實際的契合併非始終如一。試點一年之後，海南針對制度擴面尚不理想的情況，對原模式進行了修正。此次調整最大的特點就是制度結構的重建以及對社會互濟的強化。修正辦法將原補充養老保險層次的個人繳費納入基本養老保險層次，連同單位繳費一併計入社會共濟基金。養老保險制度結構由原來的強制型兩層次調整為三層次，但僅對基本層次作了強制性規定，企業補充養老保險與個人儲蓄性養老保險均為自願自主型計劃。在社會互濟的理念導向下，海南模式更強調制度的公平公正與統一。更新后的養老金計劃強調用人單位對個人的保障義務，規定職工工資低於社平工資60%的由單位繳納；同時，將機關事業單位人員納入企業養老金計劃的覆蓋範圍；待遇給付上也有所改進，除調低社會性養老金的領取年限門檻外，還將其替代率由45%降至25%，加大個人繳費與待遇掛鉤的權重，提高制度參與效率。此外，基本養老保險基金提取1%作為退休人員的活動費也是此次政策調整的重要內容。

4.3.3.2 深圳模式的調整

深圳市實行個人繳費完全累積和DC模式的弊端也在試點兩年後逐漸暴

露。由於該地勞務工占就業人口的80%，缺少社會互濟內核的深圳模式並不能較好地調動企業和個人參保繳費的積極性。由於個人繳費水平較低，處於兜底撥付地位的社會共濟基金也面臨巨大的支付壓力。有鑒於此，深圳市在制度擴面上採取了保守策略，將「三來一補」企業的勞動工納入非強制參保範疇。同時，將繳費比例由原來的21%降至19%，並專門設置了針對外地務工人員的低水平費率，以保證制度擴面的良性發展。在帳戶規模上，相比原養老金計劃的5：16，調整後的帳戶規模之比爲6：13，共濟基金的比重逐步擴大。相應的，深圳模式的待遇給付在DC基礎上也增設了DB模式，並將其替代率確定在上年度市平工資的20%～30%之間。此外，在基本養老保險實施後，深圳也明確規定將選擇少數單位進行補充養老保險和個人儲蓄性養老保險的試點。

從兩試點省市的前期實踐來看，在多層次養老保險的制度結構上，相關政策重心已逐漸由補充養老保險在基本保障層次的合併實施轉由對基本養老保險「統帳」模式的重點規定。對於補充層次的養老保險，均在基本政策外另待說明。

4.3.4 層次區分

中國基本養老保險制度框架確立后，深圳市是全國較早對企業補充養老保險做出政策性探索的城市。在1991年《國務院關於企業職工養老保險制度改革的決定》（國發〔1991〕33號）和1995年勞動部《關於印發建立企業補充養老保險制度的意見的通知》（勞部發〔1995〕464號）兩文件的基本構架下，深圳市結合當地機關事業單位與企業養老金待遇差距的調研情況，於1997年6月發布了《深圳市企業補充養老保險方案》（深府〔1997〕182號），並明確規定了制度實施範圍、計劃參與條件、繳費比例和稅收優惠等細則。海南省企業補充養老保險方案的確定則是在2004年全國《企業年金試行辦法》確立之後。在此之前，該省一直保留著制度模式首次調整後分離出來的個人繳費基金及補充養老保險基金，但后續無政策支持，補充層次的養老保險並未得到發展。

4.3.5 架構成型

在多方博弈中，全國養老保險制度於2000年前后基本確立，其制度結構和制度參數也基本穩定，海南模式的「大統籌」與深圳模式的「大帳戶」也逐漸與全國模式保持一致。2000年以後，多層次養老保險體系的建設基本進入制度補缺和部分參數的修正調整期。基本層次的養老保險碎片逐漸向城鎮職

工養老保險這一主體模式靠攏，國家辦保險的民生擴面成為政策發展的主流；補充層次的企業年金辦法則長時期滯留於 2004 年《企業年金試行辦法》和《企業年金基金管理試行辦法》頒布后的政策真空，直至 2011 年起，才陸續有了新的調整。2010 年以後，養老保險制度補缺基本完成，業已錯位的多層次架構開始走向體系內的制度優化。

4.4　本章小結：多層次養老保險體系制度優化的歷史約束之二

　　如果說多層次養老保險制度演進的時代背景是對制度參與主體「后天性格」的塑造，那麼「制度演進」則是對制度「先天條件」的剖析。由於未來養老保險改革和制度優化不可能走「推倒重來」的路，因此，對制度歷史演進規律的把握便顯得尤其重要，其路徑依賴痕跡和制度變遷規律限定了未來改革的可變空間。

　　首先，從多層次體系演進的制度基礎看，社會保險與商業保險在業務內容和管理經辦主體上存在多次的重疊與變更，這使得多層次養老保險體系中各層次養老金計劃協同發展成了可能，尤其是商業保險機構參與基本養老保險業務經辦和管理服務的公私合作思路，將豐富制度優化的內容。

　　其次，從制度演進的關鍵環節來看，各級政府對養老保險制度模式的多次爭議和權衡，使其最終向「統帳結合」這一思路定型，其籌資模式也最終走向混合。在制度補缺的歷次改革中，不論是農民工養老保險制度的單獨試點抑或拆并、被徵地農民養老保險以及城鄉居民養老保險的地方試點，均未能撼動「城鎮職保」制度的統領地位和標杆效應。同時，如養老保險行業統籌和地方統籌的改革，仍然遵循分而治之的思路，制度整合和統籌層次的提高並未在局地試點中實現。

　　再次，海南模式和深圳模式的社會保障綜合改革試點，成為中國養老保險制度改革推進過程中，具有里程碑意義的歷史事件。兩模式集中反應了養老保險制度建立的各類矛盾，包括由過去一直持續至今的。其「大帳戶、小統籌」和「大統籌、小帳戶」爭議的實質，是社會化的多層次養老體系所依託的制度文化與中國傳統養老文化和原有政策路徑的抗衡。從辯證的視角看，兩模式無所謂優劣，它們都曾經在不同的制度環境和歷史發展階段中發揮過積極的作用，而正是多層次養老保險體系的制度組合及其包容性，使得兩者的制度功能

得以兼顧和平衡。

　　最后，多層次養老保險體系的歷史約束對制度優化的影響有四：其一，制度優化的路徑依賴較難改變；其二，政府決策行爲模式的牽制力將長期存在；其三，制度參與的市場主體，其差異化特徵短時期內較難更改；其四，制度演進的關鍵模塊仍然是未來改革亟須突破的瓶頸。

5 中國多層次養老保險體系的制度現狀透視

養老保險制度從萌芽到成型，不僅需要公共政策資源的分階段投入和適時修正，還需要制度參與主體在人財物方面的有效供給，這是制度運行的前提和基礎。筆者對養老保險制度的現狀描述，主要通過三個維度：一是政策集中度，包括制度建立之初的模式搭建和參數調整；二是養老金計劃的參與水平，包括不同養老金計劃的人口覆蓋、各制度主體在多層次架構下的差異化資金投入，以及制度運行載體的配備；三是制度負擔能力，包括制度贍養水平和基金支付能力。

5.1 多層次養老保險體系的現狀監測

實踐是檢驗真理的重要標準，公共政策的實施和制度運行也不例外。養老保險制度運行對政策完善的重要性，使得養老保險現狀監測和趨勢預測成爲制度建設的重要內容。隨著社會保障制度建設的日趨完善，近年來，描述中國養老保險體系運行的相關資料和數據信息也逐漸實現時序上的完整和數據上的連貫。

目前，對中國養老保險制度現狀監測和信息發布主要通過三種途徑：

途徑之一，是官方統計與常規發布。人力資源和社會保障部（以下簡稱「人社部」）一年四個季度的新聞發布會、統計公報以及以此爲基礎編製的相關統計年鑒是描述中國基本養老保險現狀的重要數據資料；人社部基金監督司對企業年金基金業務數據的季度性摘要編製、中國保監會對商業保險公司業務匯總數據的監測是中國補充性養老保險現狀分析的重要來源；國家審計署自2012年開始對全國社會保障資金進行常規審計，其公報結果將成爲監測中國多層次養老保險體系現狀的重要參考依據。

途徑之二，是學術研究機構常態與階段性相結合的制度研究與現狀監測。其中具有里程碑意義的是自 2008 年開始歷時 4 年完成的中國社會保障改革與發展戰略研究，全方位多層次地剖析了中國養老保障體系的運行現狀和未來發展趨勢①；與之同時進行的重要研究成果還包括在統籌城鄉社會保障制度改革背景下對制度現狀和改革發展趨勢的研究監測②。此外，自中國養老保險制度基本實現全覆蓋以後，部分學術機構編製了反應中國多層次養老保險體系運行的制度指數，並對相關數據進行跟蹤發布③。

途徑之三，多渠道的數據信息使制度運行的客觀狀態更爲真實。除了前面兩種反應制度現狀的直接渠道外，通過對微觀經濟主體相關情況的抽樣調查也逐漸成爲間接反應制度運行的重要通道之一。目前，爲中國多層次養老保險體系運行提供基礎性數據的信息平臺包括在全國範圍內週期性實施的「中國健康與養老追蹤調查」和「中國家庭金融調查」兩項，兩數據庫與此相關的內容分別以微觀主體的老年保障需求和老年經濟行爲爲側重點④。

需要說明的是，下文對多層次養老保險體系運行的時序對比，時間節點的選擇主要基於 2012 年中國養老保險在城鄉範圍內實現制度全覆蓋的這一時段，2012 年以前的各年份數據對比度較強，2012 年制度全覆蓋後基本穩定，各年數據對比度較弱，波動不大。

5.2 多層次養老保險體系的運行現狀

5.2.1 政策集中度

政策集中度，是指規範和指導各層次養老保險制度發展的政策集中趨勢，它包括政策出抬在時間維度上的集中和在政策要點上的趨同，主要通過政策密度、政策頻次、政策要點和政策權重等指標綜合反應。政策集中度是描述多層次養老保險體系現狀的制度前提，它是養老保險制度發展的現實約束。

在時間維度上，筆者討論的多層次養老保險體系的政策集中區間起止於兩個時點。始於 1991 年國發 33 號文件對基本養老保險、企業補充養老保險和職

---

① 鄭功成等.中國社會保障改革與發展戰略（養老保險卷）[M].北京：人民出版社，2011.
② 林義等.統籌城鄉社會保障制度建設研究 [M].北京：社會科學文獻出版社，2013.
③ 褚福靈等.中國社會保障發展指數報告 2010 [M].北京：經濟科學出版社，2011；鄭秉文等.中國養老金發展報告 2011-2013 [M].北京：經濟管理出版社.
④ 中國健康與養老追蹤調查，http://charls.ccer.edu.cn/zh-CN；中國家庭金融調查，http://chfs.swufe.edu.cn/.

工個人儲蓄性養老保險相結合的多層次養老保險體系的搭建①，而止於2013年前後，尤其是黨的十八屆三中全會決議公報是對發展企業年金、職業年金、商業保險，構建多層次社會保障體系的強化②。

從政策密度上看，迄今有效的全國性政策資源在基本層次和補充層次的分佈並未顯現出極端的差異性，國家對不同層次養老保險制度的政策投入反而呈現趨同的規律性。一方面，2008年以前指導和規範各層次養老保險制度運行的政策均呈階段性零散分佈狀態，政策間隔期多爲3~5年；另一方面，在2010年前后，不同層次的政策資源趨向集中，如圖5-1所示。

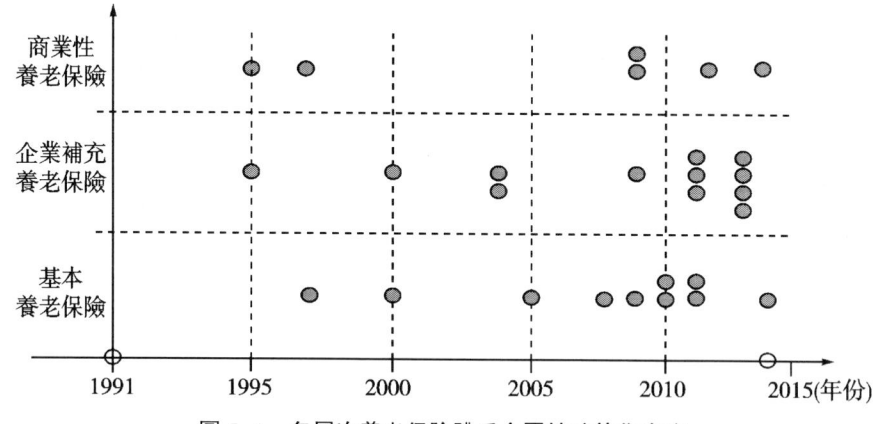

圖5-1　多層次養老保險體系全國性政策集中度

資料來源：根據人力資源和社會保障部、保監會、財政部、國稅總局網站相關政策法規整理。

從政策頻次上看，國家層面的政策資源在基本養老保險、企業補充養老保險和商業性養老保險三層次的分佈結構爲10：12：6，企業年金運行得到的政策規範和指導居三層次之首位，其次是基本養老保險，最后是商業性養老保險層次。

儘管補充性養老保險在政策密度和頻次上不遜色於國家在基本養老保險層次的投入，但仔細推敲政策要點在制度進展中的權重，不難發現政策投入和資源分佈在不同層次上的差異，如表5-1、表5-2所示。筆者假設國家對政策資源的投入包括兩大偏好，一是解決制度公平問題，二是解決制度效率和效果問題。與前者對應的政策路徑即結構調整，其要點在於解決制度運行的擴面問題；而與后者對應的政策路徑即參數優化，其要點旨在處理制度運行的技術問題。以追求制度公平爲參照，從基本到補充，三層次體系的政策投入權重分別爲6/10、2/12和0，呈差異化遞減；以效率和效果爲參照，從基本到補充，三層次體系的政策投入權重分別爲6/10、10/12和1，呈微量遞增。

---

① 《國務院關於企業職工養老保險制度改革的決定》（國發〔1991〕33號文）。
② 《中共中央關於全面深化改革若干重大問題的決定》，2013年11月。

表 5-1　　　　　　　多層次養老保險體系政策集中度內容匹配

1991 年	1991—1995 年	1996—2000 年	2001—2005 年	2006—2010 年	2011—2015 年
商業性養老保險	◇1.《中華人民共和國保險法》頒布（1995）		◇2.《保險法》修訂（2002）	3.《關於試行養老保障委託管理業務有關事項的通知》（保監發〔2009〕129 號） ◇4.《保險法》修訂（2009）	◇5.《保險法》修訂（2014） ◇6.《保險法》修訂（2015）
企業補充養老保險	◇1.《關於建立企業補充養老保險制度的意見》（勞部發〔1995〕464 號）	◇2.《關於印發完善城鎮社會保障體系試點方案的通知》（國發〔2000〕42 號）	◇3.《企業年金試行辦法》（2004 勞社部 20 號令） ◇4.《企業年金基金管理試行辦法》（2004 勞社部 23 號令）	◇5.《關於補充養老保險費、補充醫療保險費有關企業所得稅政策問題的通知》（財稅〔2009〕27 號）	◇6.《企業年金基金管理辦法》（2011 人社部 11 號令） ◇7.《關於企業年金集合計劃試點有關問題的通知》（人社部發〔2011〕58 號） 8.《事業單位職業年金試行辦法》（國辦發〔2011〕37 號） ◇9.《關於擴大企業年金基金投資範圍的通知》（人社部發〔2013〕23 號） ◇10.《關於企業年金養老金產品有關問題的通知》（人社部發〔2013〕24 號） 11.《關於鼓勵社會團體、基金會和民辦非企業單位建立企業年金有關問題的通知》（人社部發〔2013〕51 號） ◇12.《關於企業年金 職業年金個人所得稅有關問題的通知》（財稅〔2013〕103 號）
基本養老保險		◇1.《關於建立統一的企業職工基本養老保險制度的決定》（國發〔1997〕26 號） ◇2.《關於印發完善城鎮社會保障體系試點方案的通知》（國發〔2000〕42 號）	◇3.《關於完善企業職工基本養老保險制度的決定》（國發〔2005〕38 號）	4.《關於印發事業單位工作人員養老保險制度改革試點方案的通知》（國發〔2008〕10 號） 5.《關於開展新型農村社會養老保險試點的指導意見》（國發〔2009〕32 號） ◇6.《中華人民共和國社會保險法》（2010 主席令 35 號）	7.《城鎮企業職工基本養老保險關係轉移接續暫行辦法》（國辦發〔2009〕66 號） 8.《關於開展城鎮居民社會養老保險試點的指導意見》（國發〔2011〕18 號） ◇9.《關於印發新型農村社會養老保險基金財務管理暫行辦法的通知》（財社〔2011〕16 號） 10.《合併新農保城居保建立全國統一城鄉居民基本養老保險制度的決議》（2014.02 國務院常務會議）

註：陰影內容是對制度擴面相關政策的歸類；◇是對制度設計、參數調整等技術問題的歸類。
資料來源：根據人力資源和社會保障部、保監會、財政部、國稅總局網站相關政策法規整理。

表 5-2　　　　　　多層次養老保險體系政策集中的要點及權重

政策要點	解決制度運行的技術問題 ◇				解決制度運行的擴面問題
	合計	制度設計	基金安全	功能輻射	
商業性養老保險	1	5/6	1/6	1/6	0
企業補充養老保險	10/12	6/12	4/12	0	2/12
基本層次	6/10	4/10	1/10	1/10	6/10
政策目標	解決效率和效果問題				解決公平問題

註：1. 政策資源的頻次統計限定在國家層面的專門性政策範圍內；2. 爲簡化分析，將專門性法律法規也納入政策資源範疇；3. 基本層次中 2000 年和 2005 年政策涉及計發辦法調整和制度擴面的雙重問題，故占比之和不爲 1。4. 2015 年新修定的《保險法》除了在制度設計上有所更新外，還擴大了保險基金的投資範圍和運用的靈活性。故商業性養老保險層次占比之和不爲 1。

資料來源：根據人力資源和社會保障部、保監會、財政部、國稅總局網站相關政策法規整理。

綜上，養老保險政策集中度對多層次體系運行現狀的指向，呈現以下特徵：

5.2.1.1　制度運行的單一性

各層次養老保險制度運行的單一性，集中體現在政策要點的單一性，如表 5-1 所示。基本養老保險制度自 1997 年制度模式確立以後，陸續於 2000 年、2005 年、2009 年、2010 年和 2011 年分別將城鎮個體工商戶和靈活就業人員、農村居民、農民工和城鎮居民納入基本養老保險制度範圍，政策資源主要向制度擴面集中；其技術問題的處理和制度優化亦是圍繞制度擴面中不同群體受惠的有無、多寡進行。同樣，企業年金在技術問題的解決上，50%集中於制度設計，尤以稅收優惠問題居多，政策要點同樣呈現單一性。

5.2.1.2　制度運行的階段性

基本層次與補充層次在公平和效率、技術問題和擴面問題的解決時序上是相逆的，階段性特徵明顯。企業年金制度在稅收優惠問題和基金安全得以規範後，集中在 2011 年以後發布了對事業單位及社會團體、基金會和民辦非企業單位的擴面性指導。而基本養老保險在 2012 年實現制度全覆蓋以後，也集中對基金安全和制度主體功能的輻射作了政策性規範。

5.2.1.3　制度運行的協同性

儘管各層次養老保險制度存在政策導向的單一性和階段性，但也呈現出不同層次協同配合的現實特徵。2011 年《新農保基金財務管理暫行辦法》頒布，企業年金集合計劃試點亦同年啓動，企業年金基金和養老金產品投資範圍的新規定也於 2013 年出抬，不論是基本層次抑或補充層次，在制度運行的新階段，決策者均表現出對基金安全和制度可持續的極大關注。公私合作和政府購買方

面，早在2009年保監會129號文件就對商業保險公司管理經辦基本養老保險業務給予指導和規範，這也釋放出政府與市場各司其職、各歸各位的政策信號。這是多層次體系協同運行的開始。

5.2.2 計劃參與水平

養老金計劃參與水平，是指個人和企業等制度主體在多層次體系中被各類養老金計劃覆蓋的程度以及政府對各類計劃中人財物的投入，主要通過人口覆蓋率、資金投入率、保險深度和保險密度等指標綜合反應。計劃參與水平是描述多層次養老保險體系現狀最基本的維度，它是養老保險計劃容量和制度規模的重要保證。

5.2.2.1 多層次養老保險制度的人口覆蓋

覆蓋率是衡量養老保險計劃參與水平的重要指標之一。目前官方機構對覆蓋水平的描述多基於制度覆蓋，即養老保險對不同群體的制度惠及程度和區域覆蓋範圍。至2012年，隨著城鎮居民養老保險試點在全國鋪開，中國基本實現城鄉範圍內養老保險的制度全覆蓋。繼制度全覆蓋之後，與之並列且更具挑戰性的制度參與標準是城鄉人口的全覆蓋。相關數據顯示，截至2013年年底，多層次架構中第一層次的城鄉基本養老保險覆蓋人口數達8.20億，其中就業關聯的職工基本養老保險（以下簡稱「城保」）3.22億人，城鄉居民養老保險（以下簡稱「城鄉居保」）近5億人；至2015年年底，這三項指標分別升至8.58億人、3.54億人、5.05億人。[①] 第二層次的企業年金計劃覆蓋企業6.16萬個，惠及職工0.2億人；至2015年年底，兩項指標分別升至7.54萬人、0.23億人。[②]。由於統計口徑和統計指向的差異，不同主體對養老保險覆蓋率的測度方法和結果不盡相同。

筆者對制度覆蓋水平的測度主要基於兩大數據基礎，一是根據官方年鑒及公報資料的整理測算；二是通過中國家庭金融調查基礎數據的統計分析結果對前者的現狀描述進行補充和擬合[③]。在時間段的選擇上，考慮到2012年養老保險實現制度全覆蓋後，其人口覆蓋率年均增幅波動不大，與2015年數據相

[①] 國家統計局：《2013年/2015年國民經濟和社會發展統計公報》，2014年2月24日/2016年5月30日。

[②] 人力資源和社會保障部社會保險基金管理司：《全國企業年金基金業務數據摘要（2013年第三季度/2015年度）》，www.mohrss.gov.cn。

[③] 該數據為2011年基於全國25個省、80個縣（市）、320個社區的8,438份有效樣本，是民間調查機構基於全國範圍調查的較新數據。

近；爲保證官方統計數據與2011—2012年間中國家庭金融調查數據比較的有效性，故下文測算基礎數據來源2012年前後。

（1）對全國水平和區域水平的測度

如圖5-2所示，從多層次架構中各類養老金計劃的覆蓋情況看，城鄉基本養老保險制度較補充層次在計劃容量和制度規模上具有明顯優勢，其人口覆蓋率已實現72.1%，反應制度有效撫養水平的繳費參保率達63.3%[1]。企業年金計劃建立的門檻之一是基本養老保險的參保繳費，目前全國建立企業年金計劃的企業僅占全國企業總數的0.66%，因此，受惠於基本層次和企業補充層次雙重保障的人口占比也受到限制，僅相當於企業年金職工覆蓋率的範圍大小，爲3.16%[2]。

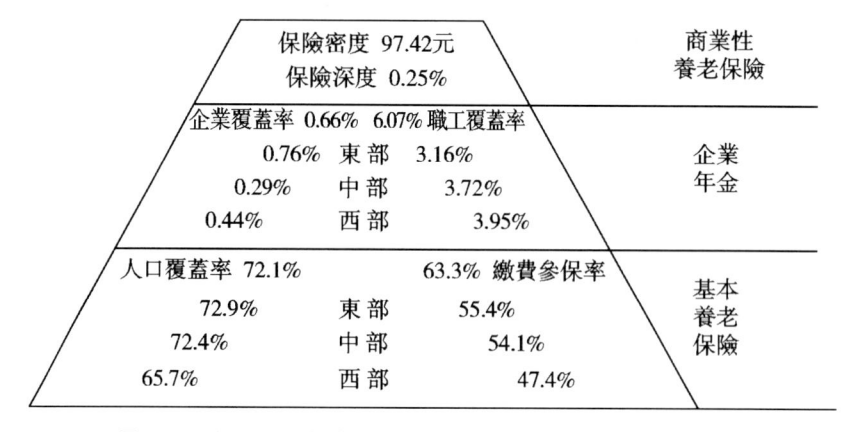

		商業性養老保險
保險密度 97.42元 保險深度 0.25%		
企業覆蓋率 0.66%　6.07% 職工覆蓋率		企業年金
0.76%　東部　3.16%		
0.29%　中部　3.72%		
0.44%　西部　3.95%		
人口覆蓋率 72.1%　　63.3% 繳費參保率		基本養老保險
72.9%　東部　55.4%		
72.4%　中部　54.1%		
65.7%　西部　47.4%		

圖5-2　中國多層次養老保險制度覆蓋水平及東、中、西差異

註：1. 受限於可得資料，年齡結構的劃分，全國數據勞動適齡人口起始年齡以16歲爲標準，東、中、西部及各地區數據以15歲爲標準。2. 區域分類數據處理過程中，未考慮城鎮基本養老保險中國人民銀行和中國農業發展銀行的數據。3. 對基本養老保險層次的統計合併了城鎮職工養老保險和城鄉居民養老保險。

資料來源：根據《中國人口和就業統計年鑒（2011）》《2010年第六次人口普查數據資料》《中國統計年鑒（2013）》《中國保險年鑒（2013）》《全國企業年金基金業務數據摘要（2012年度）》計算整理。

多層次養老保險體系制度規模的全國水平並不能完全反應中觀層次的區域差異。受中國區域發展梯度化特徵的影響，在基本養老保險層次中，東部和中部地區的人口覆蓋率差距不大，分別爲72.9%和72.4%，二者依次高出全國水

---

[1] 人口覆蓋率＝年末參保人數（含離退休人員）/16歲以上人口數；繳費參保率＝參保職工人數/勞動適齡人口數。

[2] 企業年金職工覆蓋率＝企業年金計劃參與人數/基本養老保險參保人數

平 0.8 和 0.3 個百分點。但西部地區與二者的差距較爲明顯，基本養老保險人口覆蓋率僅爲 65.7%，與東、中部地區的差距在 7 個百分點左右。同時，通過人口覆蓋率與繳費參與率的交叉比較，在制度的有效參與方面，東部地區勞動適齡人口中繳費人數更多，制度代際撫養能力更強，中部次之，西部則位居末尾。

東、中、西部地區梯度發展的特徵同樣也映射到了企業補充養老保險層次。與基本層次不同的是，補充層次中三者的覆蓋水平是逆向的。西部地區職工覆蓋率居三區域之首，達 3.95%，中部其次，東部列於末端，低於西部地區 0.79 個百分點。由於在中央註冊的企業和集合年金計劃統一歸口人力資源和社會保障部管理，加之金融和壟斷行業等企業總部對發達地區的偏好，企業年金計劃在東部企業中覆蓋率的統計值遠高於中西部地區，而西部地區較中部地區而言更有優勢。同時，從企業和職工的匹配度來看，西部地區建立企業年金的企業數量雖不及中東部地區，但其覆蓋人口是三區域中最廣的。

除了依託單位就業建立起來的兩層次養老保險體系，第三層次的商業性養老保險在多層次架構中也呈現出亟待開發的增長空間。就其產品形式而言，年金保險是商業保險提供養老保險產品的主要形式，分爲個人年金保險和團體年金保險，其產品形態既涉及繳費確定型（DC）的投資連結保險，也包括待遇確定型（DB）的傳統商業保險以及分紅型和萬能型商業養老保險。相關數據顯示，2012 年中國年金保險業務保費收入累計 1,319 億元。以此爲基礎得到的保險密度和保險深度分別爲 0.25% 和 97.42 元。與此相參照的是，基於保險業總保費收入和壽險業務保費收入的兩組數據，保險密度分別爲 2.98% 和 1.72%，保險深度分別爲 1,143.86 元和 657.91 元。可見，「雙低」形勢是當前商業性補充計劃的運行現狀。一方面，商業保險的國民參與程度和人均保費水平不高；另一方面，商業性養老保險產品在保險業務中所占市場份額和人均保費水平有限。

（2）各省（市、區）的差異化比較

① 多層次體系的聯動特徵

改革開放 30 余年的實踐證明，任何趨近完美的理論在解釋中國問題上都黯然失色，多層次養老保險的制度運行也不例外。從前人的研究成果和國際經驗來看，基本養老保險與補充養老保險在覆蓋面的拓展上不外乎是兩種關係，一是存在替代效應，即基本（補充）養老保險的發展可能會對補充（基本）養老保險的資源投入產生擠出效應，對覆蓋群體存在競爭和爭奪。二是存在同步效應，即基本養老保險與補充養老保險相互促進共同發展，覆蓋水平呈同方向增長；抑或極端的反向情況，雙雙都處於覆蓋率低位[1]。一般而言，正向的

---

[1] 鄭功成. 社會保險與商業保險 [N]. 湖北日報，1986-09-25；許飛瓊. 商業保險與社會保障關係的演進與重構 [J]. 中國人民大學學報，2010（2）.

同步效應以高收入國家居多，而替代效應較強的多爲發展中國家。

然而，就中國制度運行的現實情況而言，多層次架構中各養老金計劃並未呈現出明顯的規律性和聯動特徵，全國 31 個省（市、區）城鄉基本養老保險覆蓋率基本維持在 [49%, 83%] 的高位，而企業年金和商業性養老保險則分別在 [0, 3%] 和 [0, 15%] 的底層區域，前者對後者雖有替代之勢，但各省（市、區）不同層次的養老保險制度規模卻未表現出函數特徵，如圖 5-3 所示。筆者將第二層次的企業年金職工覆蓋率降序排列，與之相對應的基本養老保險和商業性養老保險並未呈現出整齊的序列特徵，相反，異化波動趨勢明顯。

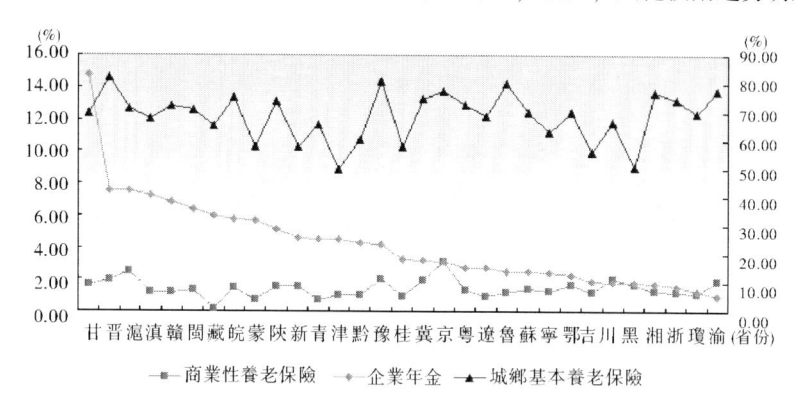

圖 5-3　中國各地區多層次養老保險人口覆蓋水平的相關性和聯動趨勢

資料來源：根據《中國人口和就業統計年鑒（2011）》《2010 年第六次人口普查數據資料》《中國統計年鑒（2013）》《中國保險年鑒（2013）》《全國企業年金業基金業務數據摘要（2012 年度）》計算整理。

② 多層次體系的異質性特徵

全國 31 個省（市、區）除了在多層次體系的聯動性上單層主導，無規律可循，在不同層次的制度組合上也呈現異質性特徵，如表 5-3 所示。

各類養老保險計劃，制度基礎好的地區並非必然與經濟社會發展水平緊密關聯。在多層次養老保險的叠加效應上，基本養老保險和補充性養老保險各層次協同發展較好的爲山西省，而各層次均處於較低覆蓋水平的是貴州省①。

從不同類別的養老金計劃組合來看，河南、重慶、河北、北京、浙江和廣東六省（市）在基本養老保險和商業性養老保險的組合效應上優於其他地區；而企業年金和商業性養老保險雙重組合的保障體系，則以上海和福建兩省（市）居先。

---

① 多層次養老金計劃不同制度組合的覆蓋水平評價，正向效應以居於全國平均線以上爲篩選標準；負向效應以位列全國 31 個省（市、區）后十位爲篩選標準。

表 5-3　　中國各地區多層次養老保險制度覆蓋水平及差異分佈　　　單位:%

排序	第一層次：基本養老保險				第二次層次：企業年金				第三層次：商業性人壽保險			
	人口覆蓋率		繳費參保率		企業覆蓋率		職工覆蓋率		保險密度(元)		保險深度	
1	晉	82.11	京	64.80	閩	4.09	甘	14.78	京	2,634.00	京	3.09
2	豫	80.64	晉	64.06	滬	1.82	晉	7.55	滬	2,074.33	滬	2.47
3	魯	80.08	豫	61.99	桂	1.46	滬	7.50	蘇	957.58	川	2.03
4	渝	77.17	魯	60.40	遼	0.65	滇	7.24	津	907.00	豫	2.01
5	京	77.16	粵	60.31	新	0.64	贛	6.81	渝	733.59	晉	1.93
6	湘	77.01	皖	57.76	粵	0.63	閩	6.37	浙	729.55	冀	1.91
7	皖	75.27	冀	57.08	豫	0.63	藏	6.01	粵	718.31	渝	1.86
8	冀	74.63	陝	57.04	津	0.60	皖	5.77	冀	693.81	鄂	1.61
9	浙	74.42	湘	56.61	青	0.50	蒙	5.68	閩	688.57	黑	1.61
10	陝	73.78	閩	55.85	魯	0.46	陝	5.10	晉	650.31	甘	1.61
11	粵	72.53	浙	55.84	京	0.40	新	4.58	豫	633.50	陝	1.54
12	贛	71.93	贛	55.57	黑	0.40	青	4.53	鄂	618.21	新	1.54
13	滬	71.20	藏	54.27	寧	0.37	津	4.49	川	597.88	皖	1.51
14	閩	70.62	滇	53.92	滇	0.37	黔	4.30	魯	590.85	蘇	1.40
15	蘇	69.78	甘	53.80	瓊	0.36	豫	4.21	陝	587.55	粵	1.33
16	鄂	69.77	瓊	53.25	吉	0.35	桂	3.26	黑	579.29	閩	1.29
17	瓊	69.53	渝	52.37	甘	0.34	冀	3.19	遼	527.84	湘	1.28
18	甘	69.46	青	51.81	黔	0.33	京	3.14	新	524.41	寧	1.23
19	遼	68.53	鄂	51.34	蒙	0.31	粵	2.74	吉	493.68	贛	1.20
20	滇	67.72	滬	49.71	贛	0.31	遼	2.73	寧	478.83	吉	1.16
21	川	66.55	蘇	49.70	晉	0.30	魯	2.51	蒙	437.80	浙	1.16
22	青	65.64	寧	48.23	藏	0.29	蘇	2.46	皖	431.83	魯	1.15
23	藏	64.92	遼	47.20	蘇	0.29	寧	2.44	湘	429.35	滇	1.14
24	寧	62.89	新	44.66	浙	0.29	鄂	2.26	甘	349.38	瓊	1.08
25	黔	60.46	川	43.98	川	0.27	吉	1.85	贛	345.04	黔	1.01
26	桂	57.86	黔	42.61	陝	0.22	川	1.81	瓊	341.78	津	0.98
27	蒙	57.85	蒙	42.48	豫	0.16	黑	1.80	桂	264.36	桂	0.95
28	新	57.59	桂	40.45	皖	0.16	湘	1.75	滇	249.19	遼	0.93
29	吉	55.91	吉	36.23	鄂	0.14	浙	1.56	青	220.00	青	0.7
30	黑	50.57	黑	34.09	渝	0.11	瓊	1.26	黔	197.89	蒙	0.69
31	津	49.66	津	30.66	湘	0.09	渝	0.91	藏	32.67	藏	0.14

註：1. 受限於數據的可得性，考慮到相關指標的集合關係，各省（市、區）衡量商業性養老保險覆蓋水平的指標選用商業性人壽保險數據替代；2. 包括標陰影處及以上區域高於全國平均線水平；3. 排序列 15、16 處均值為中位數水平。

資料來源：根據《中國人口和就業統計年鑒（2011）》《2010 年第六次人口普查數據資料》《中國統計年鑒（2013）》《中國保險年鑒（2013）》《全國企業年金業基金業務數據摘要（2012 年度）》計算整理。

（3）實地調查數據對制度現狀的擬合

如果說前文的分析和測度是從覆蓋水平入手對養老金計劃運行現狀的宏觀和中觀描述，那麼基於實地調查和行爲金融基礎性數據的統計性分析，則是爲了呈現微觀個體的經濟行爲和制度選擇。

由於第一、二層次的養老保險制度主要與就業梯度關聯，因此，第三層次的商業性養老保險計劃就成爲多層次保障體系下個人叠加選擇養老金計劃的關鍵。如表5-4所示，相比各傳統險種，商業性養老保險在各類保險產品中所占市場份額極其有限，在21歲以上的有效樣本中，已購買商業性養老保險的占比爲1.57%，目前已享受商業性養老保險待遇的占被調查者總數的0.56%。同時可以看出，壽險與健康險的市場需求較養老險更爲廣泛。

表5-4　　　　商業性養老保險在商業保險中的購買水平

調查範圍	壽險	健康險	商業性養老保險	財險（除車險）	其他
21歲+（%）	5.44	3.08	1.57	0.06	0.89
已退休（%）	2.3	1.49	0.56	0	0.44

註：此處所涉壽險不含具有養老功能的個人和團體年金險，表5-5同。
數據來源：根據「中國家庭金融調查中心數據庫2011」的統計分析。

正是由於商業性養老保險的市場局限，被三層次養老保險體系同時覆蓋的人群亦不多，不論是壽險還是健康險，商業保險與其他養老金計劃的叠加組合均爲小概率事件，如表5-5所示。在被調查者中，同時參加基本養老保險和企業年金計劃，又購買商業性養老保險的占比爲0.06%，而第一、二層次與其他險種的組合匹配度也未超過1%。值得注意的是，目前已領取退休金的被調查者，基本養老保險+企業年金+壽險的這一叠加組合，佔有率相對較高。

表5-5　　　三層次架構中各養老保險制度與商業性保險不同組合的匹配度

調查範圍	基本養老+企業年金+壽險	基本養老+企業年金+健康險	基本養老+企業年金+商業性養老保險	基本養老+企業年金+財險（除車險）	基本養老+企業年金+其他
21歲+（%）	0.28	0.21	0.06	0.01	0.04
已退休（%）	0.69	0.01	0	0	0

數據來源：根據「中國家庭金融調查中心數據庫2011」的統計分析。

商業性養老保險個體選擇的靈活性明顯強於基本養老保險和企業年金，如表5-6和表5-7所示。與前文制度背景中論述的不同資本性質企業的成長路徑和多層次養老保險體系制度演進的主體特徵趨同，被基本養老保險和企業年

金同時覆蓋的被調查者主要分佈在關係國計民生的國有企業和基礎性行業，國有控股企業以76.64%的佔有率居絕對優勢，而製造業、交通運輸倉儲郵政、電力煤氣水生產供應和金融業的累計占比也高達67.2%。

表5-6　基本養老保險與企業年金雙重受惠人群所在企業性質分佈

排序	1	2	3	4	5	6	7
	國有/控股	私人私營個體	集體/集體控股	外商獨資	中外合資	港澳臺獨資	其他
占比（%）	76.64	12.15	6.07	2.34	1.87	0.47	0.47

數據來源：根據「中國家庭金融調查中心數據庫2011」的統計分析。

表5-7　基本養老保險與企業年金雙重受惠人群行業分佈

排序	1	2	3	4	5	6	7	8	9	10	11	12	13	14	15	16	17	18	19
	製造業	交通運輸倉儲郵政	生產煤氣水電力供應	金融業	採礦業	建築業	教育	訊息傳輸計算機服務軟體	住宿餐飲	居民服務	服務科研技術地勘	房地產業	租賃商務服務	公共設施管理和水利環境	文化體育娛樂	社會組織公共管理	農林牧副漁	批發零售
占比（%）	21.2	16.4	15.6	14	6	3.2	3.2	2.4	2.4	2.4	1.6	1.2	1.2	0.8	0.8	0.8	0.4	0.4

數據來源：根據「中國家庭金融調查中心數據庫2011」的統計分析。

5.2.2.2　多層次養老保險制度的資金投入

考量多層次養老保險制度各養老金計劃的參與水平，除了人口覆蓋這一維度，養老保險資金投入也是重要的評價指標之一，它包括各制度主體對養老金計劃運行的資金貢獻率。

就個人和單位而言，養老保險資金投入表現爲對養老金計劃的參保繳費和對商業性養老保險產品的購買；就政府而言，其資金投入形式主要包括三類：一是匹配繳費，主要涉及第一層次中地方財政對城鄉居保的繳費補貼，以及城保制度中對「4050人員」等下崗職工和可享受特殊政策照顧群體的繳費返還或減免。二是待遇補貼和調整，該部分資金主要分佈在第一層次中央政府對城鄉居保基礎養老金的財政轉移支付以及地方政府的待遇調整和補足，同時，城保制度中自2005年起對退休人員連續十餘年的基本養老金待遇調整也屬於該範疇。三是稅收減免，它是多層次架構中政府對補充性養老保險最主要的間接性資金投入途徑，但目前僅限於企業年金，在繳費環節對企業和個人分別執行5%和4%的稅收優惠額度；商業性養老保險產品延稅試點仍處在研討醞釀之

中。此外，受歷史因素影響，國家財政對第一層次城保制度的轉制成本和隱形債務尚存顯性化風險，對城鄉基本養老保險制度承擔財政兜底責任。

（1）基本養老保險層次的資金投入

在基本養老保險制度中，單位和個人對城保制度的資金投入集中體現在養老保險繳費收入上。如表5-8所示，該項投入由2007年的5,752億元增加到2012年養老保險制度全覆蓋時的15,027億元，年均增長率達21.23%，2014年達18,726億元。基於城保單位繳費和個人繳費20%和8%的分擔比例，2012年單位繳費約爲個人繳費的2.5倍，資金貢獻額爲10,733.57億元，個人投入4,293.43億元[①]。政府對城保的資金投入年均增長率略低於繳費性資金約爲2個百分點，達19.12%，其2012年投入規模爲2,618億元，是2007年的2.39倍。而城鄉居保制度主要以政府匹配繳費和待遇補貼爲主導，相比個人繳費收入，財政補貼及利息收入占資金規模的較大比重。

表5-8　　2007—2012年中國第一層次養老保險制度的資金投入　　單位：億元

	城鎮企業職工養老保險基金					城鄉居民養老保險基金				
	總收入	基本養老保險費收入	其他		收入	個人繳費收入	財政補貼和利息收入	支出總額	基礎養老金支出	個人帳戶支出
			財政補貼	利息						
2007	7,008	5,752	1,256	1,096	115	—	—	—	—	—	—
2008	8,748	7,143	1,605	1,341	187	—	—	—	—	—	—
2009	10,343	8,529	1,814	1,534	224	—	—	—	—	—	—
2010	12,195	10,005	2,190	1,820	256	—	—	—	—	—	—
2011	15,435	12,719	2,716	2,072	421	1,342	485	857	690		
2012	18,300	15,027	3,273	2,618	655	1,996	640	1,356	1,212	1,049	163

註：1. 城鄉居民社會養老保險基金包括單獨管理的城鎮居民社會養老保險基金和新型農村社會養老保險基金，以及實行城鄉一體化管理的城鄉居民社會養老保險基金；2. 2012年財政補貼數爲推算值；3. 城鎮居民養老保險試點自2011年啟動，故此前值空缺。

數據來源：《中國財政年鑒（2008—2012）》；財政部社會保障司：全國社會保險基金決算（2003—2008／，2010—2012），http://mof.gov.cn.

如表5-9所示，從結構上看基本養老保險層次的資金投入呈現以下特徵：

一是資金投入自平衡機制的良性運行。從財政補貼與利息收入的比值來看，相比2007年9∶1的格局，2012年利息收入逐漸增加，約占除繳費收入外其他資金總額的20%，而財政投入調整到占比80%的範疇。其所籌資金對利

---

① 爲簡化分析，將繳費比例一般化，未考慮全國不同地區存在的差別費率。

息收入這一增值性內部因素的依存度略微增強，而對財政投入這一外部控制因素的依賴性逐漸減小。

表5-9　2007—2012年中國第一層次養老保險資金投入水平及結構　　　　單位：%

	財政補貼與利息收入結構	職保財政投入增長率	城鄉居保財政投入增長率	社會保障財政投入增長率	財政總支出增長率	職保財政投入占社保財政支出比重	城鄉居保財政投入占社保財政總支出比重	城鄉居保財政投入占財政總支出比重	城鄉居保財政投入占財政總支出比重
2007	90∶10	—	—	—	—	20.12	—	2.20	—
2008	88∶12	22.35	—	24.91	25.74	19.71	—	2.14	—
2009	87∶13	14.39	—	11.79	21.90	20.17	—	2.01	—
2010	88∶12	18.64	—	20.03	17.79	19.93	—	2.02	—
2011	83∶17	13.85	—	21.67	21.56	18.65	26.37%	1.90	2.68
2012	80∶20	26.35	58.23	17.85	15.29	20.00	30.36%	2.08	3.16

註：城鄉居民社會養老保險基金包括單獨管理的城鎮居民社會養老保險基金和新型農村社會養老保險基金，以及實行城鄉一體化管理的城鄉居民社會養老保險基金；2.2012年財政補貼數爲推算值；3.城鎮居民養老保險試點自2011年啓動，故此前值空缺。

數據來源：《中國財政年鑒（2008—2012）》；財政部社會保障司：全國社會保險基金決算（2003—2008/，2010—2012），http://mof.gov.cn.

二是資金投入的階段性和風險性。不論是職保制度財政投入的增長率抑或社保總投入和財政支出總額，其增幅均呈現不穩定性和無規律性，這一波動也正印證了現階段財政投入的導向性和應急性；同時，城鄉居保制度中高達68%的政府投入也將使單一主體承受較大資金壓力，面臨投入風險。

總體來看，第一層次養老保險資金投入水平有限，2007年以來連續5年維持在財政支出總水平約2%的規模內，相比其他類別的資金投入，其占社保總投入的份額小幅增長。

（2）補充養老保險層次的資金投入

鑒於個人延稅型養老金產品尚待面市，補充養老保險層次對資金投入的討論以企業年金爲主，如表5-10所示。

由於中央註冊企業參加年金計劃職工比重接近參加企業年金職工總數的45%，故衡量資金投入水平時將繳費基數簡化爲國有企業在崗職工年平均工資。同時，在中央政府和地方政府稅收優惠分擔的測度上，筆者以國務院《關於印發所得稅收入分享改革方案的通知》（國發〔2001〕37號）的相關規定爲依據，即「除鐵路運輸、國家郵政、中國工商銀行、中國農業銀行、中

國銀行、中國建設銀行、國家開發銀行、中國農業發展銀行、中國進出口銀行以及海洋石油天然氣企業繳納的所得稅繼續作爲中央收入外,其他企業所得稅和個人所得稅收入由中央與地方按6:4的比例分享。」

表5-10 2012年中國第二層次企業年金計劃資金投入水平及結構

企業年金職工數及結構			資金投入水平								中央-地方政府稅收優惠分擔		
合計(萬人)	中央企業職工(萬人)		國企在崗職工平均工資(元/年/人)	繳費比例(%)	繳費額度(元/年/人)	稅收優惠比例(%)	稅收優惠額度(元/年/人)	年金稅優總額(億元/年)	年金稅收優惠總額占企業/個人所得稅總額比重(%)		額度(億元)	占比(%)
1,846.55	人數	834.42	46,288	企業 ≤8	≤3,703	≤5	≤2,314	427	2.55	中央	601	79
	占比(%)	45.19		個人 ≤16	≤7,406	≤4	≤1,851	342	5.65	地方	169	21

註：對企業年金資金投入現狀的描述以2012年數據爲依據。
數據來源：《全國企業年金基金業務數據摘要（2012年度）》《中國統計年鑒（2013）》。

從佔算結果可以看出,個人、單位和政府對企業年金計劃資金投入水平存在一定差異。按最大繳費和稅收優惠比例原則,單位對企業年金的月人均貢獻額約爲309元,個人則遠高於這一水平,最高可達617元。然而引入免稅額度,單位可享的免稅額卻略高於個人,二者月人均稅收優惠額度分別在193元和154元以內。

從企業年金計劃稅收優惠額度對企業所得稅和個人所得稅的損益情況來看,2008年起國家對企業參加年金計劃的稅收優惠,可能減少當年企業所得稅收入427億元,約占企業所得稅總額的2.55%；國家自2014年起對職工個人參加年金計劃的稅收優惠,亦可能減少當年個人所得稅收入342億元,約占個人所得稅總額的5.65%[①]。

企業年金計劃參與的稅收優惠最終落在中央政府和地方政府對第二層次養老保險制度的資金投入上。這一間接性資金投入,中央政府將承擔占稅收優惠總額79%的補貼額,共計601億元。

從前文的分析中不難看出,第二層次企業年金計劃資金投入現狀呈現如下兩方面特徵:一是職工個人資金投入率與稅收優惠率的倒掛。根據《企業所得稅法》和《個人所得稅法》的相關規定,企業和個人承擔企業所得稅和個人所得稅的比例分別爲25%和5%~45%,二者對年金計劃的資金投入比例分別在8%和16%以內,但在稅收優惠政策享受上個人明顯低於企業,且在其資

---

① 採用2012年數據計算。

金貢獻總額和應稅總額中佔比較低。

二是中央政府資金分擔權重較大。由於企業年金計劃參與單位及個人多爲關係國計民生的基礎性行業和多數國有企業，中央政府和地方政府在共享稅的比例分擔上佔有絕對優勢，因此中央政府對這部分資金的間接投入亦承擔較多。

5.2.2.3 多層次養老保險制度的運行載體

對養老金計劃的制度參與，除了覆蓋水平和資金投入規模，機構投入和營運平臺建設也是極爲重要的運行要素之一。良好的營運機制和平臺網路能夠有效推進養老保險制度的人口擴面，同時保證資金投入的有效性。商業性養老保險產品主要依託商業保險公司的個人年金保險和團體養老保險業務，鑒於商業保險市場的廣泛性和產品市場特徵的普遍性，同時，企業年金營運管理機構中大多數機構均涉及商業性養老保險產品的開發、銷售、投資、管理，故本書對多層次架構中養老保險制度運行載體的討論主要集中在基本養老保險和企業年金層面。

（1）基本養老保險層次的機構投入

由於中國多層次養老保險架構中各養老金計劃的發起主體和制度模式不盡相同，其運行機制和制度載體也有所區別。第一層次城鄉基本養老保險制度的運行載體目前主要包括三種形式：一是社保經辦機構及其下設中心或勞動保障所；二是代辦模式中完全或部分依託稅務經辦機構的徵管網路、依託商業性保險機構的政府購買渠道和依託社區或村集體自治組織的基層單元；三是包括農村信用合作社、郵政儲蓄等銀行類金融機構在內的補充營運體系。2012 年養老保險制度全覆蓋時，第一層次養老金計劃所配備社保經辦機構已達 8,411 個，並以 63：1,040：7,308 的結構分佈在省、地（市）、縣（區）級。全國 1,364 個縣（區）單獨設立城鄉居民養老保險經辦機構的佔全國縣級行政區劃的 47.7%。從機構性質上看，實行財政全額撥款的機構 8,401 個，其中參照公務員法管理的機構 4,421 個，佔機構總數的 52.6%；財政差額撥款和自收自支的機構各 5 個[1]。如果加上銀行、社區勞動報帳平臺等各類服務機構，中國社保經辦機構已遠超 1.19 萬個[2]。

單從基本養老保險經辦機構的統計來看，全國 31 個省（區、市），機構投入較多、範圍較廣的地區多與其行政區劃面積存在一定相關性，新疆、四川、河北、河南、湖北名列前五（見表 5-11）。

---

[1] 鄭秉文，等. 中國養老金報告 2013——社保經辦服務體系改革 [M]. 北京：經濟管理出版社，2013.

[2] 國家審計署 2012 年第 34 號公告：全國社會保障資金審計結果 [EB/OL]. 2012 年 8 月，http://www.audit.gov.cn/n1992130/index.html.

表 5-11　　　2012年中國基本養老保險省（市）級經辦機構　　　單位：個

排序	省(市)	機構個數	排序	省(市)	機構個數	排序	省(市)	機構個數
1	新	297	12	蒙	130	23	吉	61
2	川	204	13	皖	125	24	青	57
3	冀	204	14	贛	121	25	渝	41
4	豫	185	15	陝	119	26	津	24
5	鄂	184	16	桂	108	27	瓊	20
6	魯	182	17	甘	104	28	寧	20
7	粵	178	18	黔	103	29	滬	19
8	蘇	150	19	浙	101	30	京	18
9	滇	149	20	閩	89	31	藏	10
10	湘	147	21	遼	81			
11	晉	136	22	黑	80			

數據來源：《中國統計年鑒（2013）》《中國勞動年鑒（2012）》《中國人力資源和社會保障年鑒（2012）》。

（2）補充養老保險層次的機構投入

由於第二層次的企業年金以信託模式為運行基礎，因此，該養老金計劃的運行載體包括年金計劃受託人、帳戶管理人、託管人和基金投資管理人四類機構。

至2013年，企業年金計劃受託人已達11個，其中人壽養老、平安養老、長江養老、太平養老和泰康養老五大養老保險公司管理著約70%的受託資金，其餘市場份額分佈於三大銀行和三大信託機構，如表5-12所示。

表 5-12　　　2013年中國企業年金計劃受託人及其市場份額　　單位：億元，個

排序	受託人	資產規模	企業個數	排序	受託人	資產規模	企業個數
1	人壽養老保險	971.28	6,287	7	招商銀行	106.85	344
2	平安養老保險	689.72	20,057	8	泰康養老保險	92.82	3,348
3	中國工商銀行	517.90	703	9	華寶信託	60.26	286
4	長江養老保險	355.46	5,421	10	中信信託	2.64	25
5	中國建設銀行	335.15	2,223	11	上海國際信託	0.05	6
6	太平養老保險	281.74	6,833				

數據來源：《全國企業年金基金業務數據摘要（2013年第三季度）》。

在帳戶管理和資金託管方面，商業銀行借助其傳統的存貸業務基礎和客戶網路，有著絕對的業務競爭優勢。目前，中國企業年金帳戶管理人共計 15 個，其中商業銀行占帳戶管理機構的一半以上，管理年金計劃個人帳戶規模約占市場總額的 88%，中國工商銀行、中國建設銀行和中國銀行三大國有經濟實體管理帳戶數位列前三，如表 5-13 所示。同時，10 個資金託管人全部為商業性銀行，相比其他機構，中國工商銀行在託管資產規模上佔有較大份額，為市場總額的 42%（見表 5-14）。

表 5-13　　2013 年中國企業年金計劃帳戶管理人及其市場份額

單位：億元，個

排序	帳戶管理人	個人帳戶數	企業帳戶數	排序	帳戶管理人	個人帳戶數	企業帳戶數
1	中國工商銀行	8,557,423	29,877	9	上海浦東發展銀行	353,370	632
2	中國建設銀行	3,065,659	7,347	10	平安養老保險	231,111	505
3	中國銀行	2,306,571	7,371	11	華寶信託	188,184	317
4	招商銀行	1,382,362	1,722	12	中國民生銀行	129,426	234
5	人壽養老保險	1,149,986	2,576	13	泰康養老保險	89,883	275
6	中國光大銀行	876,139	1,979	14	中信信託	79,892	236
7	交通銀行	863,490	3,048	15	新華人壽保險	3781	25
8	長江養老保險	745,225	5,438				

數據來源：《全國企業年金業基金業務數據摘要（2013 年第三季度）》。

表 5-14　　2013 年中國企業年金計劃託管人及其市場份額　　單位：億元，個

排序	託管人	資產規模	排序	託管人	資產規模
1	中國工商銀行	2,411.14	6	中國光大銀行	252.02
2	中國建設銀行	753.96	7	中信銀行	208.16
3	中國銀行	670.87	8	上海浦東發展銀行	257.85
4	交通銀行	406.20	9	中國農業銀行	287.35
5	招商銀行	461.05	10	中國民生銀行	85.27

數據來源：《全國企業年金業基金業務數據摘要（2013 年第三季度）》。

第二層次的企業年金計劃以確定繳費制（DC）為單一待遇給付模式，因此，年金計劃中對基金投資營運管理機構的配備異常重要。目前，包括平安、人壽、長江、太平四大養老保險公司在內的投資管理機構共計 21 個，資產規模上，平安養老和人壽養老所占市場份額較大，分別達到 783.98 億元和

659.31億元（見表5-15）。

表5-15　　2013年中國企業年金計劃投資管理人及其市場份額　　單位：億元

排序	投資管理人	資產規模	排序	投資管理人	資產規模
1	平安養老保險	783.98	12	南方基金	239.36
2	人壽養老保險	659.31	13	中國國際金融	218.33
3	華夏基金	477.26	14	易方達基金	184.19
4	泰康資產	473.80	15	富國基金	119.95
5	嘉實基金	354.07	16	人保資產	63.61
6	長江養老保險	333.64	17	國泰基金	48.23
7	中信證券	324.56	18	招商基金	40.97
8	博時基金	311.35	19	華泰資產	35.73
9	太平養老保險	302.02	20	廣發基金	29.8
10	工銀瑞信基金	291.87	21	銀華基金	26.92
11	海富通基金	241.44			

數據來源：《全國企業年金基金業務數據摘要（2013年第三季度）》。

上述營運主體中，同時持有受託人、帳戶管理人和託管人三項資格的營運機構包括中國工商銀行、中國建設銀行和招商銀行；同時獲得受託人、帳戶管理人和投資管理人三項營運管理資格的包括人壽、平安和長江三大養老保險公司，如表5-16所示。

表5-16　　　　2013年中國企業年金營運資格獲得情況　　　　單位：項

	受託人	帳戶管理人	託管人	投資管理人
中國工商銀行	1	1	1	
人壽養老保險	1	1		1
平安養老保險	1	1		1
長江養老保險	1	1		1
中國建設銀行	1	1	1	
太平養老保險	1			1
招商銀行	1	1	1	
泰康養老保險	1			
華寶信託	1	1		
中信信託	1	1		

表5-16(續)

	受託人	帳戶管理人	託管人	投資管理人
中國銀行		1	1	
中國光大銀行		1	1	
交通銀行		1	1	
上海浦發銀行		1	1	
民生銀行		1	1	

數據來源：《全國企業年金基金業務數據摘要（2013年第三季度）》。

5.2.3 制度負擔能力

養老保險制度負擔能力，是指養老金制度在人的參與和財力物力投入之下持續運行的自平衡能力，主要通過制度撫養比和基金支付能力等指標綜合反應。制度負擔能力是描述多層次養老保險體系現狀的重要指向標，它是養老金計劃持續運行的關鍵。

在養老保險多層次架構中，受籌資模式和給付模式的限制，以信託模式爲基礎的企業年金計劃，通過完全累積的籌資模式和繳費確定型（DC）給付模式銜接這一補充性養老金計劃的資金鏈，其制度負擔能力的高低更大程度上取決於養老金投資營運的增值能力。商業性養老保險雖存在產品類別以及保險與投資兼容性功能的差異，但由於多採取待遇確定型（DB）的年金給付模式，部分兼具投資分紅功能的產品在一定程度上亦受基金投資收益率影響。有足夠的覆蓋面和資金流量，能夠通過制度撫養比和基金支付能力來綜合權衡的養老金制度是第一層次的基本養老保險制度。由於基本養老保險制度覆蓋範圍較其他層次的養老金計劃更廣，職保制度實行統帳結合的部分累積制，而城鄉居保制度的運行又以「基礎養老金+個人帳戶完全累積」爲基礎，因此，該層次的養老金計劃既存在現收現付制的社會共濟和財政轉移支付下的資金持續，亦存在累積基金的自平衡問題。故本書對制度負擔能力的研究將側重於第一層次的基本養老保險制度。

考慮到養老保險制度統籌層次的差異和各地區人口覆蓋水平及撫養能力的不同，筆者分別以全國31個省（區、市）職保基金當期人均結餘水平和累計人均結餘水平爲參照，綜合衡量社會統籌帳戶和個人帳戶的基金支付能力，以此反應職保制度負擔。同時輔以制度撫養比這一指標，分析制度人口供養能力和基金支付能力的協調性。

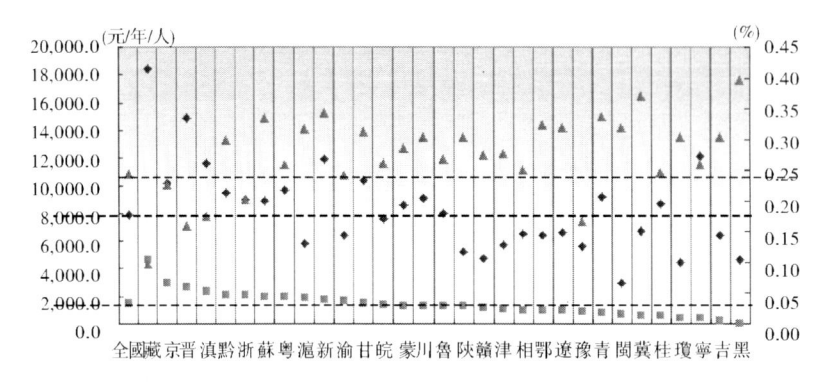

图 5-4 2012年中國城鎮職工基本養老保險制度負擔能力

註：所用數據爲2012年。
資料來源：《中國統計年鑒（2013）》《中國勞動年鑒（2011—2012）》。

如圖5-4所示，中國城鎮職工基本養老保險制度撫養比在[0.1, 0.4]這一區間內，全國平均水平並不高，約0.24，全國31個省（區、市）中的24個省（市、區）均高於該標準。撫養比最高的是黑龍江省，達0.4，遼寧、河北、江蘇、上海、福建東部五省市贍養水平較高位居全國前十，而北京、浙江、廣東三地的贍養水平與之相反略低。

從基金負擔能力看，統籌基金支付能力高於全國平均水平的省市達12個，它們集中分佈在[1,467, 4,637]這一區間內，其中社會統籌帳戶支付能力最高的是西藏自治區，達4,637.5元/年/人，位居第二的是北京市，但其支付能力遠低於西藏，年人均年支付水平爲2,942.1元；此外，浙江、江蘇、廣東、上海等東部省市和雲南、貴州、新疆、重慶等西部地區的支付能力也居於前列。統籌基金支付能力較低以東三省爲代表，最低的黑龍江省統籌基金年人均支付僅爲28.9元。

除了社會統籌帳戶的基金平衡，從長期來看，個人帳戶基金的支付能力也異常重要。不難看出，部分社會統籌基金支付能力高的省市，其個人帳戶基金支付能力也較高，如西藏、北京、山西、雲南等；而社會統籌基金支付能力低的部分省市，其個人帳戶基金支付能力卻反而較高，如寧夏和青海等地；東北三省依然處於雙低狀態。

結合養老金人均結余水平和制度撫養比兩類指標不難發現，在人口供養能力和制度負擔能力的協調性上，黑龍江、吉林、遼寧三省的贍養負擔和制度運行風險無疑是最高的，三者制度撫養比處於高位而基金支付能力又較弱。同

時，並非所有東部省區的制度負擔和人口供養都趨於協調，河北、福建、海南三省的制度運行便處於基金支付雙低和撫養比獨高的形勢之中。如圖5-5所示，在加權處理反應制度負擔水平和人口供養能力的兩類指標后，該排序能夠反應當前中國31個省（市、區）城鎮職工基本養老保險制度負擔能力大小。

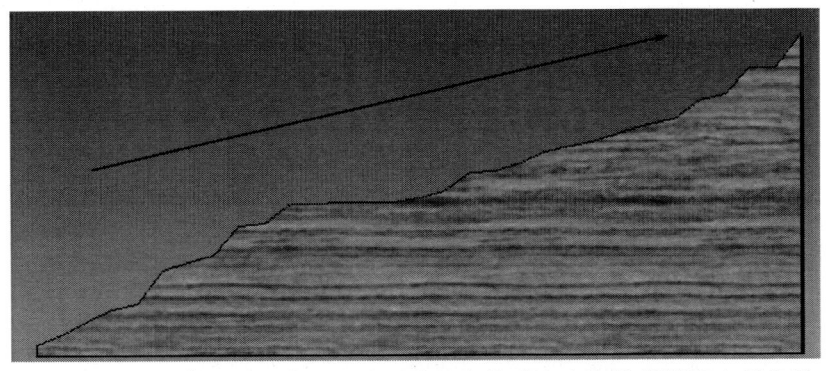

藏晉魯滇京浙粵黔甘新蘇皖寧渝川蒙贛湘桂滬豫青津陝遼鄂冀吉閩瓊黑

圖5-5 2013年中國城鎮職工基本養老保險制度負擔能力排序

註：該結果是以養老金當期人均結余、累計人均結余和制度撫養比水平加權平均之後的排序。其中基金支付能力和人口撫養能力權重結構爲6∶4。

資料來源：《中國統計年鑒（2013）》《中國勞動年鑒（2011—2012）》。

從公共財政支出上看，與城鎮職工基本養老保險制度負擔能力的評估目標略有不同，前者是衡量財政兜底風險的發生概率，而城鄉居民養老保險制度負擔能力的強弱則直接關係到財政轉移支付風險的發生和有限財政責任的可行性。

總體而言，城鄉居民養老保險基金支付能力和撫養能力各項指標值趨於平均，均處於較低水平。然而，津、京、滬三市卻出現嚴重偏離集中區間的趨異值，如圖5-6所示。城鄉居保的制度撫養比區域水平遠高於職保制度，全國11個省（市、區）遠超出職保制度［0.1，0.4］的區間，它們集中分佈在［0.45，3.58］這一區域內，津、滬、浙三省市的制度撫養比更是高達3.58、1.28和0.75。該結果顯示了養老普惠原則下部分地區非繳費養老金的普及程度，上述出現撫養極高值的地區，其無保障人群一次性納入養老金制度的政策行爲較爲集中，力度較大，同時，也說明了上述地區城鄉居保的繳費人群較少，勞動力市場正規化就業程度較高。

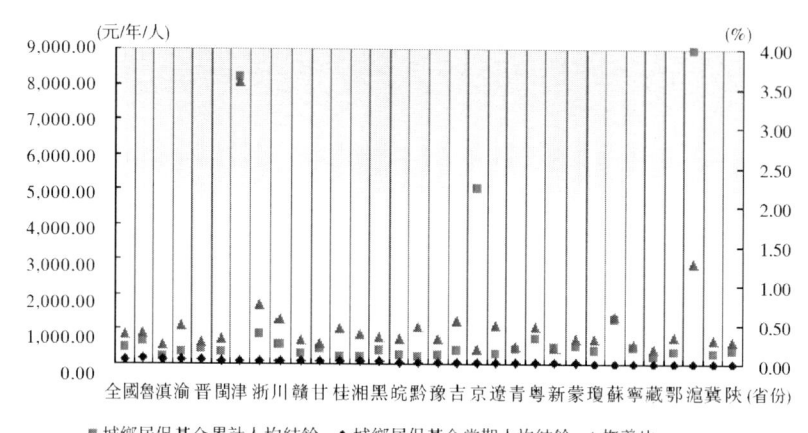

圖 5-6　2012 年中國城鄉居民養老保險制度負擔能力

註：所用數據爲 2012 年。

資料來源：《中國統計年鑒（2013）》《中國勞動年鑒（2011—2012）》。

同時，從基金支付上看，城鄉居保制度的當期基金結餘維持在 [0.9, 157.3] 這一區間內，除陝西省人均年支付水平爲 0.9 元以外，沒有出現其他極高或極低值；而反應個人帳戶支付能力的個人帳戶累積基金，其累計結餘額卻有京、津、蘇、滬四省市遠高於平均水平，距離集中區間 [218.2, 846.8] 較遠，其年人均累計結餘額分別爲 8,947.1 元、8,182.1 元、5,015.7 元和 1,255.8 元。從這一結果可以看出，經濟水平較高的部分地區，由於在財政補貼爲核心的制度模式下，個人支付能力較高，增加了居民繳費的權重，故相比經濟水平較低、居民支付能力較弱的地區，其人均累計結餘額極高。

5.3　本章小結：多層次養老保險體系制度優化的現實約束

筆者對多層次養老保險體系制度優化、制度現狀和現實約束的考察基於政策集中度、計劃參與水平和制度負擔能力三個維度。

首先，在政策集中度的考量方面，從政策密度上看，迄今有效的全國性政策資源在基本層次和補充層次的分佈上並未顯現出極端的差異性，國家對不同層次養老保險制度的政策投入反而呈現趨同的規律性。同時，在政策頻次上，國家層面的政策資源在基本養老保險、企業補充養老保險和商業性養老保險三層次的結構爲 10：12：4，企業年金運行得到的政策規範和指導居三層次之首

位,其次是基本養老保險,最末是商業性養老保險層次。

其次,從計劃參與水平的評估結果可以看出,多層次養老保險制度的人口覆蓋存在聯動特徵和異質性特徵。在資金投入方面,遵循三大規律:一是資金投入自平衡機制的良性運行;二是資金投入的階段性和風險性。同時,第二層次企業年金計劃資金投入現狀呈現職工個人資金投入率與稅收優惠率的倒掛、中央政府資金分擔權重較大兩大特徵。在制度運行載體的投入方面,不論是基本養老保險層次的網路搭建和基層經辦機構建設,還是補充養老保險制度市場准入及其營運資格的放寬,均體現了多層次養老保險制度建設中機構投入的充足性。

在制度負擔能力方面,總體而言,城鄉居民養老保險基金支付能力和撫養能力各項指標值趨於平均,均處於較低水平。

綜上,多層次養老保險體系業已形成的現實約束集中體現在如下三方面:約束之一,是政策資源投入的偏好,即基本層次局限於擴面;補充層次局限於稅收優惠。約束之二,是短期內財政資源投入的不可退出性,基本層次制度對國家財政的依賴性較強,屬於「財政資源推動型」計劃。約束之三,是機構搭建的多元路徑,包括基本層次中社保經辦、稅務代徵、其他金融機構代管的混合管理模式,不利於經辦體制的統一和效率的提高;而補充層次,信託模式下多寡頭格局不利於保險合同模式的恢復和競爭格局的形成。

6 中國多層次養老保險體系面臨的風險及存在的問題

受制於中國國情的特殊性和中華文化的本土性，多層次養老保險體系的設計理念和運行原則與之存在衝突，面臨文化適應性風險；同時，改革開放30年對制度參與主體價值和行爲的重塑，也導致價值異化風險的產生；隨著制度運行中矛盾的凸顯以及改革推進過程中信息不對稱的發生，制度優化的社會信任風險也日漸加劇；此外，人口老齡化對養老保險基金運行的挑戰、歷史遺留問題對制度參與水平的弱化、人口城市化難題對短板補足的牽制、財政供需偏差對制度效率的限制，以及制度設計不足對市場配置功能的約束，均有可能成爲多層次養老保險體系可持續發展的制約因素。

6.1 文化適應性風險

文化是人類生活賴以依靠的一切，它影響著經濟社會生活的方方面面，包括人的行爲方式、社會價值體系以及深層次的社會心理。任何國家的制度化運行，若要維持可持續地發展，就需要獲得長期的文化認同，並具備堅實的社會心理基礎，否則，將面臨諸多的運行障礙而無法生根。這也顯示了文化適應性對國家運轉和制度運行的重要意義。

6.1.1 中國文化的特殊性

從中國文化、印度文化和西洋文化三大並列的世界文化系統來看，中國文化具有極強的個性[①]。

---

① 梁漱溟. 中國文化要義 [M]. 上海：上海人民出版社，2011.

第一，與西洋文化的個人主義相比，家庭在中國人的生活關係中佔有極其重要的位置。盧作孚先生曾經指出，中國人第一重的社會生活即家庭，第二重即親戚鄰里朋友。中國人的要求、活動和社會道德條件以及政治上的法律制度均集中於此、限定於此、規範於此。[①] 家庭擔負著人由生到死的保障功能，不僅涉及醫療、看護和培育，作爲住處所及倫理關係的集合，它也包括養老保障中有形的物的功能和無形的精神功能的發揮。

第二，中國人倚重家庭、家族而缺乏集團生活。集團是超家族的組織，集團生活亦是西方社會以宗教的歸結而轉向的大團體生活，團體之中人人同等。而中國的社會關係則呈現差序格局，不僅是人與人之間，甚至是群體與群體之間、組織與組織之間皆可形成因血緣、地緣、業緣而集結起來的人群，且差序排列。

第三，家國一體的文化傳統深厚。「國之本在家，積家而成國」，從國家的政治構造上看，國家即是家庭的擴大，「國君爲大宗子，地方官爲父母，視一國爲大家庭」；從社會構造的角度看，中國社會是一個家庭的層系，諸多大家庭套著多層無數的小家庭，主政者即爲一國之父，加之一定的常理規範，個人將分別編入社會組織的層級體系中，居其位、盡其責，社會便在此種配合中成型。爲此，家之於國、於社會極其重要。

第四，道德倫理的本位性極強。中國的家庭關係在以倫理組成的社會中得以推廣發揮。與西方的個人本位相比，其擴大的家庭觀和社會性極強。因此，家庭內部不分家產的共財之義，近支親族富者再分於貧者的分財之義，以及親朋鄰里的有無相通、彼此顧恤的通財之義，均是共濟互助、扶弱濟貧的家庭表現。

第五，集權主義傳統影響深厚。家國一體的文化現實與綱常約束的倫理示範相結合，造就了中國從古至今決策者權力的集中化和專有化，在此環境下，國家始終位於第一位，施政方針和經濟社會的發展方向將以執政者的意志爲優先考量。

6.1.2 傳統養老與社會化養老方式文化基礎的差異性

中國文化的五大特徵也奠定了中國養老保險體系的制度環境和適應性基礎。儘管隨著經濟社會的發展，社會化、制度化的養老方式日漸成型，但中國文化中濃厚的家庭觀念決定了家庭保障方式在國民生活中的重要性和長期存在

[①] 盧作孚. 中國的建設問題與人的訓練 [M]. 影印版. 上海：生活書店，1934.

性。而國民集團生活的缺乏和社會生活差序格局的慣性，也決定了社會化養老方式培育過程中的條塊分割和碎片漸進。同時，家國一體的文化傳統和集權主義的深厚影響，使得國家「守夜人」的角色並不明晰，相反，「大家長制」的治國理念卻是根深蒂固。這是制度變遷中主觀干擾和政策偏好出現的根源。此外，極強的道德倫理本位也使得社會化養老的統籌共濟和扶弱濟貧的制度慣性得以維繫。

相比中國文化映射下養老保險制度賴以發展的文化環境，多層次養老保險體系所依託的社會文化基礎的西方背景則更為濃厚。

一方面，從制度初衷和制度實質來看，養老保險改革的多層次走向旨在厘清政府與市場邊界。多層次養老保險體系的引入始於西方國家社會保障制度的結構化改革，它是將原有的基本養老保險制度的部分責任轉移分散而更強化個人和企業的保障義務，以減輕老齡化趨勢下國家財政的養老支出負擔①。

另一方面，從制度設計及其核心載體來看，多層次養老保險制度更強化以自我保障和基金累積為核心的個人帳戶模式，社會互濟功能的發揮有限。

同時，從制度趨勢上來看，多層次養老保險體系改革呈私有化傾向，它將使政府保障的空間逐漸縮小，以積極發揮市場在資源配置中的優勢作用，拓展企業補充養老保險和個人儲蓄性養老保險的制度空間②。

將中國文化的個性特徵與舶來的多層次養老保險體系核心要素相比照，不難發現以下矛盾和后者可能面臨的文化適應性風險：

一是家庭保障與社會化保障方式存在矛盾，這將使養老保險制度參保激勵的設計無法與個人行為模式和心理動機相適應。家庭保障觀念的長期存在，將在一定程度上強化國民在老年經濟保障方面對家庭的依賴性，從而弱化個人養老金計劃的參與意識和參保繳費的積極性。

二是社會生活差序格局的慣性所造成的板塊分割和碎片漸進與多層次養老保險體系橫縱統一的制度格局存在矛盾，這將造成養老保險制度的多軌並行，影響制度統一和橫縱體系下多層次架構的糾偏。

三是家國一體的「大家長制」治國理念與多層次養老保險體系中多市場主體履責的矛盾。這將直接導致政府與市場邊界的模糊，使養老保險制度的發展一直處於政府包辦和財政主導的治理模式之下，多層次架構往往產生錯位現象，以致形成多層空殼下的單層運行。

---

① 胡秋明. 多層次養老保險制度協調發展探討 [J]. 財經科學, 2000 (3): 90-93.
② 林義. 西方國家社會保險改革的制度分析及其啟示 [J]. 學術月刊, 2001 (5): 29-36.

四是倫理本位下統籌互助和扶弱濟貧的制度慣性與多層次養老保險體系強調個人儲蓄和自我保障原則的矛盾。以強化個人帳戶完全累積的基金制爲導向的多層次養老保險改革，其實質是要弱化以現收現付制爲基礎的收入關聯制度，降低第一層次養老金替代率。這一矛盾的存在，將弱化社會保障制度建立的根本和初衷，同時增大以基金制爲基礎的補充養老保險制度的擴面難度。

6.1.3 文化適應性風險的現實表現

鑒於中國本土文化對多層次養老保險體系發展的制度性限制，曾有討論一度將矛頭指向社會保險模式在中國的適應性以及個人帳戶模式引入的合理性。甚至有學者直指福利制度是西方世界家庭瓦解、產業外移的制度根源，認爲建立統一的社會保險制度將嚴重削弱中國勞力密集型產業的國際競爭力；並以蘇聯和東歐國家主導的全民保障制度爲佐證，指出它是計劃經濟難以向市場經濟轉型的基本困難所在①。面對中國社會保險制度改革的怪圈，有學者再次提出中國社會保障往何處去的疑問，認爲中國不應該採用社會保險的方式搞社會保障，項目設置上不應該參照國外經驗的面面俱到、貪大求全，而是應該迴歸至狹義的老年保障形式，選擇國民最需要且較難自保的少量項目，國家承擔最基本的保障責任，把其他交給個人和市場。這無疑撬動了傳統社會保障理論研究的前提和制度發展的根基，但這也確確實實是中國社會保險制度改革發展過程中與文化不相容的真實寫照。爲此，有學者強調文化是制度之母，一國社會保障制度改革發展首要且重要的是任務是，立足本土文化的傳承和創新，探尋本土化的社會保障制度之根，並在此基礎上學習借鑑不同文化背景下的改革發展經驗，不斷完善制度建設，探討社會保障的可持續發展之路。否則，單純引入外部經驗而缺乏本土文化支撐的制度運行將是低效的、混亂的，以致最終失效。② 這也是中國多層次養老保險體系建設亟須面對的風險和挑戰。

就目前制度運行現狀而言，文化適應性風險之下個人、企業和政府的行爲慣性主要表現在以下三方面：

一是個人制度參與的行爲慣性。一方面，家庭傳統互助和共享觀念的存在制約養老保險制度人口覆蓋面的擴大，尤其在廣大農村地區，可能出現一人參保或少數人參保全家人分享養老金待遇的情況，尤其是家庭中的女性勞動力，更容易成爲養老金待遇的分享者，而無法享有參保繳費的權利。一般而言，在

---

① 陳平. 建立統一的社會保障體系是自損國際競爭力的短視國策 [J]. 中國改革, 2002 (4).
② 林義. 文化與社會保障改革發展漫談 [J]. 中國社會保障制度, 2012 (3).

家庭收入和支付能力受限的情況下，社會化的老年經濟保障制度以退休金的方式發放，成爲家庭老年男性的主要現金收入來源並在老齡家庭中互濟共享。另一方面，是參保者應對匹配繳費的行爲慣性，導致政府補貼初衷與激勵結果的違背。制度激勵是養老保險制度可持續發展的基本動力。不論是城鎮職工基本養老保險的待遇補貼和特殊群體的繳費減免，抑或城鄉居保制度的財政補貼，甚至是補充養老保險的延遲納稅，國家財政補貼的初衷是以一定水平的制度參與優惠激勵個人盡可能多的繳費。但受限於「家國一體」的思維慣性和老年保障的傳統觀念，在社會養老方面，個人對國家的依賴性較強，他們將養老的社會責任更多歸於國家而非個體本身。因此，政府原本以補貼增進擴面的激勵思路反而演變成公眾以更低的制度參與成本換取更大收益的交易行爲，扭曲了養老保險的制度功能。

二是企業制度參與的行爲慣性。企業作爲最基本的經濟單位和市場主體，其本質是趨利的，尤其在目前的市場發展水平下，追求立竿見影的經濟效應和短期可得的經濟收益是多數企業運行的近期目標。因此，企業在員工福利的設計和社會保險制度的參與上較容易同員工達成某種協議和默契，企業與員工形成合謀，以較低水平的基本養老保險繳費下限參保，換取員工較長餘命的國家兜底保障；同時，在補充養老保險層次，也會以不超出企業年金延稅比例最大限額的繳費水平參與補充養老保險計劃。此時的企業行爲與「家國一體」思路下的個人行爲類似，他們普遍認爲社會化養老的責任主體在國家，而自己僅僅是強制性政策下必須配合的社會履責。

三是國家制度擴面和行政管理的路徑依賴。這也是文化適應性風險的現實寫照。在養老保險管理機構的更替變換中，原中國人民保險公司及所屬商業性保險機構經辦城鎮集體企業養老保險曾被認爲是越位的表現；而如今，勞動保障部門統攬企業補充性養老保險的管理權限也被認爲是職能錯位。這種部門利益的複雜化和管理格局的歷史性，制約了中國養老保險多層次架構的合理搭建。較爲明顯的制度慣性集中體現在如下兩條路徑：

一方面，基本養老保險制度單層獨大的體系格局短時期內較難逆轉。在「制度模式選擇—制度擴面—制度補缺—制度並軌」這一改革路徑下，中國養老保險改革的社會焦點和利益失衡點大多集中在基本養老保險層面。儘管制度搭建初期，國務院體改委和財政部在個人帳戶模式引入方面發揮了積極作用，但由於個人帳戶並未在單獨層次設立，而是以「統帳結合」的方式引入，愈加強化了基本養老保險制度單層獨大的趨勢。這使得多層次架構內，由勞動保障部門主導並極力推動的基本養老保險制度模式在相當長一段時期內持續，並

將慣性使然。

另一方面，補充養老保險制度擴面提速的改革效果短時期內不易顯現。在多層次養老保險制度的管理序列中，相比其他行政主管部門，中國保監會的成立時間較短，受制於利益格局的歷史性，其對補充養老保險的助推力有限，尤其在個人延稅型養老金產品的試點推廣上，其稅收優惠比例和限額的確定受制於國家財政及稅務主管部門，而在制度協同發展方面又需服從於勞動保障部門對養老保險改革的整體佈局。

可見，這種管理體制上的路徑依賴和行政文化上的無形影響，將成爲多層次養老保險體系發展的重要制約因素。

6.2 價值異化風險

文化適應性風險立足傳統文化的滲透性和長期影響力，揭示了多層次養老保險體系在搭建過程中面臨的與中國本土文化融合的挑戰，它反應的是家國本位與個人本位兩種文化的矛盾碰撞。而價值異化風險則立足於以市場取向爲核心的改革開放進程，反應的是當前中國傳統社會價值觀念所受到的衝擊和階段性異化，它是多層次養老保險體系正常運行的外在干擾，並與文化適應性風險產生疊加效應。

價值論指出，任何社會事物的運動變化都是以一定的利益追求或價值追求爲基本驅動，社會事物間的相互作用其本質即是價值作用。改革開放30餘年，對中國社會傳統價值觀念的撼動最主要的是體現在局部自由化和競爭壓力下的生存觀念的轉移和社會心理的扭曲。隨著市場經濟的發展和物質財富的日漸豐富，國民的生存方式發生了巨大變化，與等價交換爲基本原則的市場經濟體制相適應的是人對物的依賴以及由此產生的功利主義價值理性和工具主義思維範式。這種社會的物化也同時伴隨著自然的人化，使得市場在最優化配置各類資源的同時，也以物質利益最大化的形式調動著各市場主體的主動性、積極性和創造性。爲此，經濟的運行、政策的推進、制度的變遷無疑會打上了價值異化的印記，多層次養老保險體系的推進亦如此。

6.2.1 政府部門利益驅動明顯

政府部門利益驅動是指經濟轉軌時期由於政府價值取向的異化導致其在政策行爲和決策選擇上的短視，以及短期政策取向與長期戰略構想的失調，將影

響多層次養老保險體系的構建。

中央政府的行爲失範首先表現在改革路徑的實現上。在以市場原則爲導向的改革之初，中央政府的市場化舉措，並未以扶植新興市場主體爲重點，而是對原有的計劃實體進行壟斷化培育，以計劃性的規則換取市場化收益，對私人經濟領域反而形成了打壓。養老保險制度的推進也一樣，儘管市場化的改革驅動使其不得不重視補充養老保險制度的發展，但在這一施政價値和行爲慣性影響下，中央政府並未對補充養老保險制度進行完全的市場化培育，而是在第一層次的基本制度中打破「均平等」的約束，引入市場化因子，其結果仍然是強化了第一層次養老保險制度對多層次架構的控制力。這一價値慣性將生成未來養老保險制度運行的現實風險。

其次，中國養老保險改革呈現出的激進化和主題化特徵，往往造成改革名義效果與實際效果間的差距。這也是中央政府價値異化和行爲失範的基本表現。從地方試點到制度統一，養老保險改革模式雖有局地自由化和逐步推進的因素，但其最終的制度定型仍呈現出較濃厚的行政化印記和激進狀態。如以個人帳戶完全累積爲制度模式的舊農保擴面，在 1998 年達到制度頂峰之後又迅速跌向低谷；啓動於 2009 年的新農保擴面亦如此，至養老保險制度全覆蓋時，短短 4 年時間以年均 1 億人的規模急速推進，而制度覆蓋人口受惠質量和保障水平尚待檢驗。養老保險改革的激進化取向與其主題化特徵密不可分，它是政黨執政週期性與社會發展階段性的共同選擇。20 世紀八九十年代的改革初期，時代發展的主題在經濟領域，因此，社會保障制度僅作爲經濟發展必要的配套，無論是下崗職工經濟保障問題處理的規模化、農村居民的個人儲蓄性保障，抑或被徵地農民的「土地換保障」，這一時期的制度建設均緊隨爲經濟發展服務的思路。而進入 21 世紀的首個十年后期，時代主題由經濟逐漸轉向民生，包括養老保險在內的社會保障制度順勢成爲民生推進的重要載體，激進式的急速擴面亦成爲必然。2010 年以後，民生建設的系統工程更加具體，落足到制度公平的踐行，在實現養老保險制度並軌后，養老保險全國統籌又將成爲時代主題下迫切需要完成的民生使命。

除了中央政府價値異化下的行爲失範，在多層次養老保險制度推進過程中，地方政府的短視表現也尤爲突出。

一方面，受限於現行的政府績效評價體系，過去相當長時期地方政府都更加關注地區國內生產總値的規模和經濟增速的提高，尤其在招商引資和新區擴建過程中，往往將企業參加社會保險制度的繳費優惠等同於稅收優惠減免，將其作爲拉動經濟發展的政策支持。根據國家審計署對全國社會保障基金審計結

果的公告，直至 2012 年養老保險制度全覆蓋前後，位於第一層次的城保制度在全國各地的繳費比例多達 16 種，最低繳費比例低至 10%，全國尚有 8 個省份未實現全省範圍內的繳費比例統一，其中一個省份的繳費比例可達 12 種。同時，隨意降低繳費基數的現象也時有發生，全國仍有 3 個非獨立行政區劃的開發區執行不同於當地企業的城保制度①。從基本養老保險制度的徵繳亂象可以窺見，地方政府在保證基金充足和制度持續運行上起著極為重要的作用，而現實卻是，在短期趨利的價值取向和政績考核的指揮棒下，地方政府作出了有利於區域經濟短期發展，不利於養老保險制度持續運行的政策選擇。

另一方面，在財權和事權的分配格局下，地方政府更容易做出利於地方團體和局部利益的決策，而與中央政府形成行政上的博弈和資源上的競爭。這一價值異化風險在企業補充養老保險的擴面和制度推廣上體現得尤為明顯。由於目前國家對企業年金的制度擴面和參保激勵以稅收遞延的方式惠及企業和個人，它將直接影響地方財稅收入規模和經濟發展能力。目前企業年金計劃的參保比例和參保群體主要集中在中央註冊企業和國有金融機構的制度現狀可以佐證這一事實。由於該類行業企業所得稅直接收繳中央，因此，稅收返還和財政損失也直接由中央負責，故地方政府對該類企業的年金計劃擴面順勢而行；而大部分屬地在地方的企業，其稅收徵繳涉及企業所得稅高達 40% 的共享稅率②，部分收益將由地方享有，但稅收優惠責任和財政損失也將由地方政府承擔，這無疑是在地方經濟發展上做減法。如果國家對補充養老保險的擴面激勵仍然維持單一的延遲納稅收優惠，這一價值異化風險將在多層次養老保險制度運行中長期存在。

此外，中央雖有「全國一盤棋」的戰略思路，但地方政府未必有區域互助、「以先富帶後富」的政策意願和動力。在省級統籌的推進過程中，部分經濟發展水平較高的地區，為維持改革之前局地統籌的資金優勢，並未將結餘資金上繳至省級，而是留於地方建立了地方性的補充養老保險。如深圳市以 60 億元帳戶結餘資金於 2001 年建立起的補充性制度。地方政府的利己偏好和局部趨富的異化價值，無疑增加了多層次養老保險體系制度糾偏的難度，如果在制度並軌和體系統一的改革中，所有經濟條件較好的地區都參照這一模式，那麼，補充養老保險的制度架構無疑將成為一個空殼，其實質仍是基本養老保險層面的待遇分離。

---

① 國家審計署：2012 年第 34 號公告：全國社會保障資金審計結果 [EB/OL]. http://www.audit.gov.cn/n1992130/n1992150/n1992500/3071265.html.

② 國務院《關於印發所得稅收入分享改革方案的通知》（國發〔2001〕37 號）。

6.2.2 市場微觀主體的價值衝突

轉軌經濟下，政府仍然是市場資源的重要調配者，政府的執政價值和施政行爲也影響了企業及其所屬員工的價值選擇。長期以來，中國民營企業在與國有企業的壟斷經營以及外資企業的競爭中爭奪市場資源，這種私人經濟領域的不確定性和不安全因素，鑄就了企業價值的短期趨利和企業決策的現時性。映射在養老保險制度參與領域，私營企業產生逃費和瞞報的衝動，尤其在非正規就業市場，企業及其員工在福利貨幣化、貨幣貼現化上的意願是一致的。這也恰恰解釋了目前基本養老保險層次低徵繳率、補充養老保險層次低覆蓋率的制度現實。

而國有企業在長期的壟斷環境下，則產生了特立獨行的優越感。從目前基本養老保險制度的統籌區域來看，中國人民銀行和中國農業發展銀行仍然作爲單獨的政策單元與全國31個省（市、區）並列。同時，在一省份範圍內，也普遍存在地方國有企業尤其是國有金融機構未按屬地原則配合養老保險制度的經辦管理，而是直接歸屬於省級社保機構，它們的繳費和待遇標準也普遍高於同區域內的其他企業。

企業所及的資源格局和經濟收益引致了不同性質企業間的價值衝突，也直接導致其在多層次養老保險制度參與中的差異化行爲。如果市場機制下企業競爭的優勢格局不改變，這種價值異化將繼續，養老保險制度多層次架構的運行風險也將持續存在。

6.3 社會信任風險

社會信任風險是指養老保險制度面臨的參與主體的信任危機。一項制度的良性運行不僅需要融合制度設計者的意志，還需考慮制度參與主體的行爲心理，而社會信任則是制度運行各環節的潤滑劑。社會信任風險的發生可能由三大因素引致：一是政策更替頻率和制度的穩定性。二是制度功能的正向發揮程度。三是其他外部因素的助推作用。

6.3.1 制度演進中的信任風險

養老保險制度演進中的信任風險主要由政策頻繁更替和制度發展階段的不穩定造成。

從縱向上看，由於中國養老保險制度遵循「局地自由化試點─全國統一推廣」這一由下至上的改革路徑，因此，在全國統一制度之前必然存在制度模式和政策措施的多樣性和差異性，有時甚至會面臨地方試點的長期性。於參保群眾而言，他們對政府及養老保險制度的信任危機將在兩個層面遞進式產生：一是地方試點階段。在地方政府爭做「全國藍本」的試點目標下，必然會依據政治氣象和政策環境對地方性養老保險政策推陳出新，而這種創新是基於制度的短期形式而非持續運行的長期品質。這期間，參保主體能夠察覺到政策的不確定。二是國家試點階段。國家試點的全面啟動意味著全國政策循序漸進地統一，參照新農保的擴面速度，這種理論上的「循序漸進」週期是相對短暫的；而國家試點最終選擇的藍本不可能與各地原有的試點模式類似，甚至在一定程度上會大相徑庭。這就促成了地方政策轉變的劇烈性和剛性。加之政策轉變到經辦執行的遞進週期和其間可能產生的矛盾，對參保群眾而言，原有的對制度感知的不確定性無疑再次升級，由不確定演變爲不安全，信任風險逐漸產生。

從橫向上看，受制於城鄉二元的制度結構，中國基本養老保險制度由城鎮企業職工逐次擴大到城鎮個體工商戶等靈活就業人員，再惠及農村進城務工人員和農村被徵地居民。在相當長時期內，養老保險制度都處於一種制度補缺和制度合併的亂象中。農民工綜合保險、被徵地農民養老保險等局地試點的制度逐漸消亡，而城保制度在擴大。從制度變遷來看，這也許是制度逐漸完善和經濟社會發展的優勢選擇。但從參保群體面臨的制度環境來看，它卻是不穩定的，這可能造成參與主體對未來制度發展喪失預期，甚至對自身的保障收益感到不安全。加之包括養老保險在內的各項社會保險項目便攜性極弱，轉移接續不順暢，更是加大了社會信任風險發生的概率。

6.3.2 制度運行中的信任風險

養老保險制度運行中的信任風險主要是指由於制度保障水平未達預期、制度維穩功能未能有效發揮，以及制度參與給勞動者帶來其他方面的干擾，導致社會信任風險發生。

首先，從制度建立的初衷來看，社會保障制度最基本的功能是作爲「安全閥」和「減震器」，以維護社會穩定，爲經濟發展提供良好的社會環境。改革開放之初中國社會保險制度著實承擔起了減輕社會轉型陣痛，助力國企改革的重任。然而，隨著改革的不斷深入，有學者對包括養老保險在內的社會保

制度維穩功能和保障功能產生懷疑①。有研究指出，社會保險制度與維持社會穩定並不產生必然的關聯，從北美西歐等發達國家的經驗來看，城市保障體系的完善使貧民從農村湧向城市，中產階級外逃，反而在大城市中形成了貧民窟，導致早期核心經濟區的衰落；同時，養老的負擔由個人轉向國家，造成了家庭和社區的瓦解；中年人稅負過重，婦女生育率降低，勞動力供給不足，以致大量貧困地區人口向發達地區遷移。這些都可能生成社會的不穩定因素，並影響人們對制度參與的判斷和認識。

其次，從制度保障水平來看，不同制度間的待遇差易導致社會信任風險的產生。目前，中國城鎮企業職工基本養老金替代率約50%，甚至有下行的趨勢。經過連續10年提高企業退休人員工資後，2014年企業職工養老金月人均水平已超過2,000元，②而大部分機關事業單位相當長時期內實行以國家財政作保障的非繳費型退休保障制度，機關單位退休金以本人退休前職務工資和級別工資之和為基數，事業單位依據其崗位工資和薪級工資之和，替代率達80%~90%③。儘管目前機關事業單位養老保險已實現並軌，但長期以來機關事業單位退休金制度與城鎮企業職工養老保險雙軌運行的制度格局導致社會公平失衡。加之未與就業關聯的城鄉居民養老保險月人均養老金水平僅維持在幾十百餘元不等，與城鎮就業關聯的各類養老金制度相比，保障能力十分有限。這無疑弱化了參保人員對制度保障能力的預期和繳費動力，社會信任風險增大。

最後，養老保險制度及其舉辦者獲得的社會信任度較低，這也與實際生活中勞動者的切身利益受損和保障權益遭侵犯等一系列高發風險有關。自2003年以來，東部沿海地區農民工退保愈演愈烈，直至2010年《基本養老保險轉移接續辦法》頒布，對養老保險便攜性和農民工退保作出相關規定，這一現狀才得以改善。機關事業單位退休金制度所覆蓋人群對制度也同樣存在不信任。如2008年2月《事業單位工作人員養老保險制度改革試點方案》發布，國家將參照企業職工養老保險辦法在山西、上海、浙江、廣東和重慶等5省市啟動雙軌制改革的先期試點。這一政策信號的釋放隨即引發了部分事業單位的提前退休潮。可見，不論是城鎮務工人員抑或體制內就業者，面對政策異動，

---

① 潘強.社會保障需要創新而非顛覆——國務院體改辦秘書長宋曉梧訪談［J］.中國社會保障，2003（1）；王建倫.對改革的基本認識及思考［J］.中國社會保障，2003（2）；陳平.建立統一的社會保障體系是自損國際競爭力的短視國策［J］.中國改革，2002（4）.

② 國務院新聞辦公室：人力資源和社會保障部2014年第四季度新聞發布會［EB/OL］.2015-01-23. http://www.scio.gov.cn/.

③ 人事部、財政部：《關於機關事業單位離退休人員計發離退休費等問題的實施辦法》，國人部發［2006］第60號文件，2006年6月20日。

均會作出利於保障自己預期的選擇而放棄對制度的信任。

近年來勞動糾紛中社會保障案件及處理情況也可佐證了社會保險制度信任環境的不樂觀。目前，中國司法機關對勞動爭議案件的處理實行分級管理制，在勞動爭議仲裁部門的調解或判決無果後，可提交至人民法院進一步審理。從案件接受和處理的情況看，養老保險制度高信任度的氛圍培育存在如下兩方面隱患：一是社保糾紛案件數量可觀，在勞動仲裁層面，其案件數由2011年的46.92萬件增至2014年的57.55萬件，儘管其占比近年略有下降，但社保案件比例總體穩定在勞動爭議案件總額的30%上下，如表6-1所示。同時，進入司法程序的社會保險案件比例亦逐年攀升，如表6-2所示，目前所占比重為行政一審總案件的9%左右。與社保爭議案件發生率相對應的是案件處理情況，從表6-2可以看出，自2005年以來，以「單獨賠償」結案的爭議數較少，而最終的裁決結果均維持原判或駁回撤銷。可見，在勞動就業市場上，勞動者遭遇社會保險等侵權行為後，現行法律能夠給予他們的維護力量仍然有限，勞資雙方中，參保者仍處於弱勢地位。這是制度運行中執行不力對制度持續性和信任度的負面影響。

表6-1　按爭議原因分勞動爭議處理情況及社會保險案件占比　　單位：件

年份	爭議案件合計	爭議原因1：社會保險	占比	爭議原因2：勞動報酬	爭議原因3：解除、終止勞動合同
2011	469,178	149,944	31.96%	200,550	118,684
2012	514,738	159,649	31.02%	225,981	129,108
2013	536,993	165,665	30.85%	223,351	147,977
2014	575,547	160,961	27.97%	258,716	155,870

數據來源：《中國統計年鑒2015》。

表6-2　2005—2014年中國社會保險案件在人民法院審理行政一審案件中的情況

單位：件

年份	社保案件收案	社保案件占總案件比重（%）	審理情況					
			維持	撤銷	駁回	撤訴	單獨賠償	其他
2005	7,171	7.46	1,831	945	1,587	1,900	26	863
2006	7,411	7.75	1,982	846	580	2,399	3	1,600
2007	7,839	7.72	2,358	771	474	2,787	68	1,390
2008	7,911	7.30	2,320	699	506	2,670	2	1,646
2009	9,172	7.62	2,494	752	778	3,048	4	2,050

表6-2(續)

年份	社保案件收案	社保案件占總案件比重(%)	審理情況					
			維持	撤銷	駁回	撤訴	單獨賠償	其他
2010	9,363	7.25	2,320	630	346	4,195	1	1,895
2011	11,121	8.16	2,267	698	329	5,214	3	2,579
2012	11,562	8.92	2,217	854	317	5,194	4	2,898
2013	11,704	9.50	2,401	925	345	4,443	5	3,326
2014	12,291	8.67	2,293	1,167	524	3,366	6	4,646

數據來源：《中國統計年鑒2006—2015》。

6.3.3 制度推廣中的信任風險

養老保險制度推廣中的信任風險主要是指互聯網時代媒體對制度現狀及政策問題的失實報導和負面引導，以及政府在處理公共危機事件時的應變不當，所導致的社會互動受阻，由此產生的信任危機。

相比制度演進和制度運行中的信任危機，制度推廣中的信任風險於制度發展而言，是最爲致命的。由於媒體平臺所具有的傳播性、擴散性和輿論造勢，容易將制度問題無限放大，甚至引起社會民衆的集體無理性，不利於養老保險改革的穩步推進和制度的持續發展。如媒體對發案於2006年的上海社保基金案的持續報導，儘管案件的發生對社保基金投資的規範化進程和透明化管理起到了一定推動作用，但同時也引發了老百姓對基金安全的擔憂和不信任。此外，媒體報導中對養老金缺口和空帳風險的誇大，並引導輿論將延遲退休年齡視爲對社保基金持續性風險規避的權益之策，這一系列的社會互動失衡，均可能引發社會公衆對養老保險制度的不信任，形成不利於改革發展的逆向選擇。

6.4 制度可持續風險

多層次養老保險體系面臨的可持續風險從自然和人爲兩方面因素中產生。其中，可持續風險的自然發生，是指由於人口老齡化和城市化進程的加快，養老保險制度不得不面對人口年齡結構及其增量的變化，以及城市化帶來的人口經濟屬性的變化和勞動力市場的分化等制度以外的系統性壓力。由自然因素所致的可持續風險是不可逆轉的，但卻是可以調節和控制的。與可持續風險的自然發生相異，由人爲因素所致的可持續風險多與制度內部運行有關，它們大多

由於制度設計偏差等政策性原因所致，如各層次養老保險制度的定位偏差、資金投入的分散化和應急性、制度主體的責任失衡和責任不清等。人為引致的制度可持續風險可以通過養老保險制度的再優化實現弱化和規避。

6.4.1　人口老齡化對養老保險基金運行的挑戰

人口老齡化趨勢的自然增進對多層次養老保險體系的影響是多方面的。從制度內部系統受到的影響來看，老齡人口佔總人口比重的增加無疑將提高制度撫養比，對以現收現付制為基礎的社會統籌制度而言，由於繳費人口減少、待遇領取人數增加，無疑加劇了基金收支缺口的擴大，面臨養老金待遇給付風險。同時，人口老齡化趨勢下老齡人口絕對規模的迅速擴大多伴隨著人口余命的增加，這也為以基金制為基礎的養老金制度帶來支付風險。養老保險制度外部系統受到的影響，將與人口年齡結構變化成連鎖反應。由於有效勞動生產力和市場需求的變化，在宏觀經濟系統中，不論是勞動生產率、產業結構抑或經濟增長，均易受到干擾，並反作用於制度參與水平和基金增值能力。

中國自 2000 年進入老齡社會以後，65 歲及以上老齡人口占總人口的比重以年均約 2.5% 的速度增加，從 2000 年 7% 的「標準線」上升至 2014 年的 10.06%，達 1.38 億人；老齡人口撫養比也由 2000 年的 9.9% 上升至 2014 年的 13.70%[①]。圖 6-1 所示的 2000—2010 年 10 年間中國人口年齡結構及增長趨勢的變化，能夠更加詳細地剖析養老保險制度可持續發展的人口基礎及其老齡化風險。

首先，從人口年齡結構的總體趨勢上看，相比 2000 年「五普」時期的人口年齡分佈，2010 年「六普」時期的人口年齡結構發生了明顯的位移。在 2000 年「五普」期間，10 歲左右的青少年和 30~40 歲之間的青年人各對應年齡人口數佔總人口規模的比重普遍高於 2%，人口年齡向 [10, 40] 集中，屬於輕度化的老齡社會。而 2010 年「六普」時期，代表年齡結構集中趨勢的「雙峰」已后延至 [20, 50] 的位置，10 年前 [40, 50] 歲間的年齡群也同樣后延至 [50, 60]，從兩圖的對比來看，60 歲以上人口的曲線面積隨時間推移明顯在擴大，僅 60 周歲的老齡人口就上升約 0.3 個百分點。可見，由人口出生率、死亡率以及時序等客觀因素決定的老齡人口自然沉澱現象已日漸突出。

其次，從人口老齡化趨勢的性別差異來看，2000 年「五普」期間，[0, 65] 年齡區間，各年齡水平上的男性人口數明顯高於女性人口數，尤其是 10 歲以前的少兒；而 [65, 72] 年齡區間內，女性人口基本與男性人口持平，

[①] 數據來源：《中國統計年鑒 2015》，「2014 年國民經濟和社會發展統計公報」。

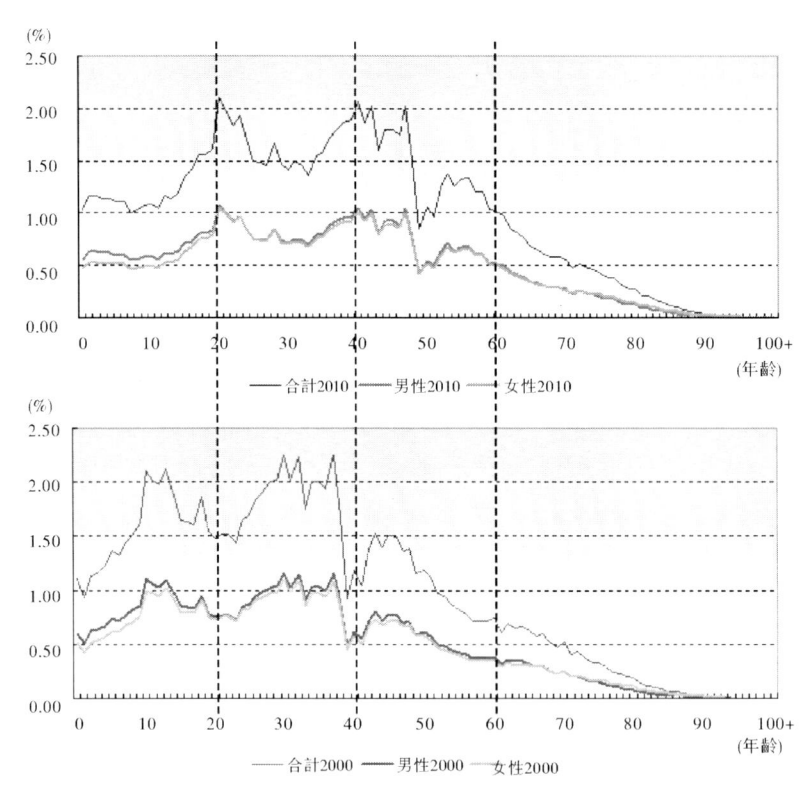

圖 6-1　人口老齡化的位移：按性別分各年齡段對應人口數占總人口的比重及趨勢

（2010 年「六普」數據與 2000 年「五普」數據的比較）

數據來源：依據《中國 2000 年人口普查資料》和《中國 2010 年人口普查資料》整理繪製。

從圖 6-1 中可以看出兩折線的明顯重合；在 73 歲以后的高齡老人中，其性別多集中於女性人口，隨著人口年齡的不斷增大，女性高齡老人越集中。與 10 年前相比，2010 年「六普」期間老齡化趨勢下的性別差異發生了明顯的變化。能夠清晰分辨出男性人口高於女性的年齡區間在 [0，20]，而 [21，65] 較長年齡跨度的人口區間內，不同性別人口規模基本持平。65 歲以后的各年齡水平女性人口開始略高於男性，73 歲以后這種性別差異尤為明顯。基於以上分析不難看出，前后 10 年的時間差距，人口老齡化問題在女性人口中表現得更為明顯。

6.4.2　歷史遺留問題對制度參與水平的弱化

在人口老齡化背景下，歷史遺留問題加劇了原已失衡的制度撫養比，這將使制度面臨的持續性風險加劇。

一方面，歷史遺留問題的存在，可能造成對制度有效參與人口的高估，從而產生基金籌集風險。受國企改革等歷史性因素影響，制度運行中，勞動適齡人口的制度參與水平可能遠低於人口自然增長中的年齡組。相關數據顯示，1995—2000年期間，以國有企業爲主的各類企業年度報告期內下崗職工最大規模曾達到1,274.15萬人，下崗職工中女性占比最大的曾達45%；同時，這期間，35歲以下的下崗職工規模基本保持在35%的水平；35～46歲爲其主要年齡段，所占比例基本維持在43%；46歲及以上的下崗職工約占22%。由於企業改革中70%以上的下崗職工教育水平不高，爲初中及以下，加上年齡因素的限制，在改革後的相當長時期內，他們多處於非正規就業市場或恒定的隱性失業狀態[①]。這部分人的經濟狀況和就業格局決定其養老保險制度參與的不確定性和繳費的極不穩定，對自然形成的制度撫養比必然產生折損。

另一方面，由於對養老金待遇領取人數的低估所引起的基金支付風險。2000年前後湧現的大量下崗職工，依據10年前下崗時的年齡組順延，目前約43%的人員已接近退休年齡，22%的人員已基本進入退休階段。從待遇計發來看，這部分人群因體制改革和經濟轉軌存在「視同繳費年限」，其實際個人繳費年限不可能太長，繳費水平也無法過高，下崗之後基本處於斷繳狀態或補齊最低待遇享受額度，因此，其養老金支付結構以社會統籌基金的資金來源爲主，這部分人群也是近10～30年以內制度代際共享的主體人群。

6.4.3 人口城市化難題對短板補足的牽制

隨著經濟社會的不斷發展，中國城市化進程也迅速推進。目前，城市化率已由2000年的36.22%躍升至2015年的56.1%，十餘年間提升近20個百分點[②]。然而，空間的城市化和人口生產生活方式的轉變，並不意味著人口城市化過程的完全實現，它仍有賴於社會保障體系的建立和完善。

從各層次養老保險制度覆蓋現狀來看，城市化進程中產生的大量遷移人口及其形成的非正規勞動力市場，是養老保險制度擴面的短板。而目前人口城市化過程中顯現出來的難題和遷移人口的趨勢特徵，對制度短板的補足形成了壓力和挑戰，不利於制度的持續發展。

一方面，農村進城務工人員規模迅速擴大與基本養老保險擴面提速甚緩的

---

① 數據來源：依據《中國勞動統計年鑒1996—2001》「勞動和社會保障改革」相關數據估算。需要說明的是，該年鑒對相關指標的不連續統計僅出現在1995—2000年期間。

② 數據來源：國家統計局：「2015年國民經濟和社會發展統計公報」，2016年1月19日。

矛盾，有礙多層次養老保險體系制度參與水平的提高。目前，中國企業補充養老保險的擴面以基本養老保險制度覆蓋為前提，然而，近年來外出農民工參加基本養老保險的人口比例基本維持在不超過17%的覆蓋水平，2010年《基本養老保險轉移銜接辦法》頒布後次年參保比例有較大躍升，較上年提高了4.4個百分點，但2012年養老保險制度全覆蓋後又退回常態，僅提高約0.4個百分點，相比當時基本養老保險72.1%的人口覆蓋率，相差甚遠。2012年後，至2014年，農民工參保小步提升。與養老保險覆蓋面提速緩慢相對照的是，外出農民工人數的激增。如圖6-2所示，自2008年開始，近年來外出農民工年均增速近4%，2014年達1.68億人，約占城鄉就業人口的22%；加上在本地務工的農民工，全國農民工總規模約2.74億人[①]。從以上兩組數據中不難看出空間的城市化與人的城市化之間存在的失衡和矛盾，它是各類養老金計劃參與水平提高的較大障礙，將制約多層次養老保險制度的持續發展。

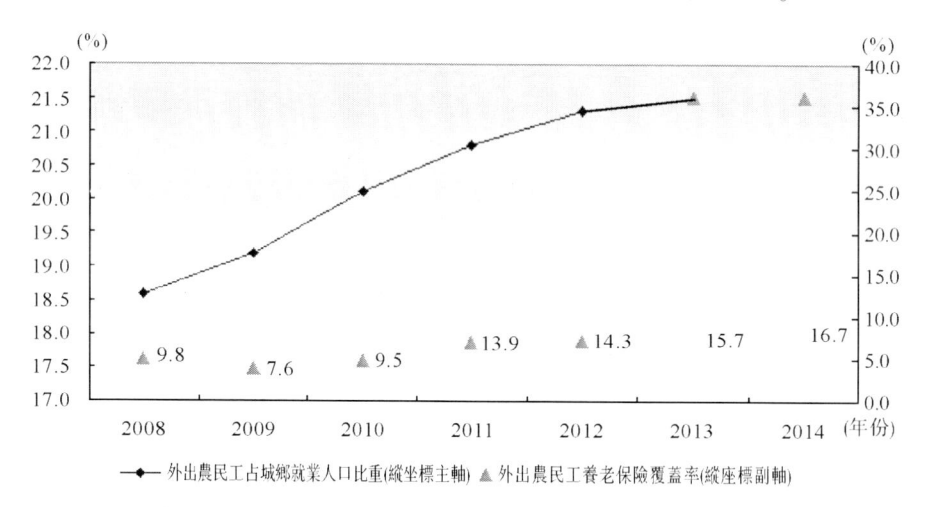

圖6-2 中國人口城市化過程中外出農民工規模及保障水平

數據來源：依據《2012—2014年全國農民工監測調查報告》《中國統計年鑒2013—2015》整理繪製。

另一方面，農民工保險體系常態化的迫切性和補充性養老金計劃排他性的矛盾，不利於養老保險多層次架構的優化和糾偏。從前文制度現狀的描述可知，在多層次養老保險體系中，第二層次企業年金6.07%的職工覆蓋率與第一層次72.1%的人口擴面水平相比，差距異常，失衡嚴重。同時，從企業年金覆

---

① 數據來源：《中國統計年鑒2015》《2014年全國農民工監測調查報告》。

蓋行業及其職工的經濟屬性來看，該計劃更像是俱樂部產品而非準公共產品，僅集中於國資系列或有強大國資背景的經濟組織中。即便自 2011 年以來國家陸續頒布《企業年金集合計劃試點辦法》《事業單位職業年金試行辦法》以及《社會團體、基金會等組織舉辦年金計劃的相關通知》，其擴面重點仍然是惠及高新技術的小微企業和準體制內的事業單位，集合年金計劃對非正規就業市場的撬動仍然有限。

相比制度擴面態勢的不樂觀，農民工對養老保險的支付能力和保障需求的迫切程度顯然在提高。自 2009 年起，近 6 年來，中國城鎮單位就業人員平均工資平均年增速達 11.79%，農民工收入逐年趕超，平均年增速達 13.62%，高於城鎮單位就業人員平均年增速 1.8 個百分點，至 2014 年人均年收入水平達 34,368 元，接近城鎮單位就業人員工資水平的 61%。[1] 除了支付能力的改善，農民工群體的制度參與意願隨著年齡結構的變化也在逐步增強，如圖 6-3 所示，2011 年以后，41 歲以上中老年農民工所占比例日漸增大，他們對養老保障的需求也更爲迫切；而 20 歲以下青年群體務工比例自 2008 年以來便出現急遽下滑的趨勢，務工人口結構開始向中青年集中，這也說明了農村勞動力外出務工行爲的日漸理性。對於穩定成長的城鄉遷移人群，國家卻難以能提供與之相匹配的制度選擇和切實可行的參保環境，這有礙制度建設的可持續。

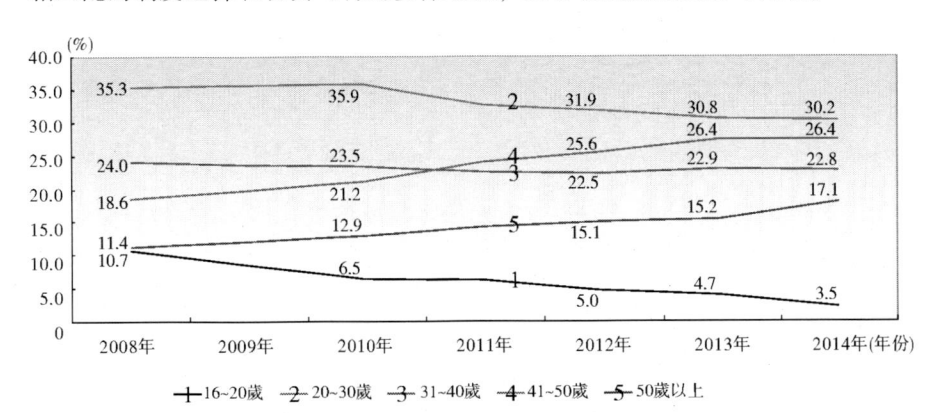

圖 6-3 人口城市化過程中中國農民工年齡結構的變化

數據來源：依據《2012—2014 年全國農民工監測調查報告》《中國統計年鑒 2013—2015》整理繪製。

---

[1] 數據來源：根據《中國統計年鑒 2015》《2014 年全國農民工監測調查報告》計算所得。

6.4.4　財政供需偏差對制度效率的限制

一個可持續發展的養老金制度，應該是財政高效的制度，其財政補貼的意義在於以合理的補貼資金激勵制度參與者的繳費積極性，以維持籌資渠道的通暢，而非成為「資金蓄水池」中的主要籌資來源。然而，從中國目前養老保險體系的制度現狀看，其多層次架構由於財政資金和政策資源的分佈不均，已鑄成「單層獨大」的格局。第一層次基本養老保險制度對財政資源的依賴性極強，尤其是覆蓋人口已超5億的城鄉居民養老保險，在2012年養老保險制度全覆蓋之初，其財政補貼資金占當年制度繳費收入和待遇支出總額的73.22%，由財政全額補貼的基礎養老金支出占當年待遇給付總額的比例高達86.55%，相比之下，由個人帳戶負擔的養老金給付甚少[1]。城保制度對財政的顯性依賴程度雖不及城鄉居保，但財政對其的隱性支出規模仍然較大。除了對歷史原因導致的轉制成本和混帳管理下的空帳規模部分做實，2012年前後，國家財政對基本養老保險基金財政補貼的年均投入量已達2,618億元，加上自2005年以來連續十餘年約10%的退休金增幅調整，基本養老保險制度對國家財政的依存度仍然較高。

然而，需方市場呈現出的人口特徵顯示了財政資源的過度供給。

一方面，中國中老年人口退出勞動力市場的實際年齡遠超出現行制度規定的待遇領取標準，這就意味著，不論是城保制度的退休金待遇調整和養老保險基金的補貼性支出，還是城鄉居保制度的養老普惠，其受惠範圍和資金補給規模都被無形擴大。如圖6-4所示，中國45歲以上中老年群體對財產性收入的依存度相對較低，依靠「家庭其他成員供養」的人口趨勢基本穩定，僅[69,77]年齡區間的供養率略高於其他年齡組。值得注意的是，中老年人群對勞動收入和社會保障的依靠，兩者的焦點在近69歲的位置，遠超過目前退休領待年齡。同時，與60歲之前的就業規模相比，60~69歲之間的繼續勞動者仍近原規模的50%。可見，繼續獲得勞動收入的能力是自然選擇的結果，而社會保障收入的獲得卻有人為設定的制度，其初衷是為人們提供基本的老年保障，以規避老年經濟風險。顯然，制度供給與享受補貼的年齡標準存在偏差。

---

[1]　數據來源：財政部社會保障司. 全國社會保險基金決算（2010—2012）[EB/OL]. 中國財政年鑒2008—2012，http://mof.gov.cn.

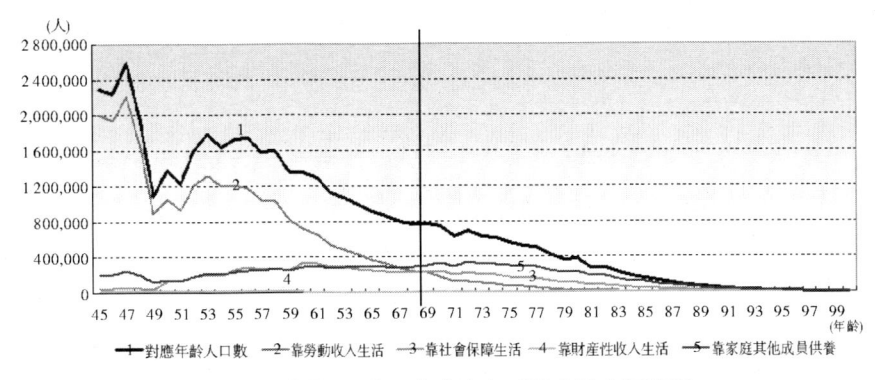

图 6-4　中國 45 歲以上中老年群體生活來源情況

註：1. 原始數據爲普查資料長表數據，抽樣戶數占比 10%；

　　2.「社會保障」統計口徑囊括了靠失業保險、低保金和離退休費生活的全部人口。

數據來源：《中國 2010 年人口普查資料》。

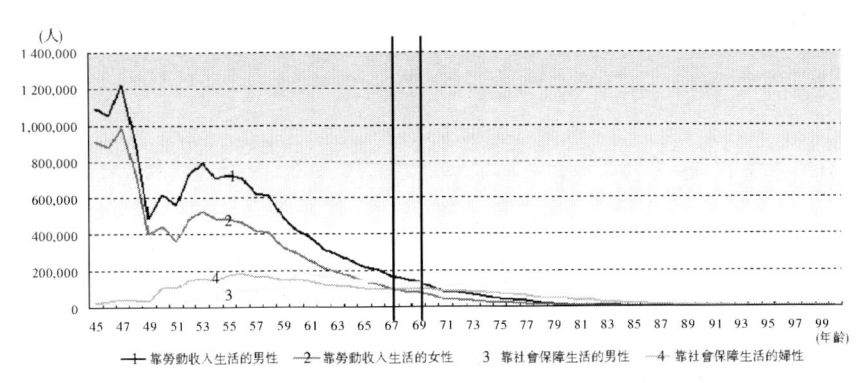

圖 6-5　中國按性別分 45 歲以上中老年群體勞動退出情況與社會保障水平

註：1. 原始數據爲普查資料長表數據，抽樣戶數占比 10%；

　　2.「社會保障」統計口徑囊括了靠失業保險、低保金和離退休費生活的全部人口。

數據來源：《中國 2010 年人口普查資料》。

除了勞動力市場的平均退出年齡與財政補貼的人口範圍存在偏差，從性別上看，達到退休年齡后依然活動在勞動力市場的男性和女性勞動者也存在年齡差距。如圖 6-5 所示，女性繼續勞動者較男性約提前兩歲，基本至 67 歲就開始退出勞動力市場。目前中國男女退休年齡差爲 5 年，參照勞動力市場的退出情況，原有差距漸進縮小。然而，養老金普惠標準和財政補貼規則並未對性別因素給予相應考慮，這也是制度可持續風險增大的設計因素之一。

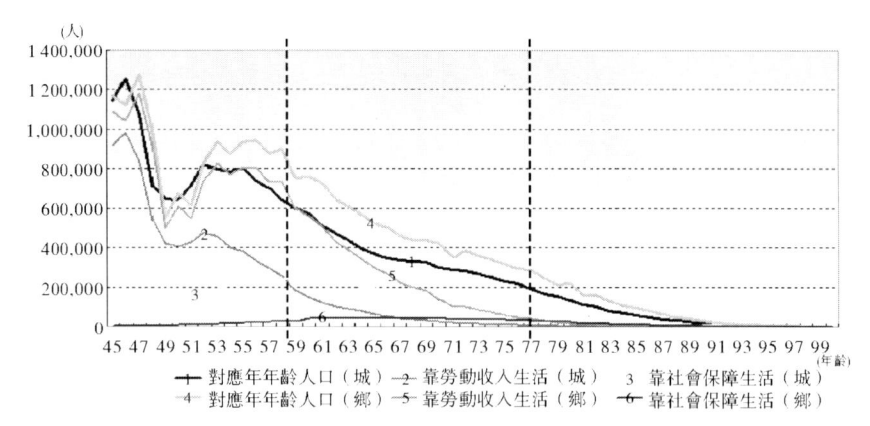

圖 6-6　中國按城鄉分 45 歲以上中老年群體勞動退出情況與社會保障水平

註：1. 原始數據爲普查資料長表數據，抽樣戶數占比 10%；
　　2.「社會保障」統計口徑囊括了靠失業保險、低保金和離退休費生活的全部人口；
　　3.「城市人口」統計口徑囊括了城市和城鎮兩大範圍。
數據來源：《中國 2010 年人口普查資料》。

　　此外，城鄉勞動者退休領待年齡的趨同化，以及勞動力市場退出情況和養老保障供給失衡的現狀，也增加了制度運行的風險。如圖 6-6 所示，一方面是城市人口較早地退出勞動力市場，其平均年齡近 58 歲，此後享受社會保障的人口數明顯增加，而依靠勞動收入生活的人口急遽減少，這也是基本養老保險制度在城市成型的制度功能之一。而廣大農村地區，在 2010 年新農保國家試點剛剛起步之時，依靠社會保障生活的農村居民人數開始超過依靠勞動收入生活的人數，卻是到了 77 歲左右。可見，財政補貼的可及性對農村居民是不足的，且空間較大，而對城市居民來說，略微泛化。這也是財政供求偏差帶給制度運行的風險因素之一。

　　另一方面，由於財政資金供給分散導致的重複保障，可能會額外增加財政負擔，影響制度效率。在廣義的多層次社會保障架構內，國家財政對老年經濟保障的轉移支付渠道主要包括救助途徑、福利途徑和保險途徑三類。救助途徑主要包括城鄉低保資金對貧困老年人的補給，目前部分新農保試點地區已逐步將低保和五保供養人口的財政補給納入保險渠道，並依照貧困程度給予差額或全額的繳費補貼。但大部分地區，尤其是城市，仍然存在大量低保津貼與養老金共享的現象。同時，以社會福利爲表現形式的高齡老人津貼與保險型養老金之間也存在模糊不清的邊界，尤其在經費籌集上，由於中央財政轉移支付有限，部分地區並未從地方性財政渠道劃撥資源，而是從養老保險基金或其補貼資金中轉撥。以上三類財政補貼渠道的模糊不清，加上待遇可及人口產生的逆向選擇和道德風險，無疑成爲提高財政效率和資金利用率的負面影響因素。

6.4.5 制度設計不足對市場配置功能的約束

在養老保險制度構建初期，中國補充養老保險層次的產品供給主要以商業保險公司經營的團體壽險爲主，以此向企業提供包括具備養老功能在內的年金服務。其后於 1995 年頒布的《關於企業補充養老保險制度的意見》（勞部發〔1995〕464 號），確定了第二層次企業年金計劃營運的雛形和框架。

從目前基本養老保險「單層獨大」的制度格局來看，中國多層次養老保險體系的持續發展，有賴於補充養老保險制度功能的發揮和市場配置資源能力的調動。遺憾的是，自 2004 年《企業年金試行辦法》發布實施以來，由於在基本層次和補充層次的兩類養老金計劃的同質性以及運行模式和稅收優惠激勵的差異性，位於第二層次的企業年金對第三層次的商業性團體年金產品存在擠出效應，以「信託模式」爲基礎的企業年金市場多元經營框架，對商業保險公司經營的團體壽險業務產生了嚴重的衝擊和市場分割。

如圖 6-7 所示，受企業年金相關政策的影響，2004 年以後，團體壽險業務呈急速下降趨勢，其保費收入總規模及平均水平先后出現負向拐點，反應平均水平的折線（AVG）與政策走向的變化在時間上更爲吻合，反應總體趨勢的折線則稍顯滯后。與此形成鮮明對比的是經辦團體壽險業務的公司數占壽險公司的比重急速上升，產品供給及營運的市場規模迅速擴大。在企業年金「利好」消息的影響下，補充性養老保險的營運主體均期待此次改革對市場功能的激活，但事與願違的是，市場份額和業務收入並未如預期增加，反而在相當長時期內陷入低谷。

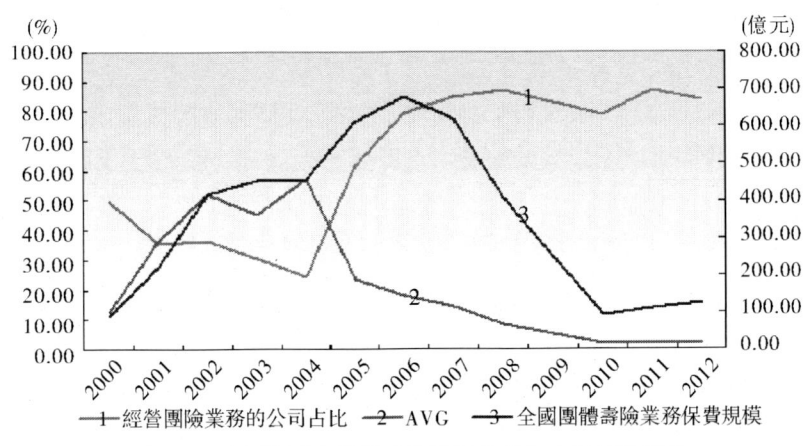

圖 6-7 中國團體壽險業務的發展趨勢和市場景氣變化

註：1.「經營團險業務的公司占比」是指當年經營團體壽險的公司個數占人身保險公司總數的比例；2. AVG（平均保費收入）= 全國團體壽險業務保費收入/當期經辦團體壽險業務公司數；3.「經營團險業務的公司占比」與 AVG 以 Y 軸主軸（靠左）爲參照。

數據來源：《中國保險年鑒 2001—2013》。

除了企業年金「信託模式」對補充養老保險市場的制約，養老金計劃稅收優惠政策的差別激勵對補充養老保險的市場激活也產生了消極作用。自財政部財企〔2003〕61號文件發布以來，國家對商業團體壽險不享受稅收優惠政策的規定就沿襲至今。相關意見指出「企業職工向商業保險公司購買財產保險、人身保險等商業保險，屬於個人投資行為，其所需資金一律由職工個人負擔，不得由企業報銷。」而企業年金制度則先后於2008年和2014年分別啟動了企業和個人的延遲納稅政策。

在稅收優惠政策的二次衝擊下，商業保險公司為緩解團體年金險市場的不景氣，紛紛將同質化嚴重的團體性養老保險產品整合，以「企業年金+團體保險」模式兼營企業補充性養老保險業務。因此，自2009年以後，團險市場保費收入略有上揚，如圖6-7。然而，相比制度設計的缺陷，這一銷售策略的調整僅能作為權宜之策，仍無法彌補養老保險市場的功能弱勢，更無法規避多層次養老保險體系持續發展的制度性風險。

6.5　本章小結：多層次養老保險體系制度優化面臨的風險

依據風險的性質和影響程度的不同，中國多層次養老保險體系制度優化面臨的風險主要包括四大類別：一是文化適應性風險，二是價值異化風險，三是社會信任風險，四是制度可持續風險。它們分屬於風險的不同層次，需要有針對性地積極規避和重視。

文化適應性風險體現的是多層次養老保險體系所依託的社會文化基礎和西方制度背景與中國傳統文化的矛盾，它集中體現在四個方面：①家庭保障與社會化保障方式間的衝突，這將使養老保險制度參保激勵的設計無法與個人行為模式和心理動機相適應；②差序慣性造成的板塊分割和碎片漸進與多層次養老保險體系橫縱統一的制度格局存在矛盾，這將造成養老保險制度的多軌並行，影響制度統一；③家國一體的「大家長制」治國理念與多層次養老保險體系中多市場主體履責的矛盾；④倫理本位下統籌互助和扶弱濟貧的制度慣性與多層次養老保險體系強調個人儲蓄和自我保障原則的矛盾。

價值異化風險集中體現的是政府部門利益驅動和市場微觀主體的價值衝突。一方面，中央政府在改革路徑的實現追逐激進化和主題化的特徵，造成改革名義效果與實際效果間的差距。另一方面，受限於現行的政府績效評價體系，地方政府也將關注點轉移到地區生產總值的規模和經濟增速的提高上，尤

其在招商引資和新區擴建過程中，往往將企業參加社會保險制度的繳費優惠等同於稅收優惠減免，將其作爲拉動經濟發展的政策支持。此外，在財權和事權的分配格局下，地方政府更易於做出利於地方團體和局部利益的決策，而與中央政府形成行政上的博弈和資源上的競爭。而中央「全國一盤棋」的戰略思路，地方政府也未必有區域互助、「以先富帶后富」的政策意願和動力。這對多層次養老保險體系的一體化建設形成挑戰。

社會信任風險的產生集中在三個階段：①制度演進過程中，尤其是制度補缺和地方試點階段，往往因爲試點政策的臨時性和補缺政策的局部性，使其在實現全國統一后，對制度原有惠及群體形成較大的制度震盪。②在制度運行過程中形成的社會信任風險，包括政策執行的疏忽和漏洞、制度水平和繳費水平脫離參保者預期，以及因勞動爭議案件引發的制度侵權，均可能導致制度信任缺失。③制度推廣中產生的信任風險，即是強調信息化時代輿論引導和政策宣傳對制度信任網路建立的重要性。

制度可持續風險由多個維度、綜合因素引致。首先，人口老齡化對養老保險基金運行的挑戰是最基本的因素，其次，因國企改革和大量職工下崗所引起的勞動適齡人口制度參與水平遠低於人口自然增長中的年齡組的制度現實和由於制度領待人口低估所引起的基金支付風險，均可成爲歷史因素對制度可持續風險顯性化的助力。同時，人口城市化難題對短板補足的牽制，以及因中老年人口退出勞動力市場的實際年齡遠超出現行制度規定的領待標準和財政資金供給分散導致的重複保障等原因，均對制度效率形成了限制。此外，本養老保險「單層獨大」的制度格局和補充養老保險層次企業年金計劃和商業團險的競爭性設計，均增加了制度持續性風險的系數。

7 中國多層次養老保險體系制度優化的驅動力

基於歷史和現實的總結，本章立足制度環境的影響及其與參與主體間的互動聯繫，通過系統動力的驅動研究，構建以個人、企業和政府爲核心的三大運行環境，包括人口子系統、財政投入子系統和企業發展子系統，在政策模擬的假定環境中還原了各制度主體的行爲驅動和系統互動。並在設定的「以預警式社會保險制度爲主體的多層次架構」和「以普惠式非繳費型養老金制度爲基本的多層次架構」兩大改革情景中，預測了各制度主體的資源投入規模和制度的政策效果。與此同時，筆者還從制度主體的資源約束和行爲偏好著手，數理推導了在制度優化中起主導作用的中央和地方兩級政府，在經濟發展和民生推進上的政策選擇和博弈過程。

7.1 多層次養老保險體系制度運行的系統驅動

養老保險制度作爲主要的社會化老年經濟保障形式，是中國社會經濟系統中不可或缺的重要內容。養老保險制度的多層次架構，不僅涉及政府與市場邊界的厘定問題，也決定了制度系統的規模性、複雜性和動態性，這也使得從整體聯繫的機理出發探究系統各要素間相互制約、相互依存的關係成了必然。

從中國養老保險制度的歷史演進和發展現狀來看，其制度變遷和實踐驅動的系統環境一般包括兩大類：一是以個人、企業和政府等制度參與主體爲核心的內部自運行系統；二是以宏觀經濟環境、社會發展變遷以及政治和文化等多因素綜合而成的外部約束系統。筆者基於社會系統動力學的研究方法，通過對

多層次養老保險體系內部自運行系統的建模和政策仿真，以描述多層次架構下各制度主體相互關聯的政策行為及其產生的經濟社會效應，並在外部系統有限約束的假設下，尋求可能的制度優化路徑。

需要說明的是，筆者所建模型並非是對客觀世界的完全複製和模擬，而是在嚴格假定的條件下解決特定問題，筆者引入系統性分析更多的是強調系統思維本身。

7.1.1 系統環境分類與指標轉化

如圖7-1所示，中國多層次養老保險體系的制度運行以人口子系統、財政投入子系統和企業發展子系統三者間的互動為紐帶。

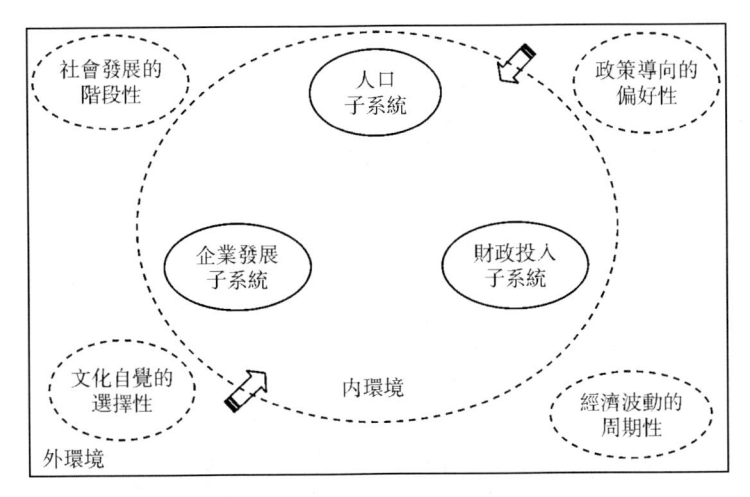

圖7-1 多層次養老保險體系制度優化的系統環境

資料來源：作者繪製。

人是制度參與的主體亦是制度擴面的目的，因此，人口子系統成為驅動制度整體運行的基礎性環節，它兼具自然和經濟雙重屬性，並受人口年齡結構變化和勞動力市場分化的雙重影響。城鄉非正規就業人口和城鄉居民①是人口子系統中兩大核心變量，它們共同決定財政補貼需求人口的規模及其變化。

目前，中央政府對多層次養老保險制度的轉移支付和地方政府的財政補貼主要集中在第一層次的基本養老保險範疇，因此，財政投入子系統的核心變量

---

① 本書所指的「城鄉居民」非人口學和社會學意義上的居民，而是基於養老普惠的政策指向，特指可能享受養老補貼的特殊群體，滿足非就業、無保障、16歲三個條件。

即是建立在人口自然屬性和經濟屬性變化基礎之上的目標群體財政補貼規模，包括對城鄉非正規就業人口的補貼和對城鄉居民的補貼，這一支出規模同時受通脹率和社保支出彈性兩大外生因素的影響。

不論是基本養老保險層次抑或補充層次，在與就業關聯的養老金計劃中，企業是制度參與的重要主體。從制度環境的整體來看，它更是銜接養老保險內部自運行系統與外部約束系統的關鍵環節。早在中國基本養老保險制度模式及多層次架構確定之后，就有相關研究對企業社會保險成本和企業競爭力甚至是宏觀經濟波動三者間的關係進行論證。其中有研究結果顯示：當企業人工成本占總成本費用的規模維持在 12.9% 時，企業參加社會保險將增加總成本約 2.24 個百分點[1]。由於養老保險占社會保險繳費的比重較大，因此，在企業發展子系統中，企業養老保險支出和企業養老保險成本是模型考慮的重要指標。同時，受中國養老保險制度多層次架構非平衡發展的現狀影響，學界對國家投入在基本養老保險與補充性養老保險之間的擠出效應和制度運行替代效應上的關注，也使得補充養老保險稅收優惠水平和擠出效應參數成為企業發展子系統中的重要指標。

7.1.2 基於 Vensim 平臺的系統動力學模型構建

依託人口子系統、財政投入子系統和企業發展子系統的互動邏輯和運行狀態，筆者用於制度分析的系統動力模型包括三類，涉及 52 個指標（見附錄）。考慮到養老保險體系的完整性和制度穩定性，中國自 2009 年新農保試點啓動及其后城鎮居民養老保險的參照試點開始，制度全覆蓋基本完成，故模型以 2010 年為基期，情景模擬的週期確定在 2010 年至 2050 年間。仿真系統借助 Vensim 軟件進行，對其運行結果的檢驗與 2010 年以前數據擬合的真實值誤差甚小。

7.1.2.1 多層次養老保險制度各系統間的關係與理論假設

如圖 7-2 所示，養老保險多層次架構的系統結構由三個子系統互為因果的相互關係構成，其中主要的反饋路徑是：財政補貼需求人口規模增大——基本養老金財政補貼支出增多——補充養老保險稅收優惠水平下降——企業養老金計劃參與成本增加——財政補貼需求人口增加。

---

[1] 高書生. 社會保障改革何去何從 [M]. 北京：中國人民大學出版社，2006.

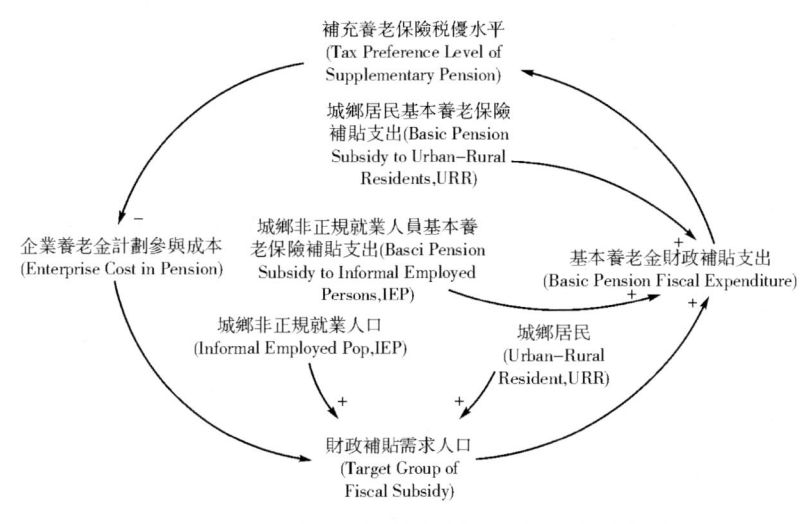

图 7-2　多層次養老保險體系主要因果回路示意圖

資料來源：作者繪製。

支持這一反饋路徑的理論假設包括以下四個方面：

一是對人口經濟屬性的假定：在城市化迅速發展的背景下，城鄉非正規經濟和非正規就業在現階段及未來一段時期內將長期存在，並占據經濟容量和勞動力市場的較大份額。

二是對政策偏好的假定：在經濟增長方式柔性轉型的背景下，政府更偏好對非正規經濟向正規化轉型的政策和資金投入。

三是對養老保險多層次架構互動的假定：在有限財政責任理念下，各養老金計劃繳費水平保持不變，養老保險基本層次和補充層次對制度資源的分享存在擠出效應。

四是對微觀主體經濟行爲的假定：企業以追求利潤最大化的絕對理性爲前提，個人在閒暇和勞動之間的選擇無特殊偏好，依然遵從短期可及的經濟理性。

假設1和假設2決定了政府財政投入的方向和養老保險多層次架構的核心環節。現階段及未來相當長一段時期，中國多層次養老保險體系制度建設的核心是以廣義就業（包括「農、林、牧、副、漁」勞作）爲基礎的預警式繳費型計劃，這種預警包括以繳費能力和申請待遇資格爲判斷標準的差異化補助及養老普惠。財政資金向非正規就業人口和城鄉居民的流動，正顯示了政府對非正規就業市場的投入和對轉軌時期經濟運行的風險兜底。

假設 3 限定了模型運行的系統邊界。儘管政府與市場在常態下多維持一種階段性的「此進彼退—此退彼進」的模糊邊界，但在有限財政的理性限定下，政府資源的投入將有所選擇。在假設 1 和假設 2 的影響下，其資金流向仍然以預警式基本養老保險的風險反饋爲導向，政府對基本養老保險的財政投入會在一定程度上擠出補充性養老保險對政府資源的共享。這一假設也與當前客觀實際及其發展趨勢基本吻合。如前文所述，儘管目前對發揮市場在資源配置中的決定性作用積極倡導，補充性養老保險的政策集中度水平也並非低於基本養老保險，但現階段也僅限於政策資源的投入，從企業年金稅收優惠政策由公眾議程進入政府議程的進度以及個人延稅型養老金產品試點的持續醞釀，均可辨析出政府在補充養老保險稅收優惠與基本養老保險轉移支付和財政直補資金量上的謹慎與權衡。目前，利用市場機制充分發揮補充養老保險在多層次架構中的積極作用尚需時日，它仍有待政府完成在預警式基本養老保險環節的「補課」。

假設 4 設定了多層次架構中微觀主體的經濟選擇和行爲反饋。在中國當前和未來相當長一段時期的國情影響下，企業對社會責任的履行以及個人對老年經濟保障的縱向安排，不可能超越經濟的短期理性。這也決定了在技術創新一定的前提下，企業養老保險成本與企業利潤及其競爭力之間的反向變動關係，這也直接影響到就業市場的穩定性和經濟非正規化水平，這種效應將反饋到財政補貼需求人口系統中。

7.1.2.2 人口子系統

如圖 7-3 所示，人口子系統模型中邏輯關係的確定和基礎數據的選擇兼顧人口變化的自然性和經濟性兩項原則。人口預測是模型推演的基本前提和必要環節，筆者對人口自然變化的仿真基於聯合國人口預測方案中隨時間變化的出生率和死亡率的確定，總人口的自然增長趨勢在模型中由表函數給出（見本書附錄-41），其初始值由 2010 年人口存量的真實數據給出。非正規就業人口和城鄉居民的分化基於歷史數據的擬合以確定趨勢變化。

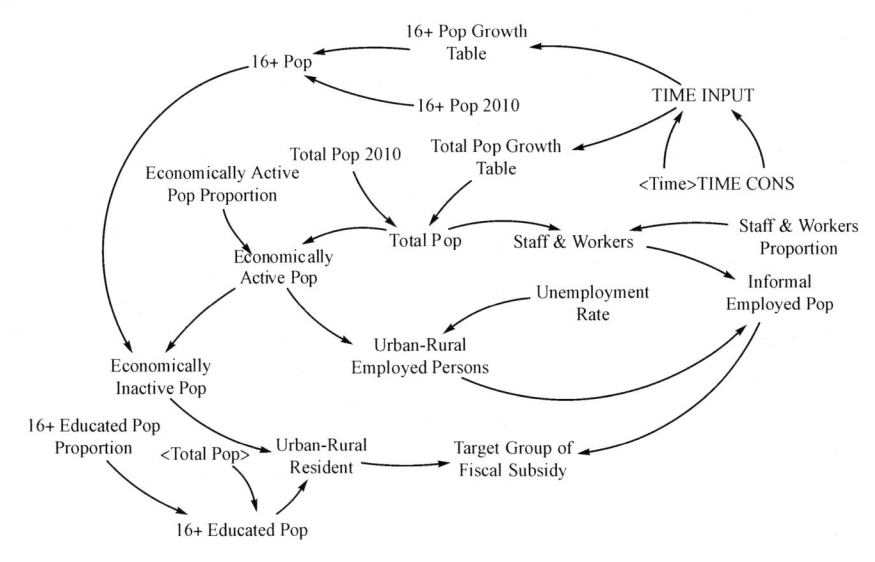

圖 7-3　多層次養老保險制度系統環境之一：人口子系統

資料來源：Vensim 軟件模型構建窗口之一。

（1）城鄉居民

如前文所述，對城鄉居民數量的預測旨在確定 16 歲以上未被任何養老保險制度覆蓋的非就業人群規模，如喪失工作能力、因各種原因長期或永久性不工作、料理家務等均屬此類。該指標受經濟活動人口、非經濟活動人口、16 歲以上人口規模和 16 歲以上在校人口數量變化影響。它是城鄉居保制度應覆蓋群體剔除經濟活動人口後的差值，即不包括廣義就業意義上從事「農、林、牧、副、漁」的人群，剔除值被劃分進非正規就業範疇。

經濟活動人口包括一定時期內所有 16 歲以上為各種經濟生產和服務活動提供勞動力供給的人口。從城鄉範圍內的廣義就業理解，它是城鄉就業人口和失業人口之和。歷史數據顯示，1994—2011 年近 18 年間，中國經濟活動人口佔總人口的比重始終保持在 [0.574，0.598] 這一區間內，2011 年所佔比例為 58.3%[1]。可見該指標的變化具有區間穩定性，它不僅受限於人口自然增長和年齡結構的變化，更大程度上具有社會性，而這種社會因素和自然因素綜合作用而成的結果是相對穩定的。

受限於基期數據的統計口徑，在年齡結構的劃分上，目前可得的大多數資

---

[1]《中國勞動統計年鑒 1995—2012》。

料均以15歲爲基線，故筆者對16歲及以上人口規模的預測用15歲以上人口數替代。對於其間產生誤差的忽略，其合理性可由以下兩點予以證明：一是實際數據統計意義上的差值甚小，基於歷史數據的估算可得；二是考慮到系統環境的改變，自2014年起中國「單獨兩孩」政策的漸進開放，可能會對模型預測期間內16歲以上人口規模產生一定影響，然而筆者的預測是建立在現行人口政策基礎之上的，因此相比該政策背景，這一數據替代可能產生的誤差是可以接受的。在此基礎上，通過經濟活動人口和16歲及以上人口規模的預測，即可確定非經濟人口規模。

16歲以上在校人口範疇包括學歷教育和民辦教育兩大口徑，前者涉及高中階段、成人本專科、普通本專科和研究生教育；后者囊括民辦中等高中、民辦高校、獨立學院入學人口。該指標的引入是爲了在非經濟活動人口中剔除與財政補貼目標群體無關的干擾性因素。該指標2002—2011年間維持在[0.042, 0.065]區間，且在高校擴招政策影響下其屬性更偏向於社會性指標，亦相對穩定。

(2) 非正規就業人員

相關研究表明，非正規就業是發展中國家城鎮就業最主要的渠道，它廣泛存在於非正規部門和正規部門中[1]。有學者對中國非正規就業人員規模的估算基於特定的經濟發展階段，尤其是1996—2002年國企改革加速期，大量下崗職工被分離面臨二次就業，成爲非正規就業的主體，這一時期持續增長的就業總量和城鎮單位就業下降趨勢的差值，即是對該群體的量化[2]。也有學者基於城市化發展的新階段，將城鄉遷移人口尤其是農村外出務工人員的湧現作爲非正規就業群體的重要來源[3]。從勞動力市場現狀、人口遷移和經濟運行的動態性來看，確定正規就業人口規模顯然比估算非正規就業人口數容易得多，本書的邏輯演化和模型運行正是基於此，由城鄉就業人口和正規就業人口規模確定非正規就業人員數量。

在指標分解上，筆者選取職工人數作爲衡量正規就業人口規模的核心變量。根據《中國統計年鑒》的相關指標解釋，職工是指在國有、城鎮集體、

---

[1] 胡鞍鋼，楊韻新. 就業模式轉變：從正規化到非正規化——中國城鎮非正規就業狀況分析[J]. 管理世界，2001 (2).

[2] 吳要武，蔡昉. 中國城鎮非正規就業：規模與特徵[J]. 中國勞動經濟學，2006 (2).

[3] 李強，唐壯. 城市農民工與城市中的非正規就業[J]. 社會學研究，2002 (6).

聯營、股份制、外商和港、澳、臺投資、其他單位及其附屬機構工作，並由其支付工資的各類人員。鄉鎮企業和私營企業就業人員、城鎮個體勞動者、離退休人員均不屬於此類。由於經濟發展的非正規趨勢和正規就業壁壘存在的長期性，職工人數占總人口的比例亦保持相對穩定的狀態。此外，考慮到中國2005—2014年連續10年對離退休人員養老金待遇調增的政策，模型對非正規就業人員規模的確定，並未在城鄉就業人員中剔除離退休人員這一群體，直接將其納入財政補貼需求群體的目標範圍。

城鄉就業人口則由經濟活動人口和失業人口規模確定。統計意義上的失業率核定包括兩大途徑：一是國際通行的調查失業率，即通過抽樣調查所得，其關於失業的定義嚴格遵循國際通行標準，警戒線爲7%；二是登記失業率，即中國目前採用的通過勞動部門失業登記得到的統計數據，其數據的採集依賴於失業人口與政府合作的主動性，加之其範圍不包括農村地區，因此很難反應中國真實的失業水平。20世紀90年代至2000年以前國企改革的關鍵時期，中國城鎮登記失業率一直維持在3%的水平，2000年以后至今，這一指標也僅在4%的基準上略有上浮[1]。而諸多民間機構估算，中國實際失業率早已達7%甚至超出這一警戒水平。城鎮登記失業率與實際失業率之間的差異化程度，恰恰反應了中國經濟和就業的非正規化水平，故本書對失業率的確定依然根據歷年統計數據中城鎮登記失業率的變化進行擬合，相比年鑒數據，這可能會高估城鎮就業人口和非正規就業人口數，但也正切合勞動力市場非正規趨勢下財政補貼人口範圍趨廣的模型假定。

7.1.2.3 財政投入子系統

如圖7-4所示，財政投入子系統是模型推演的重要內容，它反應的是政府參與養老保險制度建設的程度和財政資金流向，是描述政府責任，優化政府行爲的重要依據。該系統以人口子系統的運行爲基礎，同時在外部約束系統的影響下，是宏觀經濟週期性波動、政策偏好和財政投入導向，以及經濟發展水平等因素綜合作用的結果。模型中邏輯關係的確定和基礎數據的選擇遵循人群分類原則，以非正規就業人口和城鄉居民的經濟屬性和養老保險支付能力爲依據，基本養老金財政補貼支出規模是非正規就業人員和城鄉居民補貼的加總。

---

[1] 《中國統計年鑒2013》。

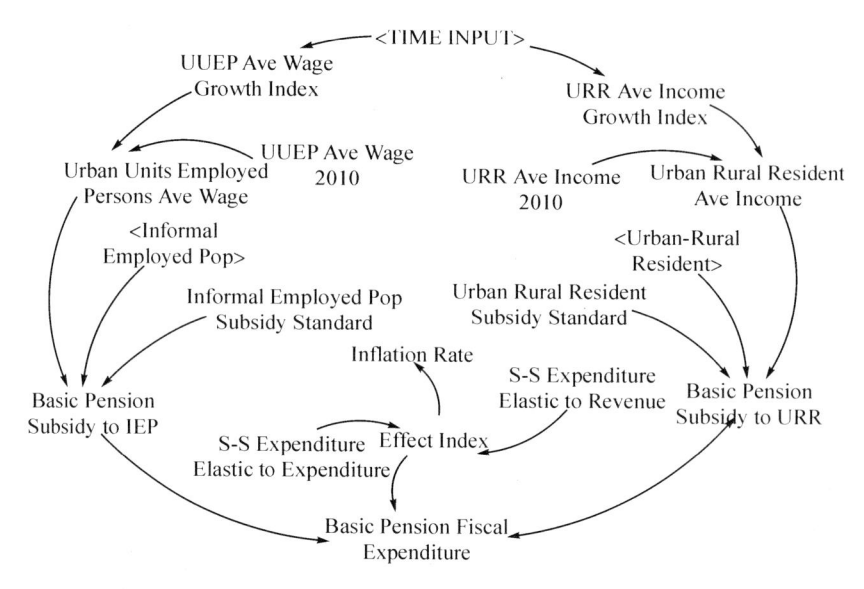

图 7-4　多層次養老保險制度系統環境之二：財政投入子系統

資料來源：Vensim 軟件模型構建窗口之一。

（1）城鄉居民基本養老保險補貼支出

根據城鄉居民的經濟屬性和人群分佈特徵，模型對城鄉居民補貼標準的確定以城鄉居民養老保險基礎養老金標準地區最高水平為參照，截至 2013 年，以北京市人均每月 390 元的標準為最高，這一待遇水平相當於城鄉居民人均可支配收入的 2%[①]。這一資金規模的投入既可採用匹配繳費的方式，亦可採取待遇補貼的形式或兩者兼有，加之匹配繳費的基金存量具有時間價值，因此以地區基礎養老金最高水平為參照並未高估財政支出的總水平。

同時，城鄉居民人均可支配收入基於歷史數據的擬合，其增長指數由表函數給出［見附錄(50)］。從歷史數據看，1978—2012 年，隨著國民經濟的快速發展，物質財富增長迅速，人民生活水平也得到了極大的提高，城鄉居民人均可支配收入由改革開放之初的 238.50 元/人/年增長到 2012 年的 16,241 元/人/年，是 1978 年的 68 倍。然而，受限於經濟發展的階段性和收入剛性，這一收入增長的巨大變化未必能夠被未來增長趨勢所複製。事實上從近期來看，經濟的包容性增長已使得收入變化趨緩且漸進正常化，與 2000 年之前各年份波動

---

① 城鄉居民人均可支配收入採用的歷史數據為城鎮居民人均可支配收入和農村居民人均純收入的加權平均。

較大的環比增速相比，2000—2012 年間的年均增速基本維持在 10% 的水平且有略微下降的恒定趨勢。因此，這一指標中表函數的給定是基本合理的。

（2）城鄉非正規就業人員基本養老保險補貼支出

同理，城鄉非正規就業人員的補貼標準確定同樣依據前文所界定的非正規就業人員經濟屬性和人群分佈。如果從狹義上將體制內就業和體制外就業等同於廣義的正規就業和非正規就業的區分，那麼，國家在基本養老保險制度內對該群體的補貼，實際上亦可看成是目前對廣大企業退休職工退休金待遇調整的資金源，同樣也可將目前對國企改革中「4050」人員的繳費減免作爲其補貼範疇。因此，在政策運行中，落實到微觀主體，這一補貼方式與城鄉居民相似，在前文所述的預警機制下，它既可以是繳費匹配的，亦可以是待遇補貼的。由於目前調待標準基本維持在退休人員個人養老金待遇水平的 10%，從歷史數據上看，這一額度相當於城鎮單位就業人員平均工資的 5%，以此爲依據，模型對補貼標準做出權重調整。

此外，受預警式養老保險制度類別的限制，財政對非正規就業人員的補貼並非必然發生，而僅僅是在計劃參與個人支付能力亦或待遇領取標準無法達到預設標準時政府才履行補貼責任。爲此，模型引入預警風險發生率以設限國家財政對非正規就業人員的補貼規模。該指標的確定基於近年來國家統計局公布的城鄉居民收入平均數和中位數情況，確定收入分配的人群差異。相關數據顯示，2013 年城鎮居民人均可支配收入和農村居民人均純收入分別爲 24,200 元和 8,896 元，兩者中位數與人均值的差距分別爲 2,755 元和 989 元，約占平均水平的 10%[①]。預警風險發生率以此爲基礎設定。

（3）綜合影響因子

綜合影響因子作爲影響基本養老保險財政補貼支出規模的重要參數，反應的是養老金制度內部自運行系統受外部環境的約束程度，它是基於通脹率和社會保障支出彈性編製的加權影響參數。

改革開放 30 余年來，中國通脹率的變化趨勢如前圖 3-2 所示，參照世界銀行基於 GDP 平減指數對年通脹率的測度，在 1999 年最低值和 1994 年最高值區間 [-1.3%, 20.6%] 的週期性震盪之後，30 年來中國通脹水平基本維持在 5.5% 左右，目前已由 2010 年和 2011 年連續兩年的 7% 下降至 2012 年

---

① 國家統計局：2013 年國民經濟和社會發展統計公報 [EB/OL]. 2014-02. http://www.stats.gov.cn/.

的3.6%①。

社保支出彈性是社會保障支出變化分別對財政收入變化和財政支出變化的比值的加權值。總體而言，近年來社會保障支出占財政收入和支出的比重基本維持在10%的水平。參照2007—2012年全國財政社會保障支出情況，在社會保障支出各項類別中，財政對社會保險基金的補助占較大份額，6年之間由最初的1,275億元增長到2012年的3,152億元，年均增長率達25.4%；相比包含了城鄉居民低保支出和行政事業單位離退休費的社會保障支出，后者年均增速爲19.5%，其資金規模由2007年的5,447.16億元增長至2012年的11,109億元②。考慮到城鄉居民養老保險的現行政策中將城鄉享受低保的適齡人群也納入了制度範疇，並將原補貼資金用於參保繳費的減免和補貼，故對社會保障支出彈性指標中社會保障支出規模的界定以總水平爲參照，而未採用以社會保險基金補貼指向的指標。歷史數據顯示，社會保障支出對財政收入和財政支出的彈性處於雙低狀態，水平相當。

7.1.2.4 企業發展子系統

基於財政子系統的模型推演，國家在養老保險制度責任的履行上，其經濟行爲主要通過基本養老保險層次的財政轉移支付或財政直補等方式進行。同時，在補充養老保險層次上，政府的履責還表現在對制度參與主體的繳費激勵。企業發展子系統正是延續了多層次架構中各制度及其參與主體互動的關鍵環節，它反應的是人口子系統與財政子系統共同作用之下的企業制度成本規模，是統籌考慮養老保險制度建設與企業競爭力提升的重要參考依據。該系統中對各類養老金計劃繳費水平作恒定處理，企業養老保險計劃參與成本由企業養老保險支出和補充性養老保險稅收優惠水平確定，由於各類商業性養老保險產品目前尚未啓動延稅試點，因此，模型中補充性養老保險的稅收優惠標準意指企業年金。

（1）補充養老保險稅收優惠水平

在企業發展子系統中，延稅比例、延稅基數和擠出效應參數是決定企業年金稅收優惠水平的重要指標。根據財稅〔2009〕27號文《對補充養老保險企業所得稅有關問題的規定》，企業支付補充養老保險費在不超過職工工資總額5%標準內的部分，在計算應納稅所得額時準予扣除，企業稅收優惠標準據此確定（見圖7-5）。

---

① 世界銀行國民經濟核算數據、經濟合作與發展組織國民經濟核算數據[EB/OL]. http://data.worldbank.org.cn.

② 中國財政年鑒2012. 2012年財政總決算[EB/OL]. http://www.mof.gov.cn/.

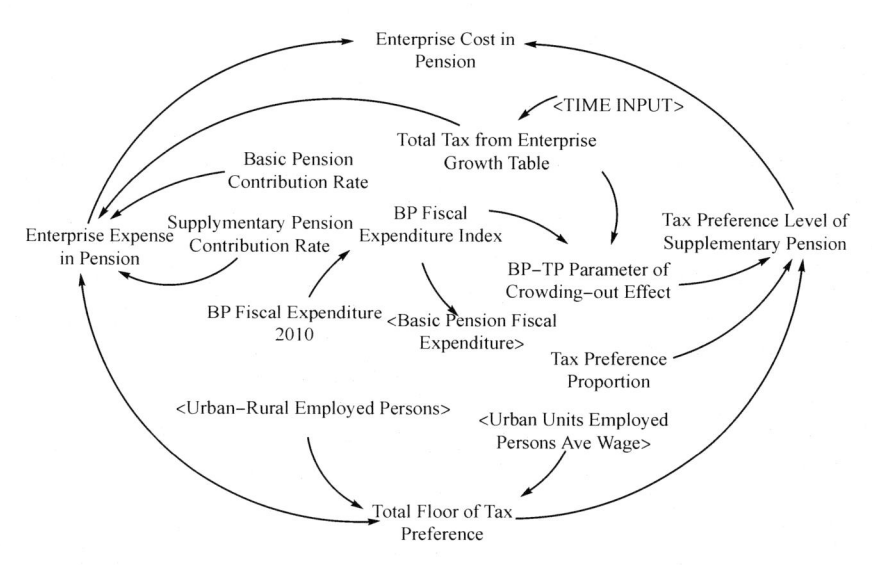

图7-5 **多層次養老保險制度系統環境之三：企業發展子系統**

資料來源：Vensim 軟件模型構建窗口之一。

　　由於模型假設了中國經濟和勞動力市場非正規趨勢的長期存在，以及多層次架構中各養老金計劃的替代性。同時，企業年金計劃的就業相關性又極強，在此背景下，企業年金計劃人口覆蓋面的擴大不是一蹴而就的，其範圍現階段將局限在有限的正規就業市場中。因此，筆者對決定延稅基數指標的選擇主要基於城鎮單位就業人員平均工資和城鄉就業人口，在人口和財政投入子系統中，兩變量已分別進行運算。在現實情境的模擬中，城鄉就業人口指標的採用擴大了目前僅限於正規就業人員範圍內的企業年金覆蓋面，高估了延稅基數，因此，這一統計效應的平衡將引入擠出效應參數。

　　依據模型假設，國家對企業年金稅收的優惠水平直接關係到基礎養老金轉移支付規模和財政直補的數額，亦影響企業年金所得稅規模，因此，由基本養老保險財政補貼支出指數和企業所得稅變化指數共同確定的擠出效應參數將反應這一關係鏈的變化和相互影響程度。基本養老保險財政補貼支出指數由2010年基本養老保險財政補貼實際規模及〔2010，2050〕運行區間內的其趨勢值決定；企業年金所得稅變化指數同樣以2010年實際值為基期，變化規律由表函數給出（見附錄-42）。相關數據顯示，2007—2012年間，中國企業所得稅年均增速維持在19.06%的水平，目前稅收規模已達19,654.53億元[①]。

---

① 《中國財政年鑒2012—2013》。

（2）企業養老保險支出

企業養老保險支出反應的是企業在多層次養老保險架構中對基本養老保險制度和企業年金計劃的參與程度和經濟負擔水平。其繳費基數和人口規模同樣以城鄉就業人員的參與爲基礎，制度繳費率分別以基本養老保險企業繳費比例和企業年金最高繳費比例爲參照，其中對企業年金的繳費成本同樣考慮了擠出效應參數的長期影響權重。

7.1.3 多層次養老保險體系制度驅動的情景分析

在系統環境中，制度行爲及其運行不僅受系統結構的影響，還與系統參數的取值密切相關。在中國養老保險多層次架構業已確立的大背景下，關鍵性參數的取值變化，均可影響制度演進的類別及改革發展方向。

從目前的制度架構來看，政府對制度投入不外乎有直接補貼和間接稅收優惠兩種形式，二者的投入水平雖在一定時期內存在擠占，但兩種投入路徑卻是不可替代的。單從各個制度來看，基本養老保險制度模式的選擇面臨「城市包圍農村」或「農村包圍城市」的兩大路徑[①]。前者在制度搭建和全覆蓋之前便已完成，正如相關研究所述，以統帳結合制度模式爲核心的城保制度成爲囊括各類人群的主體制度。而農村居民養老保險也曾經歷參照城保模式的政策試點，但由於試點成效不顯著，最終建成了以國家財政普惠爲保障的繳費型養老金計劃。因此，有學者認爲，「城市包圍農村」的制度演進路徑已然朝向「農村包圍城市」的方向發展。2014年國務院常務會議對城鄉居民基本養老保險制度並軌的決定，即是制度改革的第一步。相關研究更是直接指出城保制度自2005年開始至今連續十年的退休人員養老金待遇調整制度早已奠定了基礎養老金全國統籌的制度基礎，城鄉居民的基礎養老金普惠必定與由財政補貼的待遇調整機制相銜接，全國統一的制度模式將定型在「財政補貼型基礎養老金＋個人繳費型養老金」的制度框架內。

如前文所述，筆者的模型構建思路和理論假設顯然是綜合了「城市包圍農村」和「農村包圍城市」兩種路徑，其資源分配既兼顧了中央財政轉移支付和地方財政直補，又考慮到了間接稅收優惠及其在現階段的擠出效應；其制度模式亦是既考慮到對城保制度的預警式最低保障和匹配繳費，又兼顧到了對非就業無保障人群的養老普惠。

---

① 高書生. 社會保障制度何去何從 [M]. 北京：中國人民大學出版社，2006；盧海元. 制度的並軌與定型：養老保險制度中國化進入嶄新階段 [J]. 社會保障研究，2014（3）.

爲此，鑒於以上研究成果和相關討論，筆者所建模型的情景分析，旨在通過對部分外生變量的控制，以分析不同制度類別下多層次養老保險體系的運行成本和制度風險。

7.1.3.1 情景之一：以預警式社會保險制度爲主體的多層次架構

情景一所選擇的制度類別即是模型當前的運行模式。經濟發展及勞動力市場非正規化是該模式運行的基本前提；盡量以廣義就業的範疇實現城鄉群體的充分就業和養老保險制度參與的正規化是其制度目的。模型參數設置和系統運行如下：

（1）人口子系統

根據聯合國人口預測方案，在人口子系統中，假設人口出生率和死亡率至2020年的變化分別爲15.9‰和7.7‰，至2030年分別爲13.7‰和8.8‰，至2040年分別爲13.7‰和11‰，至2050年分別爲14.2‰和15‰，以2010年眞實數據爲基期，其總人口規模及其增長額變化如圖7-6所示，至2050年中國城鄉人口數將達到16.18億人，其中65歲以上的老齡人口規模將達4.38億人，其占總人口的比重由2010年的12.39%上升到26.59%，人口老齡化程度嚴重。

在人口經濟屬性和社會屬性的影響下，人口子系統中城鄉居民和城鄉非正規就業人員數將於2030年分別達到1.92億和7.07億人，兩群體的集合即是財政補貼需求人口，如圖7-7所示。這一補貼群體增速至2035年以後逐漸放緩，甚至在2045年以後呈略微下降的趨勢。說明就社會發展的階段性而言，社會群體的分化和階層的穩定需要較長的漸變時間。

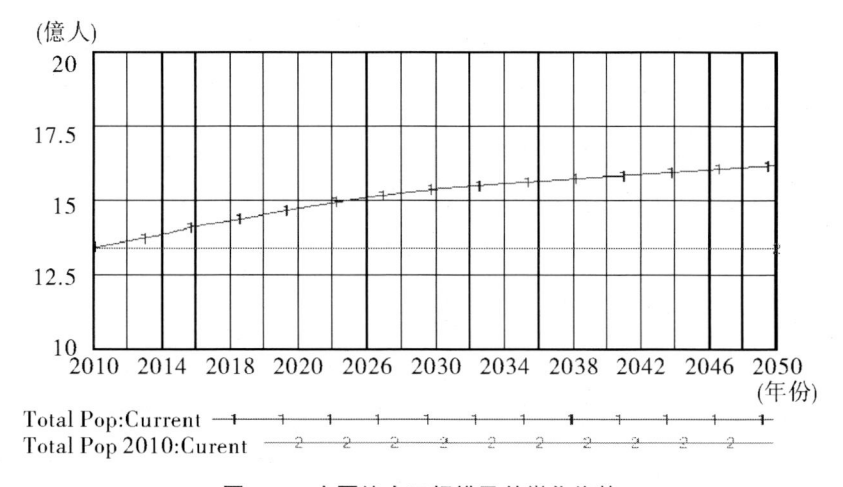

圖 7-6 中國總人口規模及其變化趨勢

資料來源：Vensim 軟件模型運行結果輸出窗口之一。

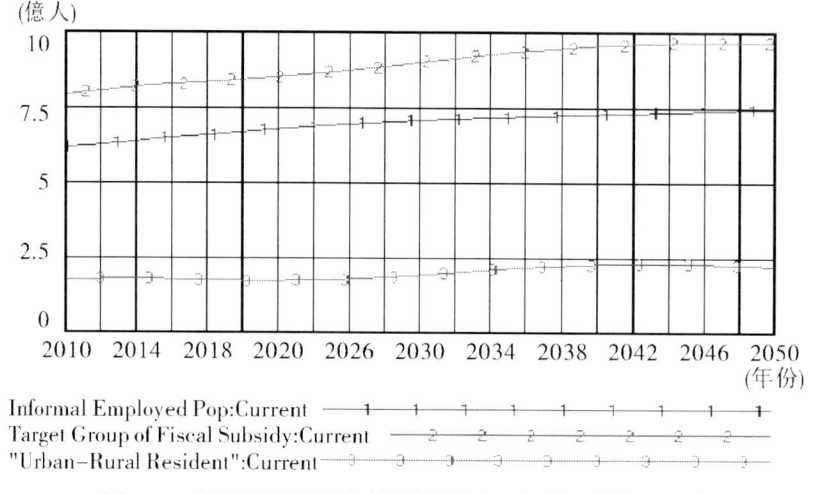

```
(億人)
 10
7.5
  5
2.5
  0
   2010  2014  2018  2020  2026  2030  2034  2038  2042  2046  2050
                                                              (年份)
Informal Employed Pop:Current        1   1   1   1   1   1   1   1   1   1
Target Group of Fiscal Subsidy:Current  2   2   2   2   2   2   2   2   2   2
"Urban-Rural Resident":Current       3   3   3   3   3   3   3   3   3   3
```

圖7-7　人口子系統中財政補貼需求人口規模及其變化趨勢

資料來源：Vensim軟件模型運行結果輸出窗口之一。

人口子系統的模型運行和仿真爲財政子系統和企業發展子系統提供了制度運行和系統互動的人口基礎。從目前的制度現狀看，至2013年年底被城保制度覆蓋的人口數達3.22億人，城鄉居民養老保險覆蓋4.98億人，二者合計的基本養老保險參保人口規模與模型運行基本吻合。同時，結合模型假設，在情景一預設的制度類別下，被城鄉居民覆蓋的大部分人群未來將被納入非正規就業的統計範疇，從而以就業關聯的預警式繳費型養老金計劃激勵其自我保障義務的履行，他們將在就業關聯的制度內享受國家財政的繳費匹配抑或最低養老金保障，同時那些長期無法進入勞動力市場且無任何社會化保障供給的小部分人群，也將獲得基礎性養老補貼的惠及。

（2）財政投入子系統

如前文模型搭建邏輯詳述，政府對城鄉居民和城鄉非正規就業人員的補貼以城鎮單位就業人員平均工資和城鄉居民人均可支配收入爲基礎，至2010年兩者年人均水平分別達3.65萬元和1.25萬元，根據歷史數據的擬合，其增速在2030年後逐漸趨於平緩，並略超出2010年收入水平的三倍，城鄉居民收入來源財政補貼的增長速度略高於單位就業。由通脹率和社會保障支出彈性決定的綜合影響因子被恒定維持在1.16的水平。城鄉居民和城鄉非正規就業人員的補貼比例分別爲0.03和0.05。養老金計劃個人參與的預警風險在非正規就業人員中發生的概率設定爲0.6。

(億萬元)

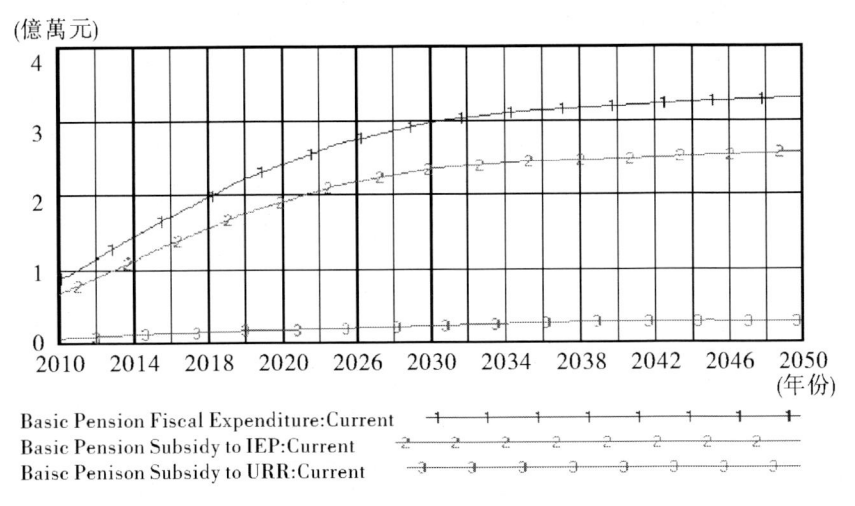

```
4 ┤
3 ┤                    ┌─────1─────1─────1─────1─────1
2 ┤        1───1───1   │ ─2─2─2─2─2─2─2─2─2─2─2─2
1 ┤    1─1        2─2─2
  │  1  2─2
0 ┤ 2  3─3─3─3─3─3─3─3─3─3─3─3─3─3─3─3─3─3─3─3
   2010 2014 2018 2020 2026 2030 2034 2038 2042 2046 2050
                                                    (年份)
```

Basic Pension Fiscal Expenditure:Current ─1─1─1─1─1─1─1─
Basic Pension Subsidy to IEP:Current ─2─2─2─2─2─2─2─2─
Baisc Penison Subsidy to URR:Current ─3─3─3─3─3─3─3─3─

圖 7-8　中國基本養老金財政補貼支出及其變化趨勢

資料來源：Vensim 軟件模型運行結果輸出窗口之一。

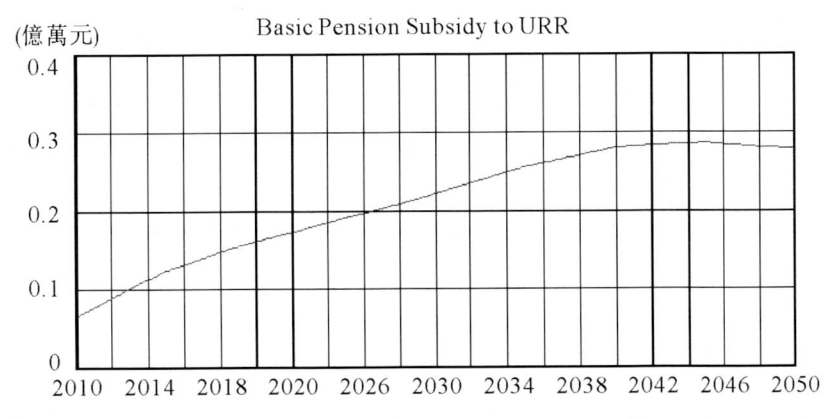

(億萬元)　　　　Basic Pension Subsidy to URR

```
0.4 ┤
0.3 ┤                              ╱────────────
0.2 ┤                    ╱────────
0.1 ┤         ╱─────────
  0 ┤────────
   2010 2014 2018 2020 2026 2030 2034 2038 2042 2046 2050
```

圖 7-9　中國城鄉居民養老保險財政補貼支出及其變化趨勢

資料來源：Vensim 軟件模型運行結果輸出窗口之一。

　　如圖 7-8 所示，受通脹率和社保支出彈性的綜合影響，國家財政對基本養老保險補貼的支出水平比名義值略高，2020 年以前增速較快，近 10 年年均增長率維持在 10% 的水平；2020—2030 年補貼支出增速明顯放緩，年均增速降至 3%；其后支出規模變化相對平穩。相比總支出規模和對非正規就業人員的補貼支出，國家財政對城鄉居民養老保險財政補貼支出及其變化趨勢（見圖 7-9），其平穩期顯然比前兩者到來得更晚，已至 2040 年；甚至在其后還有略微下降的趨勢。一方面，這說明了城鄉居民可支配收入相對單位就業人均工資

水平而言，收入剛性較弱；另一方面，城鄉居民補貼規模走勢的略微下行，也說明了宏觀經濟對就業的吸納逐漸增強。由於模型運行的時間跨度較長，因此，這也是經濟社會階段性發展這一客觀現實的統計反應。

此外，從制度現狀對模型政策仿真的檢驗情況看，模擬系統和現實系統基本吻合。相關數據顯示，2012 年中國財政對城保制度的財政補貼已達 2,618 億元，城鄉居保制度的財政補貼約 1,356 億元，當期兩制度分別覆蓋 3.04 億人和 4.84 億人①。這一制度現狀反應了目前基本養老保險制度的「人—財」匹配關係：財政補貼需求人口在 7.88 億人時，與之相匹配的現期補貼規模為 3,974 億元。

而在模型假設下的政策仿真中，2012 年的財政補貼需求人口已達 8.05 億人，財政補貼規模擴大至 1.14 億萬元。這一模型仿真結果是對目前城鄉居保養老金水平趨低、非正規就業人口待遇最低保障機制不完善的政策優化；同時，相比 2012 年 117,210 億元的國家財政收入規模，模型仿真的補貼支出值約占其 10%，這與目前囊括城鄉低保、行政事業單位離退休費、社會保險基金補貼及就業津貼等多個項目在內的社會保障支出份額基本吻合②。以預警式養老保險制度為主體的多層次架構，其初衷旨在統籌整合財政補貼資源在不同老年經濟保障計劃中的分配，提高政府財政效率。模型仿真邏輯的設定和系統運行嚴格遵循這一制度目標。

（3）企業發展子系統

基於模型設定的系統參數和前文假設的運行邏輯，企業發展子系統除了基於補充養老保險補貼需求的人口基礎和財政投入標準作出反饋以外，制度性約束也是不可忽視的重要因素。以基本養老保險財政補貼支出指數和企業所得稅變化指數確定的擠出效應參數正是反應制度性約束的關鍵變量，其變化如圖 7-10 所示。自 2009 年國家發布相關政策對企業稅收優惠額度進行調整，企業年金計劃發展便進入了政策集中期。尤其是 2012 年基本養老保險制度全覆蓋以後，在充分發揮市場在資源配置中起決定性作用的背景下，推動補充性養老保險擴面、優化多層次養老保險體系架構成為當下改革的重要內容。因此，至 2015 年、2020 年和 2025 年，其間三階段，企業年金制度將經歷梯度擴面和分階段強化，其間，擠出效應參數將維持在 [0.67，0.86] 的區間水平內，區間值越接近 1，則企業年金稅收優惠水平越接近其常態下的真實值，因此，從模

---

① 國務院新聞辦公室.人力資源和社會保障部 2012 年第四季度新聞發布會 [EB/OL]. 2013-01-28. http://www.scio.gov.cn/.

② 根據《中國財政年鑒 2012》「全國財政社會保障支出情況表」，2007—2011 年，社會保障支出占財政支出比重基本維持在 10% 左右。

擬趨勢上看，基礎養老金對企業年金計劃的擠出效應將逐漸減弱。

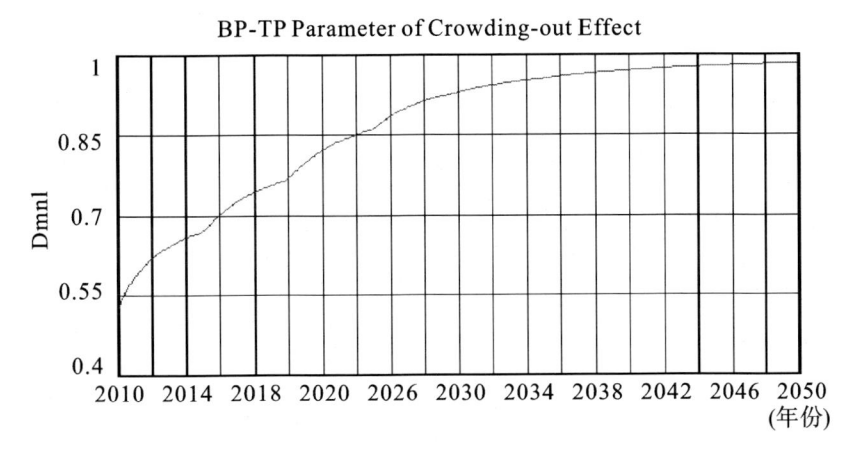

BP-TP Parameter of Crowding-out Effect

圖 7-10　中國基本養老保險補貼對補充養老金計劃稅收優惠空間擠出的趨勢變化
資料來源：Vensim 軟件模型運行結果輸出窗口之一。

在基本養老保險和企業年金計劃人口覆蓋面均衡化的前提下，相比現行的企業年金稅收優惠比例和仿真的稅收優惠水平，企業養老保險負擔無疑是過重的，如圖 7-11 所示，在基本養老保險和企業年金合計 28% 的費率水平下，全國企業養老保險支出數億萬規模將躍升至 [5.60, 21.90] 這一區間，而企業所得稅優惠額度僅維持在 [0.74, 5.21] 的規模，同時企業年金稅收優惠規模在 2020 年之前增速較快，其後趨於平緩，而企業養老保險總支出增速平緩期較年金稅收優惠約延遲 10 年。

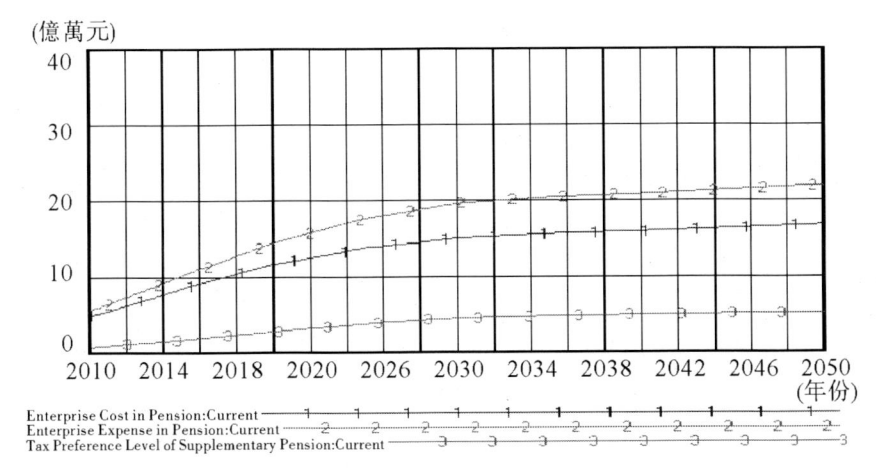

Enterprise Cost in Pension:Current ——1——
Enterprise Expense in Pension:Current ——2——
Tax Preference Level of Supplementary Pension:Current ——3——

圖 7-11　中國補充養老保險稅收優惠水平與企業養老保險支出及成本規模和變化
資料來源：Vensim 軟件模型運行結果輸出窗口之一。

綜上，結合三大子系統各制度主體的負擔水平和互動關係，可以判斷，在經濟非正規趨勢長期存在的背景下，以預警式養老保險爲主體的多層次制度，政府對補貼需求人口的財政投入需維持在相當規模之內而非減少，這是促成經濟轉型的必要步驟。而企業養老保險成本的降低完全依賴有限的稅收優惠額度是行不通的，它有待於養老保險繳費水平的整體降低和繳費比例的結構調整。

7.1.3.2 情景之二：以普惠式非繳費型養老金制度爲基本的多層次架構
（1）系統環境的變化

區別於預警式養老保險的主體制度，以普惠式非繳費型養老金計劃爲基本的多層次制度在運行邏輯和系統參數上存在以下三方面的調整：

一是財政補貼目標群體的變化。有別於情景一兼顧人口經濟屬性對補貼需求人口的細化和區分，在情景二中，國家財政對養老保險的補貼主要集中在非繳費的社會養老金層面，它將惠及所有60歲以上的老年人口，對老年經濟風險起到最基本的保障作用。既然存在養老普惠的安全網，對就業關聯的繳費型養老金計劃的財政補貼則相應被擠出，支付能力尚弱者則在達到退休年齡之後自動納入養老普惠的範疇。鑒於此，爲避免道德風險和逆向選擇，非繳費型社會養老金的水平較低，爲簡化指標選擇的程序，模型參數設定依然基於城鄉居保制度基礎養老金的地區最高水平。同時，補充養老保險目標群體與情景一相同，且覆蓋面維持在理想水平。

二是養老保險負擔水平的調整。在設立非繳費型養老金計劃的多層次架構中，就業關聯的強制型第一層次養老保險制度單位繳費水平將降低，由原來的20%降至10%；同時，該制度類別更加注重自願性補充性繳費計劃保障功能的發揮，因此，稅收優惠額度由情景一的5%調高至7%。

三是養老保險多層次架構中各類計劃的基礎效應微弱。由於財政對基本養老保險制度的投入主要集中於非繳費型計劃中，因此，第一層次就業關聯的強制制度與補充性養老保險的替代關係並不明顯，故模型運行中忽略原模型的擠出效應參數。

（2）模型設定的調整

如圖7-12所示，在財政補貼政策和目標群體的變動下，兩系統的相關變量進行了整合與簡化，此時，人口老齡化程度成爲政府亟須重視的首要因素，它決定了60歲以上人口的增速和規模，這是決定非繳費性養老金規模變化的核心變量。同時，企業養老保險成本除了在繳費比例和稅收優惠額度上有所調整，其他系統環境的運行基本遵循情景一的設定，如圖7-13所示。

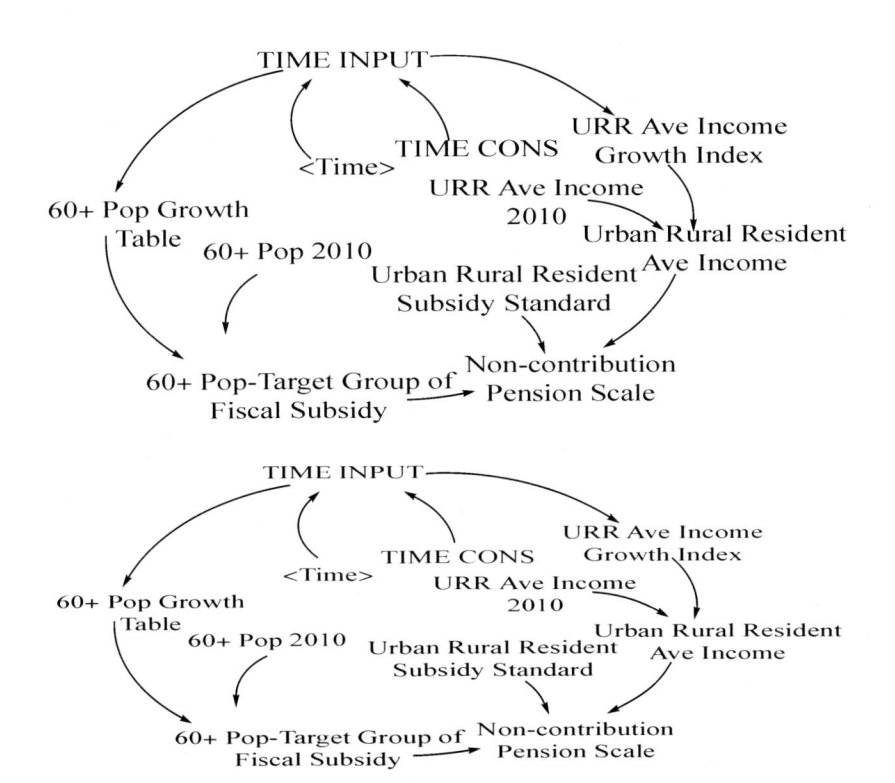

圖 7-12　情景二：人口子系統—財政投入子系統的運行

資料來源：Vensim 軟件模型構建窗口之一。

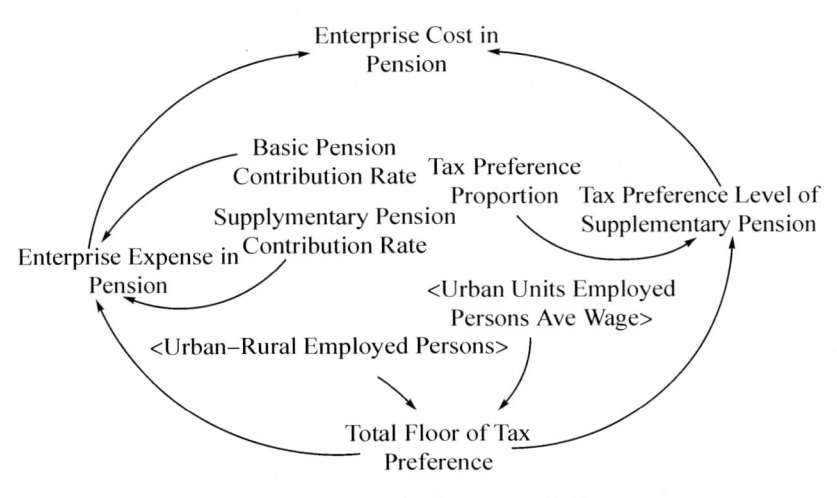

圖 7-13　情景二：企業發展子系統的運行

資料來源：Vensim 軟件模型構建窗口之一。

(3) 情景模擬結果的差異

基於以普惠式非繳費型養老金制度爲基本的多層次架構假設，情景二的運行結果如下：一方面在人口子系統中，與情景一相比，其億萬元規模的財政投入明顯縮小，基本維持在 [0.07，0.57] 區間內。而企業養老保險支出成本也因繳費比例的降低而有所減少，其稅收優惠水平維持在 [1.95，7.41] 區間的億萬元規模，整體水平高於情景一（見圖 7-14、圖 7-15）。

此外，從財政投入子系統和企業發展子系統的互動關係來看，前兩者的因果聯繫依然存在，但企業發展子系統與前兩者的相互作用因爲擠出效應的消失而弱化。

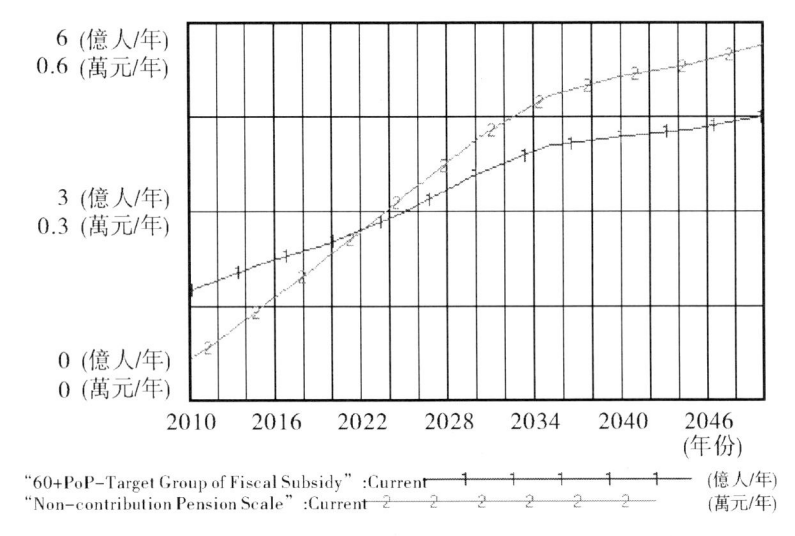

"60+PoP-Target Group of Fiscal Subsidy" :Current ————1————1————1———— (億人/年)
"Non-contribution Pension Scale" :Current ——2——2——2——2——2—— (萬元/年)

圖 7-14　情景二：財政補貼目標群體及其資金需求規模

註：爲方便模型運行中的單位計算需對其進行特殊處理，故圖中顯示 wanyuan/yiren 的單位實爲 yiwanyuan/year（億萬元/年）。

資料來源：Vensim 軟件模型結果輸出窗口之一。

(億萬元)
20

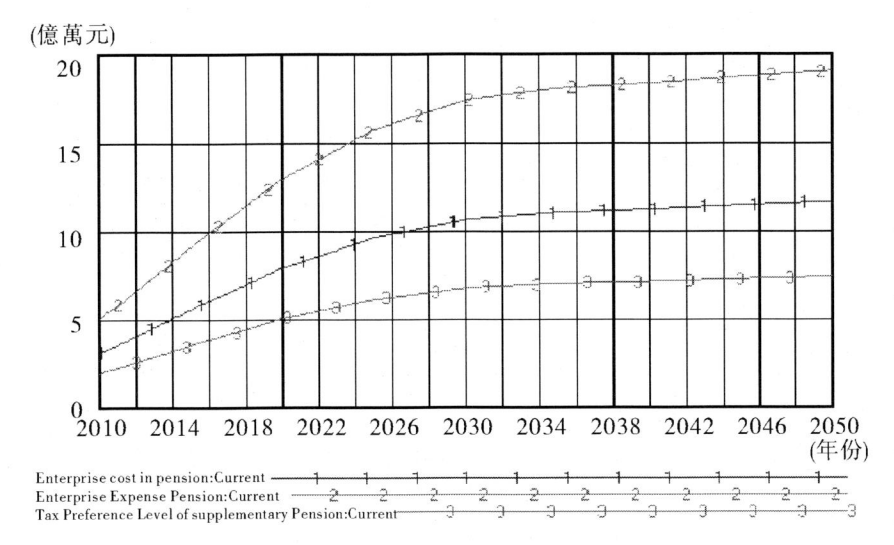

15

10

5

0
2010 2014 2018 2022 2026 2030 2034 2038 2042 2046 2050
(年份)

Enterprise cost in pension:Current —1——1——1——1——1——1——1——1——1——1——1—
Enterprise Expense Pension:Current —2——2——2——2——2——2——2——2——2——2——2—
Tax Preference Level of supplementary Pension:Current —3——3——3——3——3——3——3——3——3——3——3—

圖 7-15　情景二：補充養老保險稅收優惠水平及企業支出成本變化

資料來源：Vensim 軟件模型結果輸出窗口之一。

7.1.4　多層次養老保險體系制度驅動和政策仿真的研究結論

從前文的仿真過程可以看出，多層次養老保險體系以人口的自然增長和經濟分化為前提，其制度運行有賴於人口子系統中非正規就業人口和城鄉居民規模的變化。而財政投入子系統在人口子系統運行的基礎上，增加了各資金投入板塊的競爭效應和擠出因子，在與企業養老保險制度參與成本聯動的基礎上，將勞動力市場因人工成本上升而引起的失業與人口子系統的變化以及財政補貼人口相聯繫，構成了政策仿真的邏輯圈。

從政策仿真的結果分析，可以得到如下結論：

第一，無論是選擇「情景一」的「以預警式社會保險制度為主體的多層次架構」還是「情景二」中「以普惠式非繳費型養老金制度為基本的多層次架構」，國家財政的規模性投入趨勢短期內不會改變。

第二，「情景一」和「情景二」的區別在於改革路徑和方向的不同選擇：

（1）前者將制度預期引向以社會保險為主體的多層次架構中，其政策焦點是就業市場的激活和保障體系的均一化；

（2）后者將制度預期引向以養老普惠為主體的多層次架構，其政策焦點是政府的「底線履責」，而就業市場的差異化發展則不是政府關注的焦點。

第三，路徑選擇：鑒於中國目前的區域差異和市場主體的分化程度，在可

預期的經濟社會發展水平下，仍適合選擇「情景一」。因爲政府不僅需要「底線履責」，更重要的是通過就業市場的正規化引導和勞動力市場的激活，培育多層次養老保險體系的自運行機制，而非政府干預下的永久性助推。

7.2 多層次養老保險體系制度運行的行爲驅動

養老保險制度運行不僅受系統環境的驅動，制度參與主體的偏好和行爲範式也直接影響其政策選擇和制度的運行。因此，分析制度參與主體的資源約束和行爲偏好，並描述其決策動機是揭示養老保險制度優化和系統驅動的重要內容。除了制度主體資源約束的分析，鑒於政府在制度運行中的主導力，本節主要集中推演中央與地方的博弈關係。考慮到中央政府與地方政府作爲政治理性人的假設，前者除追求全國經濟總量規模的擴大以外，還肩負著維護社會穩定的職責；后者則無須考慮全國統籌，其主要的政策目標則是爲地方局部的經濟社會利益服務。因此，兩者在促進養老保險制度發展等民生項目及強化經濟發展上存在一定的擠出效應和替代關係，下面的博弈模型正是以此爲基礎建立的。

7.2.1 制度主體的資源約束

公共選擇理論將經濟理性的基本假設拓展到政治領域，指出經濟人的理性特徵和需求同樣存在於政治理性人之中，認爲政治過程與經濟過程類似，其實質仍然是一種基於利益最大化的博弈過程。將政治理性人假設引申到中國社會保障制度改革領域亦同樣適用。在前面的分析中，爲使論述邏輯更加清晰，筆者一直將制度參與主體簡化爲個人、企業和政府三類。然而，在實際運行中，制度的相關利益主體遠比理論分類更爲複雜。

7.2.1.1 中央政府與地方政府的權責分配

從中國政府機構改革和財稅體制改革的歷程來看，中央政府與地方政府之間、國務院各類職能部門之間，最核心的利益關係在於財權和事權的分配。目前，養老保險制度運行的事權主要在地方，由於多數地區尚未達到省級統籌，基金微觀徵繳範圍內的狹義財權也由地方承擔；而廣義範圍的財權則視不同的階段和項目類別以差異化的權重分佈於中央與地方間。

根據現行的財政轉移支付和稅收共享辦法，不考慮轉制成本問題和最終的兜底責任，在基本養老保險層次的常規補貼中，國家財政履責範圍主要包括城

保制度的退休金「調待」和城鄉居保制度「進口+出口」的財政補貼。中央財政通過轉移支付的形式基本承擔了中國東部地區的部分和中西部地區的全部待遇補貼支出；而東部地區地方政府則需承擔50%或以上的待遇補貼支出和城鄉居保的繳費補貼；地區制度水平擬高於國家標準的部分，仍由地方政府承擔。

在補充養老保險層次，由於商業性養老保險尚無延遲納稅和其他優惠政策的出抬，因此國家財政責任的間接履行主要集中在企業年金計劃的稅收優惠上。目前企業所得稅和個人所得稅均屬於中央地方共享稅，除鐵路運輸、國家郵政、中國工商銀行、中國農業銀行、中國銀行、中國建設銀行、國家開發銀行、中國農業發展銀行、中國進出口銀行以及海洋石油天然氣等企業繳納的所得稅作爲中央收入外，其余企業所得稅和個人所得稅中央與地方按6：4的比例分享[1]。從收入共享的分配原則來看，企業年金延遲納稅政策的普及，將同時影響中央政府與地方政府的稅收收入。

7.2.1.2 企業與個人的收入約束

代際交叠模型所構建的理論假設爲微觀個體的收入分配提供了跨期安排的理想範式，在這一理論設定下，個人將青年時期的收入分爲當期消費和跨期儲蓄兩部分，企業在人工成本和收入上也會分別考慮當期員工福利和退休支出。然而，在完全競爭的市場中，企業和個人等微觀主體在經濟理性假設下，其制度參與多受當期經濟能力和經濟預期的影響。具體而言，企業的主營業務收入、利稅總額及其人工成本，個人的現金收入和消費支出及其結構，均對微觀主體的決策行爲產生影響。

企業方面，考慮到國有企業的演進歷程及其財務運作方式和大型企業的經濟支付能力，筆者將制度參與的焦點集中在廣大中小企業的支付參與能力。從利稅指標上看，相關數據顯示，中國規模以上中小企業年度主營業務收入可達482,937.1億元，利潤總額34,962.6億元，其核心利潤率爲7.2%，年度稅金總額分別占二者的3.7%和51.1%[2]。規模以上中小企業的收支運行顯示其較重的稅收負擔和較多的成本項目。同時，鄉鎮企業在其利潤率爲5.9%的情況下，所納稅金也僅分別爲其總產值和企業利潤的2.4%和41.36%[3]。

個人方面，從城鄉居民家庭人均收入水平和現金支出情況看，2012年養老保險制度全覆蓋前後，中國城鎮居民家庭人均可支配收入和農村居民家庭人均純收入分別達21,809.78元和6,977.29元，在城鄉恩格爾系數分別維持在

---

[1] 國務院《關於印發所得稅收入分享改革方案的通知》（國發〔2001〕37號）。
[2] 數據來源：《中國中小企業年鑒2012》《中國統計年鑒2012》。
[3] 數據來源：《中國鄉鎮企業及農產品加工業年鑒2012》。

36.3%和40.4%的水平時,其現金支出占收入的比重可高達69.5%和67.8%。①

如上所述,企業和個人的制度參與能力和繳費空間被限制在二者當期的收支平衡線以內,因此,在國家強制參與的基本養老保險上,企業存在少繳和逃繳的利益考慮,而個人也可能與企業達成某種契約,盡可能多的兌現當期收入,而非積極參保繳費,比起延期獲得的老年經濟保障,貨幣的機會成本和時間價值更爲可貴。

7.2.2 完全信息條件下中央與地方政府的博弈

理論上,筆者假設行政管理體制是上行下達的,且信息是完全通暢的。地方政府作爲下一級的行政機構與中央政府存在代理委託關係,前者是代理人,後者是委託人,兩者共存在一個激勵相容的機制內,代理人的任何政策行爲和決策行動都將以滿足委託人的目標爲準則。

如前所述,中央政府和地方政府在財權和事權上的關係即爲二者的博弈基礎。假設中央政府面臨促進民生和強化經濟發展兩種選擇,且兩者存在替代關係,內容上前者包括民生保障領域的轉移支付或以弱化經濟增長和稅收所得的還利於民;后者主要指片面追逐經濟增長但在民生建設和投入方面相對滯後。以此爲基礎,地方政府在地方性民生建設和經濟發展的權衡下,則相應面臨積極推動和消極抵觸的這兩類選擇。

以 R_C 代表中央政府在經濟社會的正常運轉中所獲得的各類收入,R_L 代表地方政府獲得的各類收入,R_{CL} 代表中央地方的共享收入,包括企業所得和個人所得在內的各項共享稅。

當中央決定強化經濟發展時,將調動一切可調配的資源做大經濟總量規模,包括提高應稅比例,弱化稅收減免和優惠等,在這一系列促增長措施的刺激下,短期內中央和地方的共享收入會增加,按照前文所述的6∶4這一分稅比例,收入增量中央可得 $0.6R_{CL}$,地方可得 $0.4R_{CL}$。在這一假設下,如果中央政府強化經濟,地方政府順勢而動也積極推動,那麼兩者的收益函數即爲 $(R_C+0.6R_{CL},\ R_L+0.4R_{CL})$;反之,如果中央政府極力推動經濟增長,而地方政府卻有地方性考慮消極抵觸放緩增速,那麼兩者則會損失因強化經濟發展而獲得的可期收入,產生機會成本,此時收益函數表現爲 $(R_C-0.6R_{CL},\ R_L-0.4R_{CL})$。

---

① 數據來源:《中國統計年鑑2012》。

在原有的經濟環境和結構下，如果中央政府意識到片面強化經濟效應的不利影響而決定放緩經濟增速強化民生投入，通常則會利用稅收調節槓桿或是民生投資重新讓利於民。在此條件下，地方政府亦面臨兩種選擇。若其繼續追隨前期思路強化經濟而對民生投入不作爲，那麼中央政府需要付出穩定社會發展的成本，假定其總額爲 C，同時假定這一維護社會穩定的支出成本大於由於地方政府繼續強化經濟增長而上繳給中央政府的部分共享收入，即 $C > 0.6R_{CL}$；而地方政府的消極抵觸行爲也同樣需承受中央政府政策傾斜和經濟制裁的成本（懲罰成本），以 P 代之。爲保證這種懲罰的效果，需假設中央政府的懲罰成本 P 大於地方違反中央政策而得到的那部分收益，即 $P > 0.4R_{CL}$。基於此，中央與地方的收益函數分別爲 $(R_C - C, R_L - P)$。如果地方政府依中央政府的政策信號而動，則雙方相安無事，中央政府理應得到自己應得的那部分收入，而地方政府亦同理，雙方所得收益將不少於某一初始點上的收入存量，本書假定其分別爲 (R_C, R_L)。

綜上，可得到中央政府和地方政府四個收益矩陣，中央政府強化經濟時，地方政府存在兩種選擇，如圖 7-16 所示。

		地方政府 推動經濟	地方政府 投資民生
中央政府	強化經濟	$(R_C+0.6R_{CL}, R_L+0.4R_{CL})$	$(R_C-0.6R_{CL}, R_L-0.4R_{CL})$
中央政府	促進民生	(R_C-C, R_L-P)	(R_C, R_L)

圖 7-16 完全訊息條件下中央政府與地方政府的博弈

如上述矩陣所示，在中央政府強化經濟發展時，地方政府順時而動，中央政府得到的收益爲 $(R_C+0.6R_{CL})$，地方政府得到的收益爲 $(R_L+0.4R_{CL})$；如果地方政府消極抵制了中央政府片面追求經濟增速的行動，則中央政府與地方政府相應的得到的收益分別爲 $(R_C-0.6R_{CL})$，$(R_L-0.4R_{CL})$。不難看出，無論是中央政府抑或地方政府，從收益函數來看，前者嚴格優於後者。作爲政治理性人而言，雙方均會作出相對於對方策略的最優反應，即 $(R_C+0.6R_{CL}, R_L+0.4R_{CL})$。爲此，當中央政府強化經濟時，其納什均衡點爲 $(R_C+0.6R_{CL}, R_L+0.4R_{CL})$。

情形之二是，當中央政府根據經濟環境和發展形勢的變化決定促進民生而放緩經濟增速時，中央政府和地方政府分別面臨的兩種選擇爲：(R_C-C, R_L-P) 和 (R_C, R_L)，根據前文 $C > 0.6R_{CL}$ 和 $P > 0.4R_{CL}$ 的假定，顯然，於中央政府而言，R_C 嚴格優於 R_C-C；同時，就地方政府而言，R_L 嚴格優於 R_L-P。爲此，

(R_C，R_L）即是中央政府促進民生放緩經濟增速時的納什均衡點。

綜上，中央政府與地方政府博弈的兩個納什均衡點分別為：（$R_C+0.6R_{CL}$，$R_L+0.4R_{CL}$）和（R_C，R_L）。從制度的實際發展和經濟的實際運行情況來看，由於中央政府和地方政府有著自己獨立的收入渠道和利益，在激勵相容的博弈模式中，地方政府若要獲得更多的地方利益，必須通過獨立於中央的收入渠道解決，而非從中央與地方共享利益中贏得額外收益。因此，在養老保險制度擴面時就會出現此種現象。在基本養老保險層面，當中央政府積極擴面時，地方政府亦積極回應，因為基本養老保險的發展未從根本上撼動地方政府的利益，兩者財政規模的增大仍依賴的是原有的收入來源和途徑；加之中央政府還擔負著維護全國經濟社會穩定的職責，由於中央無法在短期內調整收入結構，而它又同時掌握著對地方政府的懲罰權，因此兩級政府之間的追隨行動會維持下來。

同時，當中央政府強化經濟增長時，地方政府無疑也會迅速擴大生產投資，此時借勢於經濟增長的爆發力和乘數效應而迅速增大地方財政規模，已遠超過中央和地方政府在企業年金稅收優惠上的收入規模而最終實現利益最大化。

7.2.3 不完全信息條件下中央與地方政府的博弈

前文完全信息條件下中央與地方兩級政府的博弈是在信息完全暢通和政令上行下達的前提條件下進行的，雙方都知道彼此的選擇，且會依據對方行動而作出利益最大化的優勢選擇。但事實是在實踐中，地方政府往往不確定中央政府何時會採取何種措施和政策導向，其經濟措施或民生意願是間接行為還是直接行為，更不清楚自己在採取逆反行為后中央政府的懲罰成本有多大。以此為基礎，筆者將放鬆原假設以推演中央政府和地方政府的政策選擇。

在博弈關係中，博弈雙方較難確定的是在消極抵觸的反應策略下，中央政府為維護社會穩定所付出的成本，它可能導致巨額的財政赤字，也可能出現嚴重的通貨膨脹；地方政府也未必能夠確定自己私自行事後的所得收益，這使得經濟調控未在一個規範的體系內進行。同時，地方政府往往存在機會主義傾向，為了維護地方利益私自採取有利於當前地方經濟發展和社會穩定的發展措施，不按中央的「招呼」辦事。加之中央政府和地方政府在財權和事權上有時是模糊不清的，地方政府有可能投入了較大的人力物力而並未獲得相應的地方收益；同理，中央也未必能夠完全得到其共享的份額。以上三方面的因素，使得雙方的博弈具有不完全信息。

在此種情景下，前文所述的假設將作出相應調整。仍然用 R_C、R_L、R_{CL} 分

別代表中央政府收入、地方政府收入、中央和地方共享收入。如果中央強化經濟發展，則短期內中央和地方的共享收入會增加，但無法確定增加額，因此，當中央強化經濟，地方政府順勢而行的情況下，兩者的收益函數為 [R_C+δR_{CL}，R_L+(1-δ)R_{CL}]。如果中央強化經濟、地方卻逆勢而行消極抵觸，則中央會因地方經濟的緩速而損失由擴大再生產而帶來的部分收入，此時，兩者的收益函數為 [R_C-δR_{CL}，R_L-(1-δ)R_{CL}]。如果中央政府意識到地方政府的抵觸行為產生了影響社會穩定的不利因素，則可能通過間接的調控手段使地方政府受到限制和懲罰，中央政府為社會穩定付出的成本為 C，但此時並不能確定該成本是嚴格大於或是小於地方政府加速經濟發展上繳給中央政府的部分共享收入；同時，也無法確定地方政府所付出的懲罰成本是嚴格大於抑或小於地方政府違反中央政策所得到的收益；此時，中央政府與地方政府的收入函數仍然為 (R_C-C，R_L-P)。同理，地方政府若追隨中央政府促進民生發展的改革信號，則二者的收益仍然為 (R_C，R_L)。

基於此，中央政府與地方政府的收益矩陣如圖 7-17 所示。

		地　方　政　府	
		推動經濟	投資民生
中央政府	強化經濟	(R_C+δR_{CL})，[R_L+(1-δ)R_{CL}]	(R_C-δR_{CL})，[R_L-(1-δ)R_{CL}]
	促進民生	(R_C-C，R_L-P)	(R_C，R_L)

圖 7-17　不完全訊息條件下中央政府與地方政府的博弈

此時，由於不確定性的存在，矩陣中孰優孰劣暫時無法直接判斷，它直接構成了混合戰略均衡問題，根據海薩尼轉換①，可求出博弈的均衡解。

以 θ 代表中央政府強化經濟發展的概率，γ 代表地方政府推動經濟發展的概率；在給定 θ 的前提下，中央政府選擇強化經濟發展（θ=1）和促進民生（θ=0）的期望收益分別為：

$E_{f_1}(1,\gamma) = (R_C+\delta R_{CL})\gamma + (R_C-\delta R_{CL})(1-\gamma)$

$E_{h_1}(0,\gamma) = (R_C-C)\gamma + R_C(1-\gamma)$

由 $E_{f_1} = E_{h_1}$ 得：

$$\gamma^* = \frac{\delta R_{CL}}{2\delta R_{CL}+C}$$

---

①　即將不完全信息轉變成為完全但不完美信息，將不確定性條件下的選擇轉換為風險條件下的選擇。

如果地方政府片面追求經濟發展的概率，取決於中央政府從地方經濟增速提高后所獲得的收益與付出社會穩定成本之比。當地方推動經濟發展的概率小於 $\frac{\delta R_{CL}}{2\delta R_{CL}+C}$ 時，中央政府從地方經濟發展中所獲得的收益需大於所支付的維穩成本，故中央政府的最優選擇是強化經濟發展；當地方政府伺機推動經濟發展的概率大於 $\frac{\delta R_{CL}}{2\delta R_{CL}+C}$ 時，則中央政府從地方經濟發展中所獲得的收益要小於其支付的維穩成本，此時中央政府的最優選擇則是促進民生發展；當地方推動經濟發展的概率等於 $\frac{\delta R_{CL}}{2\delta R_{CL}+C}$ 時，中央政府從地方經濟發展中所獲得的收益等於其付出的維穩成本，中央政府的最優選擇即是作出強化經濟與民生發展間的隨機的行爲均可。

給定 γ，地方政府選擇推動經濟發展和投資民生的期望收益爲：

$E_{f_2}(\theta,1) = [R_L+(1-\delta)R_{CL}]\theta+(R_L-P)(1-\theta)$

$E_{h_2}(\theta,0) = [R_L+(1-\delta)R_{CL}]\theta+R_L(1-\theta)$

由 $E_{f_2} = E_{h_2}$ 得：

$$\theta^* = \frac{1}{\frac{2R_{CL}\theta(1-\delta)}{P}+1}$$

如果中央政府強化經濟發展的概率小於 $\frac{1}{\frac{2R_{CL}\theta(1-\delta)}{P}+1}$，當地方政府所得到的收益小於其懲罰成本，即 $2R_{CL}\theta(1-\delta)<P$，地方政府的最優選擇是順勢而行推動經濟發展。若中央政府強化經濟發展的概率大於 $\frac{1}{\frac{2R_{CL}\theta(1-\delta)}{P}+1}$，當地方政府所得收益大於懲罰成本，即 $2R_{CL}\theta(1-\delta)>P$，地方政府的最優選擇是投資民生。如果中央政府強化經濟發展的概率等於 $\frac{1}{\frac{2R_{CL}\theta(1-\delta)}{P}+1}$，當地方政府所得收益等於懲罰成本，即 $2R_{CL}\theta(1-\delta)=P$，地方政府將隨機的選擇強化經濟抑或投資民生。

綜上所述，該混合戰略的均衡點爲：(θ^*,γ^*)，據此，中央政府以

$\dfrac{1}{\dfrac{2R_{CL}\theta(1-\delta)}{P}}+1$ 的概率強化經濟發展，地方政府以 $\dfrac{\delta R_{CL}}{2\delta R_{CL}+C}$ 的概率投資民生。

7.2.4 多層次養老保險制度運行中的行爲驅動規律

隨著行爲經濟學、社會心理學等學科的交叉整合與協同發展，對主體行爲心理的關注日漸成爲微觀研究的重要内容。一方面，在中央政府與地方政府的財權與事權的分配格局下，其資源調動能力和改革驅動力受到一定限制；另一方面，其他市場主體，如企業和個人，也受其利潤約束線和收入約束線的影響。因此，從主體行爲的視角分析，多層次養老保險制度運行的驅動力，將源自多主體，並呈現多因素特徵。

受中央政府政策決策地位和地方政府政策執行角色的影響，筆者篩選出多層次養老保險體系制度優化中最重要的行爲驅動力量，即中央政府與地方政府二者間的博弈。通過兩主體在不同信息環境下博弈關係的數理推演，得出以下結論：

一是完全信息條件下，中央政府與地方政府共同存在一個激勵相容的機制内，即代理人的任何政策行爲和決策行動都將以滿足委託人的目標爲準則。因此，在發展民生和追逐經濟增速的雙重目標下，二者存在同一性，不存在競爭效應的影響。落足到多層次養老保險體系的建設上，發展經濟僅僅作爲地方政府的常規性目標。而對民生的關注和社會保障制度建設的重視，則是地方政府在中央政策影響下的階段性任務和必須實現的應急目標。因此，一旦中央作出政策號召，地方政府便會做出一以貫之的回應。在此情境下，縱向政策體系的上傳下達暢通而透明。

二是由於完全信息條件下的情景分析在現實運行中基本不存在，而不完全信息條件的博弈格局才是中央與地方政府需要應對的常態。通常情況下，地方政府往往不確定中央政府何時會採取何種措施和政策導向，中央政府也無法確定地方政府是否消極抵觸政策的執行。因此，博弈推演的數理結果顯示，二者雙贏的概率，是中央政府強化經濟發展的概率、中央和地方共享收入及結構、中央政府爲社會穩定付出的成本、消極抵抗或是強勢推進的懲罰成本等多因素共同作用的結果。

在此情況下，養老保險制度改革的利益格局往往變得複雜。一方面，中國31個省（區、市）的地方政府偏好和政策博弈能力不盡相同；另一方面，中央政府由於對地方的資源分配和政策投入水平存在差異。這就導致地方對中央

的依附能力也呈現差序格局，制度優化和改革利益的堅守方往往是那些經濟獨立性強、水平較高、與中央抗衡力強的省份，如東部各省市；或是完全依附中央轉移支付的省份，如西部各省。因此，在中央與地方政府的博弈上將出現社會保障資源投入「中部塌陷」的獨特現象。同理，養老保險制度建設的滯后區域也集中於此，往往出現民生與經濟發展均處於緩步行進的狀態。而東部地區則可能依靠自身力量在民生和經濟上實現雙優，並封閉區域性的優勢資源；西部地區同樣在中央政府的支持下實現民生與經濟的雙優。

8 中國多層次養老保險體系制度優化的政策思路及建議

8.1 制度優化的資源約束

養老保險制度改革的持續推進，是客觀需求和主觀能動協調配合的結果。在前文論述中，不論是對中國多層次養老保險體系制度背景的剖析、對制度演進規律的總結、還是對制度現狀的透視，以及對制度風險的評估，均爲制度優化的資源調動和路徑選擇設定了一條能力約束線，它將直接影響制度優化的目標、路徑選擇的方向和改革糾偏的關鍵內容。因此，明確路徑選擇的能力範圍和資源條件，是制度優化的基礎環節。

基於前文的分析結論，筆者採用優劣勢分析法（SWOT）[1]對中國多層次養老保險體系的改革約束和資源條件作了梳理，如表8-1所示。

---

[1] SWOT分析，即基於內外部競爭環境和競爭條件下的態勢分析，是將與研究對象密切相關的各種主要內部優勢、劣勢和外部的機會和威脅等，通過調查列舉出來，並依照矩陣形式排列，然后用系統分析的思想，把各種因素相互匹配起來加以分析，從中得出一系列相應的結論，而結論通常帶有一定的決策性。S、W是內部因素，分別表示優勢（Strengths）和劣勢（Weaknesses）；O、T是外部因素，分別表示機遇（Opportunities）和威脅（Threats）。

表 8-1　　　　　中國多層次養老保險體系制度優化的 SWOT 格局

優　　勢	劣　　勢
1. 改革實力的增強：政府財政規模和經濟規模的空前擴大，具備系統性改革的經濟能力 2. 改革眼界的拔高：制度補缺的完成和制度全覆蓋的實現將政府從「操心制度有無」的施政格局中解放出來，開始「關注制度優劣」 3. 改革環境的順勢：政府對市場配置資源決定性作用的強化出現了前所未有的關注，尤其對補充性養老保險發展動力的增進，開始進行密集的政策資源投入	1. 制度歷史遺留問題的牽絆 2. 制度參與主體的歷史缺陷和個體差異 3. 制度環境區域差異的明顯 4. 多層次架構制度偏差和結構失衡嚴重 5. 制度設計的缺陷固化
機　　會	威　　脅
1. 經濟社會領域的綜合配套改革 2. 養老保險改革的縱深推進和多層次養老保險制度的頂層設計 3. 政府職能的轉變和公共治理模式的重塑	1. 人口老齡化和城市化對制度平衡的壓力 2. 經濟波動的週期性壓力對制度參與主體的外在干擾 3. 不同利益主體的分歧和博弈 4. 制度運行機制與本土文化的矛盾衝突 5. 公眾對制度的信任日漸減弱

8.1.1　多層次養老保險體系制度優化的優勢條件

政府，是各類社會性養老金計劃的舉辦者和養老保險改革的直接推動者，其改革思路、決策模式、政策偏好和資源調動能力將直接影響制度優化的效果。從中國多層次養老保險體系制度演進的歷史進程來看，自 1991 年多層次養老保險架構搭建至今，其多層次格局之所以未完全成型，出現錯位和「單層獨大」的現狀，其主要約束力量在政府。一方面，多層次養老保險體系的有效搭建依賴政府經濟能力的增強，包括國家財政收入的存量和增量、財政規模的大小，以及經濟發展水平的高低和社會財富「蛋糕」的規模；另一方面，養老保險體系的多層次搭建需與經濟社會的階段性發展和政府當前亟須解決的應急性問題相一致。然而，20 世紀 80 年代末至 2000 年初中國養老保險制度搭建期，在改革開放的政策利好和人口紅利的多重因素影響下，中國經濟開啓的是高速發展模式，在「一切有利於經濟增長」的運行規則之下，以「爲企業改革配套」「社會穩定作保障」的制度角色和定位，使得多層次養老保險體系建設更加注重基本養老保險制度對經濟社會發展的輔助功能，而無暇顧及補充

養老保險制度的發展。同時，在政府財政規模擴大的關鍵累積期，政府對各項民生事業和經濟發展的投入具有權衡性和競爭性，爲了力保經濟增速，並將財政資金用於最有利於社會財富累積的地方，政府對多層次養老保險制度的常規性投入較少，而補缺和應急性的資金投入較多，尤其是在基本養老保險層次更是如此。正是在以上因素的影響下，中國多層次養老保險體系建設在過去相當長時間內，並未凝聚制度改革和體系優化的優勢條件。

如今，尤其是黨的十六屆三中全會以來，黨和政府的工作重心逐漸從單一追求經濟發展轉變到經濟社會統籌發展的思路上來。國家連續數年對「三農」的投入和重視，使得經濟社會發展逐漸走向均衡。自 2003 年以來經過 10 年的惠農政策投入和統籌城鄉發展「補課」，以及政府職能轉變這一戰略思路的強化，中國多層次養老保險體系的政策投入和制度優化也逐漸朝著均衡發展的方向邁進，尤其在黨的十八屆三中全會精神的導向下，其優勢條件更加明晰：

8.1.1.1 國家改革實力的增強

政府財政規模和經濟規模空前擴大，早已具備系統性改革的調控能力。一方面，政府駕馭經濟社會均衡發展的能力日漸提高。從近年來 GDP 增速和財政貨幣政策齊驅的宏觀調控匹配來看，中國經濟經歷了 2003—2007 年連續 5 年超過 10% 的高速增長后，2007 年從 14.2% 的高位跌落，2010 年后，GDP 增速一路下降，在 2013 年降至 7.7%，創 14 年來新低。2014 年第一季度，GDP 增速甚至持續降至 7.4%[①]。按照國際慣例，經濟增長的合理區間通常控制在以 GDP 增速 7.5% 爲下限、CPI 漲幅 3.5% 爲上限的範圍內。參照國際標準，在低於經濟運行警戒線的國際標準之下，中國政府並未參照過去的治理模式，依靠行政力量貿然干預和救市，而是在「積極的財政政策和穩健的貨幣政策」這一宏觀調控思路下，調動市場糾偏機制，以適度的財政投入刺激經濟結構的調整和持續運行。這對以養老保險制度爲核心的社會保障制度定位而言，無疑是有利的。另一方面，政府的財政收入能力和社會保障支出水平逐年增加，尤其是自 2009 年以來，爲實現基本養老保險制度擴面而增加的轉移支付規模，以及 2011 年以后城鄉低保制度、高齡老人補貼以及城鄉居民養老保險制度中基礎養老金撥付渠道的整合與資金量的增加、補充養老保險層次企業年金稅收優惠政策的擴面，均爲多層次養老保險體系的制度優化提供了財力保證和長效渠道。

8.1.1.2 政府職能轉變和改革治理的思路調整

政府階段性任務的完成和新的發展時期到來，將政府職能從更加注重經濟

---

① 數據來源：國家統計局數據庫，http://www.stats.gov.cn/tjsj/.

增速的提高轉向更加注重經濟社會發展質量的改善，政府以更多的社會理性關注經濟的包容性增長和民生的發展，並在養老保險制度擴面完成的基礎上，開始著手人口的全覆蓋和制度結構的改革糾偏。這對於目前多層次養老保險的制度優化而言，無疑是較大的政策利好。此外，隨著公共治理模式的重塑，轉軌經濟下各領域涉面較廣的政府旨在實現事權上的「從輕」和財權上的集中，以維繫機構運行的低負擔，因此，現階段發揮市場在資源配置中的決定性作用成為改革發展的重要方向，具體到多層次養老保險制度的建設上，在政府匹配性財政投入的刺激下，補充性養老保險經濟保障功能的發揮、商業性保險機構參與基本養老保險制度建設均積聚了改革推進的優勢條件。

8.1.2 多層次養老保險體系制度優化的不利因素

經濟社會發展的新階段和時代發展的新形勢凝聚了養老保險體系改革向縱深推進的優勢條件，但制度演進過程中業已形成的利益障礙和改革推進的歷史性制約因素仍然無法平衡。

8.1.2.1 養老保險制度歷史遺留問題的綜合性和複雜性，造成多層次養老保險體系制度優化的歷史障礙

一是個人帳戶空帳運行和轉制成本問題。中國基本養老保險「統帳結合」制度模式的優化，是多層次養老保險體系改革的關鍵環節。由於補充養老保險層次的養老金計劃多以基金制為基礎，因此，基本養老保險層次個人帳戶及其儲備基金的整合或是分離將影響補充養老保險計劃的改革。目前成型的基本改革思路有三，包括縮小個人帳戶規模逐漸做實、採用名義帳戶制（NDC）代替統帳模式的個人帳戶累積部分、分離「統帳結合」模式中個人帳戶部分並使之與企業年金計劃中的個人帳戶累積資金合併。然而，由於三種思路的資金流向和「虛實」程度不盡相同，使政府當期責任在「履行、轉移、迴避」三者間的選擇變得艱難。二是養老保險雙軌並行的歷史障礙。儘管 2012 年中國城鄉居民養老保險制度在全國範圍內的擴面，使城鄉養老保險制度的二元壁壘逐漸消失，然而，由於城保制度和城鄉居保制度模式的不同，使得二者不論是在繳費水平還是待遇給付上，均存在著較大差異。而機關事業單位人員和企業職工基本養老保險水平的長期差異，也使得更深入的改革無法推進。通常，基本養老保險制度屬於二次分配範疇，但制度設計的人為差異和非公平性，加劇了初次分配和二次非配的不公，在此基礎上推進多層次養老保險體系改革，必然無法實現制度最優。

8.1.2.2 制度參與主體的歷史缺陷和個體差異亦是制約多層次養老保險制度優化的不利因素之一

制度參與主體的歷史缺陷是指受計劃經濟模式的長期影響對國有經濟壟斷優勢地位的保護和強化，以及對私營民企等非正規經濟的壓制和打壓，從而形成的多元經濟非均衡發展格局。制度個體差異是指不同經濟屬性的個體在經濟能力和制度參與意願及偏好上存在的差異。中國多層次養老保險體系制度優化的基本前提是制度擴面，但擴面過程中各參與主體和個體發展的參差不齊，有礙制度統一，不利於政策執行的標準化和實施效率。而經濟轉軌和改革探路造成的勞動力市場短時期內大規模且集中的異常分化，以及不同性質企業的資源性失衡，弱化了制度參與主體的支付能力和制度參與水平，這也決定了中國養老保險制度在短期內較難實現脫離財政供給而依靠補充性計劃發揮保障功能的政策目標。

此外，制度環境區域差異的客觀存在，也不利於全國統一的多層次養老保險制度的完善和優化。不同地區經濟社會發展水平的差別、基本養老保險和補充養老保險制度基礎的差異，制約著制度優化實施階段的一致性和試點政策的「以點至面」。

8.1.3 多層次養老保險體系制度優化的機遇和助力

多層次養老保險體系的制度優化是一項系統工程，其改革成效不僅取決於各層次養老金計劃的協同整合，還有賴於其外部系統中收入分配體制、財稅體制、政府治理模式、勞動用工制度等多項改革的並行。因此，內部系統和外部環境的變化與革新，將成為制度優化的重要機遇和推動力。

8.1.3.1 經濟社會領域的綜合配套改革為多層次養老保險體系的制度優化營造有利的改革環境、助其形成聯動效應

目前，中國正處在全面深化改革的攻關期，在國家治理體系和治理能力現代化的拓展過程中，各項公共政策的出抬和改革的推進均在系統、整體、協同的思路下進行。與1982—2003年期間存續的國家體改委「理論創新、設計總體方案、協調各方利益、組織試點」的階段性功能和職責類似，為推進系統性改革的全面、深化、高效，黨的十八屆三中全會以後，國家成立深化改革領導小組，並將其職責功能定位在「改革總體設計、統籌協調、整體推進、督促落實」的範疇，以重點解決當前改革的難點問題、化解錯綜複雜的利益障礙。

8.1.3.2 養老保險改革的縱深推進和多層次養老保險制度頂層設計的契機

從中國養老保險制度的歷史演進來看，其改革路徑多遵循「打補丁」的方式，雖一定程度上緩解了當下制度缺陷的矛盾，卻並生了新的政策漏洞和制度障礙，不利於制度整體推進的持續。究其原因，是政府在養老保險制度建設和公共治理中缺乏科學合理的長效機制，導致政策的隨意性和臨時性。這一狀況在黨的十八屆三中全會以後得到了較大改善。由於全面深化改革的核心問題被定義在處理好政府與市場關係之上，因此，代表政府直接調控領域的基本養老保險制度和代表市場直接配置資源的補充養老保險制度發展和角色定位將在新一輪的改革中得到明晰和強化。

此外，政府職能轉變和公共治理模式的重塑也為多層次養老保險體系的制度優化提供新的機遇。當前，在政府與市場關係中，大幅度減少政府對資源直接配置的政策導向，使得政府通過引入競爭機制購買服務由局地試點推廣到公共治理的常態，為政府舉辦多層次養老保障事業提供了新的思路，補充養老保險體系中市場主體參與基本養老保險建設、通過委託—代理的形式提供市場標準的公共服務將得到較大發展。同時，區域發展成果考評體系和政府績效考核體系由單純經濟導向向經濟與民生並重的多元考評體系轉換，也是政府職能轉變，以及多層次養老保險體系改革思路轉變的重要政策因素。

8.1.4 多層次養老保險體系制度優化面臨的威脅和挑戰

在制度優化過程中，多層次養老保險體系還將面臨來自人口老齡化、城市化、經濟週期性波動和利益固化等影響因素的牽制和威脅。一方面，人口與老齡化和城市化對制度平衡尤其是養老基金持續運行的壓力將長期存在。從前文的分析中可以看出，中國在 2030 年左右將達到老齡化高峰，這就決定了未來 10 年的中期優化思路，不論是財政轉移支付抑或稅收優惠減免和遞延，均需考慮人口老齡化背景下的有限財政能力和可持續效應。而城市化進程的加快所引致的人口城市化問題的緊迫性，加大了多層次養老保險體系人口擴面的難度。

同時，經濟波動的週期性壓力對制度參與主體的外界干擾，也對制度優化的系統性思路提出了更高的要求。與基本養老保險制度的強制參保形式不同，補充養老保險計劃多採取自願參加的形式，因此，經濟週期性波動影響下的制度主體參與意願和支付能力成了制度優化所要考慮的重要因素之一。如何引入逆週期因素、平衡補充性養老金計劃參與主體的逆向選擇，是制度優化亟須解決的系統性問題之一。

除此之外，多層次養老保險體系的制度優化還涉及多部門職權關係的有效整合和改革設計的專業聯動。如各層次養老保險體系財政轉移支付，以及直接或間接的資金流向優化整合，不僅關係到財政系統、國稅和地稅系統、民政系統等多部門的權責範圍，還可能涉及各利益主體的分歧和博弈。從前文制度驅動的系統動力分析和博弈關係的數理演進中可以看出，在當前及未來相當長時期內，基本養老保險制度和補充養老保險制度建設的資源投入仍存在競爭性和擠出效用，這是制度優化需要平衡的利益問題和資源分配不均的問題。

在信息化高速發展時期，受輿論環境的引導和各項改革矛盾激化的影響，公眾對社會不公平的容忍度降至最低，其對以養老保險制度為核心的社會保障制度及其改革的信任程度也日漸減弱，加之制度運行機制與中國傳統養老文化的矛盾衝突，使制度優化的任務愈加艱鉅。

8.2 制度優化和改革路徑的多重選擇

迄今為止，中國養老保險制度覆蓋了空前規模的人口，也激化了老年經濟保障領域前所未有的社會矛盾。於公眾而言，其對養老保險制度預期的改革動向是高度敏感的；於決策者而言，當前制度的頂層設計和縱深推進所面臨的改革環境和利益牽絆是異常複雜的。因此不同主體基於各異的政策立場和價值判斷，所作出的制度選擇也不盡相同。

從目前的政策動向和社會互動形勢來看，社會公眾對制度的預期是力求公平，這種對制度公平的追求不僅僅是對制度可及性的需求，而更多包含的是對養老金待遇橫向平衡和縱向盈餘的要求。在兩要求中，一方面，前者的實現有賴於多軌並行格局的打破，後者的達成則有待養老金綜合替代率和收益率的整體性提高。另一方面，政府的制度預期是可靠、可持續的，這種期許不僅僅針對制度本身運行，它更多的是政府對自身壓力的釋放和職責的分化。

8.2.1 多層次養老保險體系制度優化的差別路徑

基於公眾與政府的社會訴求和制度偏好，目前可總結的多層次養老保險制度優化思路和改革路徑大致呈現以下六種模式：

8.2.1.1 模式之一，以國民年金為基礎，多層次養老保險制度為主體，集經濟保障、精神慰藉和服務保障為一體的制度搭建思路（林義，2012）

具體而言：其一，在保障內容上，強調除經濟保障以外的家庭保障和老年

幫扶。其二，在制度模式上，強調城鎮職工養老保險制度個人帳戶的擇機分離和與補充性計劃的整合，以及基本養老金全國統籌的伺機建立和向國民年金的逐步過渡。其三，在改革首要問題的甄別上，認爲有效平衡政府、市場與家庭保障機制是制度優化的當務之急和重中之重。其四，在改革時機的把握上，基於 2030 年前後老齡化高峰這一戰略考慮，建議在 2020—2025 年間實現國民年金的全民普惠①。

8.2.1.2 模式之二，「農村包圍城市」的制度優化思路

該模式以城鄉居民養老保險制度覆蓋人口特別廣、基礎養老金普惠水平相對高的兩大制度現實爲依據，提出了中國養老保險體系未來的制度架構應該以全民普惠的國民年金制度爲基礎、個人帳戶和職業年金爲主體的多層次架構（盧海元，2014）。具體而言，首先，在制度優化的路徑實現上，將以城鄉居民養老保險並軌及其確立的制度模式爲參照，先實施機關事業單位退休金制度的社會化改革，后推進城鎮職工基本養老保險制度的轉型。制度統一後，基礎養老金的制度雛形將參照現有財政渠道的供給，其資金來源主要基於城保制度的 10 年調待機制和城鄉居保制度的基礎養老金模式，分爲地方性基礎養老金和中央基礎養老金。其次，在政府與市場邊界的厘定上，強調發揮市場配置資源的功能，做大個人帳戶。同時，在改革時間的把握上，繼城鄉居保於 2014 年並軌之後，確定 2015 年爲城鄉居保、城保制度，以及機關事業單位養老金制度的大並軌時間②。

8.2.1.3 模式之三，由基本養老金計劃、個人工作收入和補充性養老保險組成的，且替代率結構爲 5∶4∶1 的三層次制度組合（國務院發展研究中心，2013）

這一制度優化的重要特點在於，基於當前中國勞動力市場個體退出高齡化的社會現實，將退休後的工作收入作爲老年經濟保障的重要內容，重構老年收入保障網。同時，承認正規就業市場與非正規就業市場差別的長期存在，在參數設計上，將非正規就業群體定義爲自願參保，且繳費水平和替代水平較正規就業人員分別降低 50%，達 10% 和 20%，其中繳費比例的 5% 屬於政府匹配繳費（MDC）。此外，在改革時機和進程的把握上，該模式認爲未來 20 年內，中國養老保險制度仍然需要依靠財政補貼的大量投入，且指出基礎養老金全國

---

① 林義. 人口老齡化與養老保險制度建設的關鍵戰略問題 [C]. 2012.
② 盧海元. 制度的並軌與定型：養老保險制度中國化進入嶄新階段 [J]. 社會保障研究，2014（3）.

統籌一步到位的不可行。①

8.2.1.4 模式之四，基於「名義帳戶」理論搭建的以「儲蓄型」計劃爲核心的多層次養老保險體系（中國社科院世界社保研究中心，2013）

該模式提出的現實依據，是中國傳統文化和經濟習慣對國民儲蓄和置業的獨有偏好。認爲設計以名義帳戶制爲基礎的多層次「儲蓄型」計劃，能夠兼顧中國人群分化和需求異化的社會現實，解決非正規就業者參保繳費的激勵問題。具體而言，該模式以不改變當前城鎮職保和城鄉居保的制度模式和單獨運行的政策軌跡爲改革前提。調整城保制度個人和單位繳費參數，在降低雇主繳費比例的前提下，將二者繳費全部計入個人帳戶，並實行名義上的完全累積，實帳基金上解一步到達中央，實現全國統籌；機關事業單位退休制度也一併納入，同時，建立半強制性的職業年金制度以補足待遇差，順勢激活年金市場。而對城鄉居保制度的參數調整，則是將中央財政轉移支付資金實行名義累積，同時提高記帳利率②。

8.2.1.5 模式之五，在世界銀行傳統「五支柱」架構下，各層次制度的適度組合（世界銀行，2013）

以當下中國的實際情況爲依據，世界銀行建立的「三支柱」體系包括三大內容：一是覆蓋 65 歲以上國民的非繳費型社會養老金，其待遇水平依據個人各項老年收入來源綜合權衡，並設置扣減因子；二是以名義帳戶制爲核心的強制性繳費型養老金計劃；三是包括職業年金在內的各項補充性計劃。值得注意的是，該優化思路將強制性繳費計劃的覆蓋人群分爲依靠工資收入和非工資收入兩類，后者所依託計劃的實質，是變相爲城鄉居民提供自願性儲蓄通道。此外，在改革時機的把握上，該思路分爲 2~3 年的短期、4~8 年的中期和 9~20 年的長期。短期內的改革將完成人口擴面和基礎養老金與繳費年限脫鉤的任務；中期內將實現制度整合和全國範圍的省級統籌；制度的長期優化，則是要將省級統籌過渡到全國統籌，並在養老金計劃中區分正規就業與非正規就業的參保差異。與世界銀行過去對基金累積制強勢推進思路不同，此次制度優化並不強調該支柱在中國的推廣，相反卻認爲累積型支柱在 10 年以後，隨著金融市場的逐漸開放和成熟，多層次架構中再引入激勵性質的繳費確定型養老

---

① 國務院發展研究中心社會發展研究部：鞏固基本、增強就業、促進補充，重構中國老年收入保障網 [C]．2013．

② 中國社科院世界社保研究中心：深化改革新思路，建立「儲蓄型」新統帳結合養老保障制度 [C]．2013．

金，更具有現實可行性。①

8.2.1.6　模式之六，中國社會保障改革戰略研究中已確定的改革架構（中國人民大學，2013）

其制度內涵是指，以城保制度爲主體，由公職人員養老金制度和城鄉居保制度共同構成的法定養老金體系，並以此爲基礎，職業年金制度爲補充的多層次體系。該模式的制度框架與現行體制基本相同，但在參數調整上，其特點有三：一是基本養老保險繳費率的降低，單位繳費降至12%，個人降至3%～5%，通過「大統籌、小帳戶」的制度格局，強化養老保險制度的社會互濟功能；二是減輕財政負擔，將財政補貼穩定在年度養老金支出的15%～20%；其三，是基本養老保險和補充養老保險兩層次制度替代率的確定，分別爲45%和10%～25%②。

8.2.2　多層次養老保險體系制度優化和改革路徑的評析

沒有最優的制度，只有相對合適的選擇。以上六大優化模式或路徑，基於不同的戰略考慮和政策初衷，對多層次養老保險體系的改革思路進行了總結概括，主要呈現以下特點：一是除經濟保障以外的廣義「多層次」構建日漸被重視；二是城保模式統領各類制度改革的主導趨勢被撼動，以城鄉居保模式爲參照的普惠因正滲透第一層次養老金制度的方方面面；三是非正規就業市場長期存在的差異性和老年人退出勞動力市場高齡化的社會現實在制度優化中被考慮；四是以企業年金爲主體的補充性養老保險制度建設被重視。不難發現，它們在改革導向上存在的一致性和共同點，也反應了制度優化的總體走向和當前改革的政策方向。

8.2.2.1　制度設計中對中國文化的重視和對傳統養老方式的迴歸

自20世紀80年代以來，在中國養老保險制度模式探索試錯的過程中，學術界和實務界就掀起了多輪研討高潮，其中，「中國需不需要建立社會保險制度」和「美國401K計劃能否在中國建成」兩大疑問，分別代表了不同類別矛盾的協調：前者指向社會保險與家庭保障的共融和協同；後者旨在權衡市場配置養老保障資源的空間、探尋補充養老保險發展的制度基礎。而現實是，不管兩大疑問是否成立，中國多層次養老保險制度都早已在基本養老保險和補充養老保險、社會保障和家庭保障並行的軌跡上前行。模式一的優化思路恰好正視

---

① 世界銀行東亞太平洋地區人類發展局：中國採取一體化制度設計深化養老保障體制改革［C］．2013．

② 中國人民大學：深化中國養老保險制度改革頂層設計［C］．2013．

了以上矛盾，並回答了兩大疑慮，其優化思路可概括爲「大保障中嵌套小保障」的優化思路。不僅考慮到國家、家庭和個人在老年保障上的經濟責任，還兼顧了精神撫養和服務幫扶等道德層面和精神層面的保障內容；在考慮社會化的老年經濟保障方式的同時，仍然將傳統家庭養老作爲多元保障的重要內容。這是符合中國傳統文化推演和現實國情的。除了對家國文化的重視和傳統養老習慣的迴歸，以上六大優化思路在制度設計中也呈現對儲蓄習慣的利用和重視，具體而言，即是累積制養老金和個人儲蓄帳戶的設計權重得到強化，模式四和模式五表現得尤爲典型。前者基於國民的經濟習慣，考慮其對儲蓄和置業的獨有偏好，提出設計以名義帳戶制爲基礎的多層次「儲蓄型」計劃，能夠兼顧中國人群分化和需求異化的社會現實，鼓勵居民將單一的儲蓄動機轉化爲養老儲蓄；后者在強制性繳費計劃的制度設計中加入彈性因素，爲非工資收入者提供自願性儲蓄通道。

8.2.2.2 基於現實國情的「保守」設計

當前中國各項事業已進入全面深化改革的「深水區」，養老保險制度優化也面臨系統推進，但這並不意味著結構性調整的權重增加或「推倒重來」的可能性增大，而是需要秉持更加切合現實情況、與歷史路徑相差甚小、政策動盪更弱、但又能統籌全局的改革思路。這種優化思路，無須「大動筋骨」，便能順勢將當前矛盾化解，且是在當前或 3~5 年內切實可行的。以上六種優化思路均體現了上述要求，而模式二、模式三和模式四表現得尤爲典型。

一方面，依據中國歷來遵循的「大多數法則統領全局」的改革思路，模式二提出了有悖於以往「城保制度統領基本養老保險制度格局」的政策思路，認爲應將覆蓋中國絕對多數人口的城鄉居保制度模式作爲基本養老保險制度設計的標杆。在城鄉居保並軌的基礎上，先實現機關事業單位與城鎮職保的小並軌，后完成城鎮職保和城鄉居保的大並軌。這一思路的「保守」和改革波動較小，主要依靠包括農村居民在內的非正規就業人口長期且大範圍存在的社會現實。

另一方面，是對大量存在的退休返聘現象和老年人口勞動力市場退出率較低這一社會現實的迎合。目前，不論是理論界還是實務界，均對漸進式延遲退休政策給予了高度關注，而模式三則是在適齡勞動退出年齡業已延遲的基礎上，順勢對老年經濟保障資源的有效整合。這一優化思路下的個人養老金除了基本養老金和補充性養老金以外，還包括對個人老年工作收入的綜合權衡。

此外，爲維持目前城鄉居保與城保制度並行的格局，許多優化思路均兼顧了二者的協同性和差異性。模式四基於「名義帳戶」理論搭建的「儲蓄型」

計劃最爲典型。該模式在不改變當前獨立並行的制度格局前提下，僅通過名義記帳的方式，將城鄉居保的財政轉移支付資金和城保制度的繳費資金統籌起來，並可將其管理層次一步到位至中央。

8.2.2.3　對當下經濟形勢的考慮和社會保險制度功能的迴歸

儘管隨著人口老齡化趨勢的增強，養老保險在制度設計過程中增加了基金制養老金計劃的權重和個人帳戶完全累積模式的比重，但其制度功能的本質仍在於互助共濟，尤其是近年來，在多層次養老保險體系的改革思路下，以普惠制國民年金和現收現付制爲內核的養老金計劃日漸得到重視，其社會互助的制度功能也逐步實現迴歸。

前文六大優化模式中，均強調了國民年金設計的重要性，模式五和模式六結合中國當前非正規經濟長期存在的社會現實，對參保人群和帳戶屬性作出了相應調整。前者考慮到非正規就業勞動人口制度參與能力不足的社會現實，設計了覆蓋65歲以上國民的非繳費型社會養老金，同時將高齡老年津貼和勞動力市場中退休返聘人員的老年勞務收入作爲調整個人差異化養老金水平的重要因素；並在強制性繳費計劃中對非工資收入人群的參數設計作特殊處理，如實行低於工資收入人群的彈性費率。模式六則是在降低企業社會養老保險負擔的前提下，設計「大統籌、小帳戶」的制度格局，將個人帳戶完全累積的養老儲蓄功能更多地置於企業年金等補充養老保險層次，以強化基本養老保險層次的社會互濟功能，穩定大多數制度參與者的基本保障水平。

8.2.2.4　對企業年金爲主體的補充性養老保險制度的重視

隨著養老保險制度多層次改革思路的日漸明晰和單一計劃在人口老齡化趨勢下承受的巨大壓力，補充養老保險制度經濟保障功能的發揮日漸受到重視。在中國，由於基本養老保險層次採取「統帳結合」的制度模式，而個人帳戶養老金又長期面臨空帳運行和帳戶做實的巨大壓力，因此，將個人帳戶從統帳模式中剝離，並入企業年金帳戶實帳運行，或引入名義帳戶制運行的思路被重視。

從前文制度優化的六大模式來看，大部分優化思路均強調了這一內容。模式一提出城鎮職工養老保險制度個人帳戶的擇機分離和與補充性計劃的整合，以及在此基礎上基本養老金全國統籌的伺機建立和經歷短暫發展后3~5年內向國民年金的逐步過渡。而模式二強調在政府與市場邊界的厘定上，通過國民年金保證基本養老金水平，同時發揮市場配置資源的功能，做大個人帳戶。模式四則以機關事業單位退休金制度與基本養老保險制度的並軌爲契機，擬通過建立半強制性的職業年金制度以補足制度並軌之後機關事業單位人員面臨的待

遇差難題，並順勢激活職業年金市場，通過延遲納稅的激勵形式，逐步帶動企業年金發展。儘管企業年金等補充性養老金計劃日漸得到重視，但這並不意味著其待遇水平權重的增大。在「大統籌、小帳戶」的模式六中，其替代率的設定仍然以基本養老保險制度為主，企業年金計劃為輔，二者替代率分別為45%和10%~25%。

此外，在補充養老保險制度日益受到重視的背景下，仍然需要反思企業年金等補充性計劃的功能定位。從前文六大優化模式的總結和梳理中可以看出，儘管企業年金的制度功能日漸被重視，但其扮演的角色僅僅是彌補基本養老保險制度分離後待遇差的制度載體和政策工具，而未能涉及真正的市場化改革和制度環境培育。除了模式五中考慮到基金制養老金計劃發展受限於當前中國資本市場發展，存在對以基金制為核心的養老金計劃延時引入的長期考量外，其他改革思路均以做大個人帳戶制為導向。這也是中國企業年金等基金制計劃持續發展需要解決的難題之一。

8.2.3 多層次養老保險體系制度優化和改革路徑的選擇

前文評析的六大優化模式，為當前多層次養老保險體系改革的難點和焦點問題提供了基於不同立足點的解決思路，參照筆者前文分析框架中設計的制度優化歷史約束、現實約束和制度風險三大板塊及其對應的約束內容，六類不同的制度優化模式對各項制度約束存在一定程度的正向應對，但仍不完全，如表8-2所示。六大優化模式的優化思路在處理當前改革瓶頸、應對制度可持續風險和多元路徑的設計上踐行效率更高，考慮也更為周全，而在其他約束和風險的應對上，各項改革思路的關注重點不盡相同。這也為筆者在前人研究基礎上的制度優化思路和改革路徑選擇上提供了反思與參照。

表 8-2　　不同制度優化模式對制度約束和制度風險的應對

制度優化模式		一	二	三	四	五	六
歷史約束	制度優化的路徑依賴		√		√		
	政府決策行為模式的牽制力		√				
	制度參與主體差異化特徵	√				√	
	制度演進關鍵模塊的改革瓶頸	√	√	√	√	√	√
現實約束	政策資源投入偏好		√	√			
	資金投入的短期不可退出性		√		√		
	機構搭建的多元路徑	√	√	√	√	√	√

表8-2(續)

制度優化模式	一	二	三	四	五	六
制度風險	文化適應性風險	√			√	√	
	價值異化風險			√	√		
	社會信任風險	√			√		
	制度可持續風險	√	√	√	√	√	√

註:「√」表示六大制度優化模式對制度約束和面臨風險的正向應對。

8.2.3.1 路徑選擇的基本原則

在前文分析的基礎上,筆者對多層次養老保險體系制度優化的現實考量基於以下原則:

一是非正規就業市場的長期存在及其與正規就業市場的差異化特徵。當前中國多層次養老保險體系制度優化的路徑選擇要符合當前及未來相當長時期內,大量存在於非正規經濟中的企業和個人這一重要國情。而這類人群在多層次養老保險體系制度參與中的惠及和調動,恰恰是制度建設的短板。因此在制度優化時需重點考慮。

二是養老普惠的短期預警和財政投入的有限理性。中國多層次養老保險體系的制度優化路徑以國民年金的建立為基本前提,但在短期內,財政轉移支付不可能無限度的持續投入,而是遵循有限理性原則,設定國民年金待遇給付的部分普享性,即以繳費能力的不足和待遇領取資格的不充分為依據,對繳費計劃內的參保者提供預警式的最低養老金保障,同時,為非正規就業者①提供匹配繳費(MDC)或非繳費型的基礎養老金補貼。

三是補充養老金計劃的多元激勵。補充養老保險計劃需由單一的稅收激勵層面轉向稅收優惠與現金匹配並重的激勵模式。從國際經驗看,以美國401K計劃為代表的補充養老金計劃能夠迅速發展,與其稅收優惠政策的有力支持密不可分。然而,鑒於國內財稅體制與國外的差異,單一稅收優惠制度在中國的引入未必能沿襲401K模式對年金市場的激活,需整合現金直補和繳費匹配計劃的功能。

四是多層次養老保險體系長期運行的市場化導向。隨著政府職能和公共治理模式的轉變,政府對養老保險體系資源投入的思路也逐漸調整,政府直接干預制度建設的項目應減少,而間接引導刺激的政策需逐漸增多,從而真正建立

---

① 基於前文系統動力分析中對非正規就業者的界定,包括農村居民在內的城鄉範圍內的非正規就業。

養老保險制度市場自運行的長效機制。

8.2.3.2 制度優化的基本目標

中國多層次養老保險體系的制度優化並非是一蹴而就的，其優化路徑的確定也不是一次性完成的政策選項，它需要經歷不斷優化、追蹤、糾偏的持續政策過程。因此，筆者對制度優化基本目標的設定也基於短期、中期和長期三個層面。

從短期來看，當前3~5年內，中國多層次養老保險體系制度優化的基本目標並非是一步到位實現各層次計劃的均衡和糾偏，而是在完成國家「階段性」補課的同時，初步搭建新制度的雛形。具體而言，即是依靠財政資源的投入保證人口全覆蓋的落實，並培育非正規市場「參保正規化」的銜接機制；同時，依靠政策資源的密集投入，改善補充性養老保險運行的制度環境，包括資本市場等外部環境的完善和制度設計缺陷的彌補，夯實多層次養老保險體系未來常態運行的制度基礎。

從中期來看，未來5~10年間，隨著資本市場的日漸成熟和金融市場的逐步開放，穩步搭建起預警式國民年金計劃，同時，以基本養老保險制度分離出的個人帳戶和企業年金個人帳戶整合後的個人權益基金爲核心，搭建起個人自願儲蓄性養老保險和家庭照護等經濟或非經濟類別的保障資源爲補充的多層次養老保障制度。在激勵工具的採用上，宜選擇匹配繳費計劃（MDC）和稅收遞延政策並重的輔助參保措施，在制度模式的優化上也可引入名義記帳的運行模式。從而實現制度優化中期目標的透明性、激勵性和持續性，同時兼顧政府制度參與的財政理性。

從長期來看，10年以後，隨著中國經濟社會階段性發展新時期的到來，其制度優化目標則順勢調整爲，完善以普惠式國民年金爲基礎，以個人權益明晰的繳費性計劃爲主體，其他養老儲蓄產品爲補充，融合經濟保障、精神慰藉和服務保障爲一體的養老保障體系。爲保證養老保險制度的社會互濟性，這一階段的國民年金資金來源可由財政補貼和基於單位繳費的社會統籌基金共擔。

8.2.3.3 制度優化的基本思路和階段性實施

一般而言，多層次養老保險體系的劃分和考量不外乎六個維度，一是覆蓋範圍的普遍性；二是制度參與的強制程度；三是繳費模式；四是待遇給付模式；五是養老金累積方式；六是制度治理模式[1]。參照以上標準，中國多層次養老保險體系的制度優化和階段性措施包括如圖8-1所示內容。

---

[1] Louise Fox, Edward Palmer (2000). New Approaches to Multi-Pillar Pension Systems: What in the World is Going on? The Year 2000 International Research Conference on Social Security, Social Security in the Global Village.

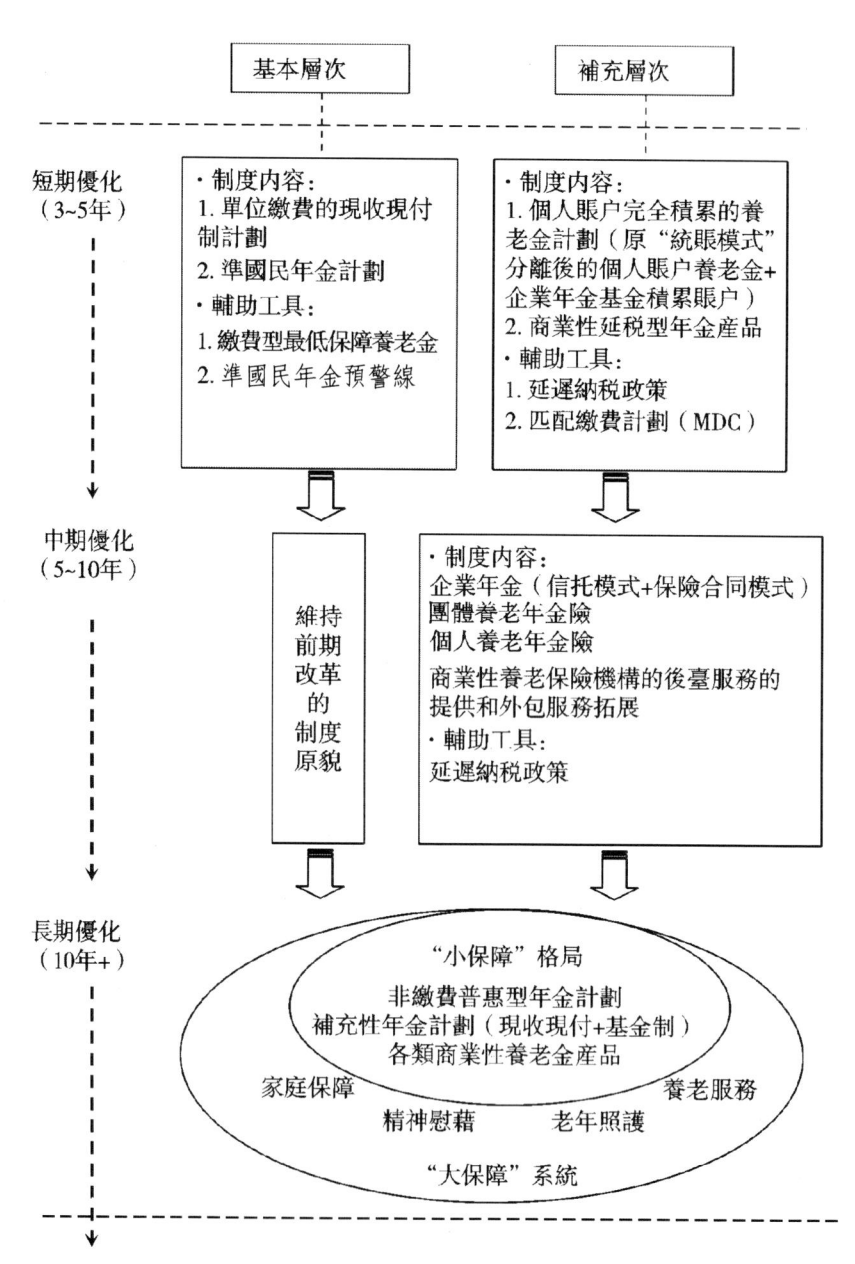

```
短期優化        ┌─────────────┐      ┌─────────────┐
(3~5年)        │  基本層次   │      │  補充層次   │
               └──────┬──────┘      └──────┬──────┘
                      │                    │
       ┌──────────────┴──────┐  ┌──────────┴──────────────┐
       │ ・制度內容：        │  │ ・制度內容：            │
       │ 1.單位繳費的現收現付│  │ 1.個人賬戶完全積累的養  │
       │   制計劃            │  │   老金計劃（原"統賬模式"│
       │ 2.準國民年金計劃    │  │   分離後的個人賬戶養老  │
       │ ・輔助工具：        │  │   金+企業年金基金積累   │
       │ 1.繳費型最低保障養老│  │   賬戶）                │
       │   金                │  │ 2.商業性延稅型年金產品  │
       │ 2.準國民年金預警線  │  │ ・輔助工具：            │
       │                     │  │ 1.延遲納稅政策          │
       │                     │  │ 2.匹配繳費計劃（MDC）   │
       └──────────┬──────────┘  └──────────┬──────────────┘
                  ▼                         ▼
中期優化    ┌─────────┐         ┌──────────────────────────┐
(5~10年)   │ 維      │         │ ・制度內容：             │
           │ 持      │         │ 企業年金（信托模式+保險  │
           │ 前      │         │ 合同模式）               │
           │ 期      │         │ 團體養老年金險           │
           │ 改      │         │ 個人養老年金險           │
           │ 革      │         │ 商業性養老保險機構的後臺 │
           │ 的      │         │ 服務的提供和外包服務拓展 │
           │ 制      │         │ ・輔助工具：             │
           │ 度      │         │ 延遲納稅政策             │
           │ 原      │         │                          │
           │ 貌      │         │                          │
           └────┬────┘         └────────────┬─────────────┘
                ▼                           ▼
長期優化        ┌──────────────────────────────────┐
(10年+)        │         "小保障"格局             │
               │   非繳費普惠型年金計劃           │
               │   補充性年金計劃（現收現付+基金制）│
               │   各類商業性養老金產品           │
               │ 家庭保障               養老服務  │
               │       精神慰藉   老年照護        │
               │         "大保障"系統             │
               └──────────────────────────────────┘
```

圖 8-1　中國多層次養老保險體系制度優化分階段實施路線圖

資料來源：作者繪製。

(1) 制度的短期優化

短期來看，3~5年內，中國養老保險體系制度優化在維持「財政資源投

入」總量不變的基礎上，調整補貼結構，將財政轉移支付思路從靜態和短期的「補缺口和補不足」轉移到動態和長效的「制度參與積極性調動」層面上來。這一時期的制度優化主線包括各類現金轉移支付計劃的整合以及各類養老金計劃的拆並。

一方面，依據前文系統動力模型的政策仿真結果和歷年城鄉居民收支情況，在城保制度和城鄉居保制度中，分別設置城鎮單位就業職工平均工資替代率40%水平線和城鄉居民人均可支配收入替代率50%水平線標準的繳費型養老金計劃待遇預警線，通過「最低保障養老金」的形式，對繳費計劃中低於預警線以下的退休領待人員，補足待遇差額。同時，對無養老金計劃覆蓋的適齡領待人群，參照繳費計劃的預警標準，有條件的提供普享性國民年金。這一階段，基本養老保險層次包括單位繳費計劃和準國民年金計劃兩大內容，且二者的惠及範圍是根據制度應保人群的經濟情況和領待資格靈活變更的。

另一方面，是在第一層次養老金計劃基礎上，對第二層次養老金計劃的制度安排。

首先，由於企業為個人的繳費主要集中在社會互助的基本層次，因此，個人帳戶完全累積的養老金計劃（包括企業年金及基本養老保險分離出的個人帳戶）將成為短期多層次養老保險體系建設的重要內容。受限於資本市場的培育和非正規經濟的短期存在，該類別的養老金計劃目前宜採取自願舉辦和參與的方式，但仍可設置強制性的行業引導，如機關事業單位分類改革後職業年金的強制建立、全國統籌后部分地方年金和行業年金向職業年金轉換的規範建制。

其次，在政策輔助工具的採用上，可考慮在引入延遲納稅激勵政策的同時，提供除稅收優惠以外的現金激勵計劃，如政府財政直補的匹配繳費（MDC），從而緩解因中央和地方政府在稅收徵繳上的博弈而對補充養老保險市場激勵產生的負面影響，同時規避個人所得稅及個人納稅慣性在中國發展不足的現實尷尬。具體而言，對企業參加企業年金計劃的稅收優惠政策可維持在5%的原有水平，但對個人的稅收優惠政策則適時轉化為現金補貼計劃，以個人繳費基數4%~8%的水平匹配繳費，並取消目前企業年金個人繳費比例16%的最高限額。

最后，對商業性養老保險產品的拓展和開發。對於團體年金產品市場的激活，可由企業年金的運行模式調整入手，放開補充養老保險市場准入的限制，在現有信托模式下，還原「保險合同模式」的多元競爭格局。而個人養老儲蓄產品的激勵，短期內則需考慮延遲納稅試點政策的啟動和在全國範圍內的逐

漸推廣，使其具備與企業年金計劃類似的稅收激勵政策，爲個人多重老年經濟保障和實現途徑的選擇提供多元渠道。

（2）制度的中期優化

在前期改革的基礎上，制度中期優化應著重完善兩大環節：一是企業年金計劃功能定位的優化和糾偏；二是國民年金計劃的整合優化。

首先，需明確制度中期優化的前提假設，是短期優化任務的基本完成。一方面，在「準國民年金計劃」和「最低繳費型養老金保障計劃」的政策激勵和引導下，非正規就業群體的參保慣性逐漸趨向正規化，基本養老保險制度的人口全覆蓋基本實現，且補充養老保險層面的人口覆蓋，在稅收優惠激勵和匹配繳費計劃的雙重刺激下，日漸擴大。另一方面，資本市場和金融監管體系日漸完善，企業參與社會保險的制度成本和資金障礙難題逐漸退居企業運行的次要地位，而以企業社會責任爲主要目標的履責意識逐步得到強化。同時，因制度壁壘和多元體制引發的不同社會群體間的矛盾日漸緩和，制度參與的起點相對公平。

其次，需評估企業年金市場發展的配套水平和成熟度。由於前期改革對補充養老保險層次制度優化的定位停留在市場激活和覆蓋面拓展的政策目標上，因此，企業年金的發展很大程度上被當成承擔基本養老保險制度待遇補足和部分利益既得者待遇分離后的制度載體，並未獲得實質性的發展。因此，從制度運行機制和核心環節的優化出發，要真正實現市場配置資源功能的發揮，需依託逐步完善的資本市場，創新養老保險基金的投融資管理體系，讓政府的現金補貼和匹配繳費等激勵計劃適時退出補充養老保險層次，從而真正依託稅收優惠政策和基金收益的激勵調節作用，實現補充養老保險制度經濟保障功能的高效發揮和可持續運轉。國家對補充養老保險制度的財政支持最終由「補存量—調結構」兩階段過渡到基金安全保障和監管的「守夜人」位置。

這一階段，企業年金計劃與商業性養老保險計劃的聯繫更爲密切，它作爲商業團體年金保險的類別之一，基於不同的合同存續方式和營運模式，與商業團險、個人年金產品一道，共同發揮著可自由選擇的老年經濟保障功能。與前期改革略有不同的是，這一時期，各行業已形成穩定的職業年金計劃，其自願參與的形式已完全實現向部分強制型計劃的轉變。

最后，商業性養老保險計劃的營運機構，其業務範圍和工作重心也由養老年金產品的「開發—營運—管理—銷售」逐漸轉向后臺服務的提供和外包服務拓展。這一經營理念的重要轉變，在基本養老保險制度與補充養老保險制度

之間建立了協同運行的良性機制，這也是政府與市場關係調整的可選方案之一。基本養老保險制度延伸出的長期護理保險和老年陪護險均可通過「委託—代理」的方式，由相應的商業養老保險公司承擔。而基本養老保險制度的經辦、管理，尤其是預警式國民年金計劃惠及者的經濟情況核實和收入調查，均可由商業保險公司借助其廣覆蓋的經辦網路和年金管理渠道得以落實。

（3）制度的長期優化

如果說制度的中期優化是建立在前期改革基礎上的過渡性設想，那麼中國多層次養老保險體系長期優化的制度內容，則是對制度完善終期目標的最終設想和定型，其制度優化思路以政府與市場的明確分工和責任邊界為參照。

在多層次養老保險體系的前期改革和中期優化中，老年經濟保障功能的「小保障」[①] 格局業已成型，隨著各類養老金計劃外部運行環境的成熟，依託保險機制形成的老年經濟保障計劃逐漸走上真正以市場配置資源為動力來源的自運行軌道。在此基礎上，各層次養老金計劃的制度內容和功能定位也有所調整。

首先，是基本養老保險層次的優化，將制度功能和政府職能完全定位在「保基本」和「守底線」的水平之上，原有的「準國民年金」和「單位繳費的現收現付計劃」將面臨制度拆並。一方面，基本養老保險層次實行非繳費的普惠型年金計劃，其資金來源和制度原型以高齡老年津貼和低保制度為基礎，享待範圍控制在 65 歲及其上，對 65~70 歲、70~75 歲、75~80 歲、80 歲及以上不同年齡結構的老年人實行差異化的梯度國民年金待遇。

其次，將原單位繳費的現收現付制養老金並入第二層次的企業年金，實行彈性費率，並拓展兼容性制度模式，依託資本市場和特殊投融資政策的收益紅利，做大補充養老金計劃。這一階段的年金計劃，既可以是以社會互助為準則的現收現付計劃，也可以是以強化個人保障為目標的完全累積計劃；既可以是基於保險合同模式以貨幣基金為核心運行的養老金計劃，也可以在信託模式的多方營運和監管下進行。其他商業性養老產品運行機理與之類似，其不同之處在於產品覆蓋群體的開發和定位，主要依據就業市場中行業的差異、企業規模的差異和靈活就業程度的差異，選擇包括團體年金產品、職業年金、個人年金產品在內的各種養老金計劃及產品組合。

---

① 「小保障」，即是以繳費型計劃為基礎的各類經濟保障方式的集合；與之相對應的是「大保障」的概念範疇，即包括經濟保障、家庭保障、精神慰藉和老年服務在內的多重保障形式的集合。

最后，從長期來看，在「小保障」基礎上需重點建設的，是老年生活的「大保障」系統，包括家庭保障功能的維繫和強化，居家養老、社區養老和機構養老等老年服務配套項目與保險型經濟保障的聯動等。「大保障」系統的建設需要社會文化等各項柔性政策的支撐和長期培育。

8.3 當前中國多層次養老保險體系制度優化和路徑選擇的著力點

當前中國多層次養老保險體系制度優化和路徑選擇的首要任務是化解各方利益障礙，其均衡發展首先要解決的是依託改革的借勢與聯動，通過系統環境的改善實現改革關鍵環節的撬動和突破，在多層次養老保險戰略架構下積極發揮市場作用，統籌當前各項分類改革。

8.3.1 基礎養老金全國統籌的漸進式完成

基礎養老金全國統籌無疑是破解多層次養老保險體系在單一層次建設的較好契機。一方面，在基本養老保險層次將基礎待遇與個人帳戶基金累積密切關聯的激勵待遇在全國範圍內實現縱向分離，以幫助中央和地方兩級政府、企業和個人基本養老保險責任的明確及費率的有效控制。個人帳戶繳費和基金權益的明晰，將在制度模式設計、個人帳戶規模和基金管理上爲補充養老保險與基本養老保險互動挪出更大的制度空間。另一方面，整合城鎮企業職工養老保險制度調待機制、高齡老人津貼制度、低保制度中老年扶助資金和城鄉居民養老保險制度的財政轉移支付資金，建立待遇水平梯度化的國民年金制度。

具體而言，爲厘清基礎養老金全國統籌基金的結構及政府責任分佈，筆者以城鎮職保和城鄉居保制度爲例予以說明。

假設二者在制度模式上均爲「統帳結合」，屆時，將城鄉養老保險基礎養老金的計發標準設計爲「與個人消費支出相關聯的基本老年生活補充」，即個人享受的基礎養老保險待遇與人均消費支出密切相關。基於基礎養老金在多層次養老保險中的保障層次，設替代率爲50%[①]，則有：月基礎養老金＝城鄉居

[①] 2011年，加上調待增發性養老金，全國城鎮企業職工人月均水平爲1,516.68元，50%的替代率考慮該因素。

民家庭人均現金消費支出×0.5/12，如表 8-3 所示。考慮到中國養老保險制度全覆蓋的時間，採用 2011 年相關數據，經計算，全國城鄉居民基礎養老金人均標準分別為 632 元和 197 元。全國統籌後，在基礎養老金的計發方面，可按照各地社會平均工資的一定比例計發，也可根據地方性消費支出和物價水平選擇地方標準計發相應養老金。

基礎養老金全國統籌將釐清國家和個人的責任以及中央和地方兩級政府的財權和事權之分。城鎮企業職工的基礎養老金將由全國統籌基金列支，其來源於社會統籌部分；而城鄉居民的基礎養老金在資金渠道上則由社會統籌基金和中央、地方兩級財政共同承擔。

從 2011 年地方性基礎養老金水平可以看出，僅有北京、天津等 12 個省（區、市）高於全國人月均基礎養老金標準（197 元），大部分地區都低於該標準。因此，兩級政府在城鄉居民養老保險財權的分擔上，可以「全國線」為界，處於界限以下的低水平的地區，除社會統籌帳戶資金以外，補足的基礎養老金支出由中央財政補齊；處於界限以上的高水平地區，其基礎養老金的補足則遵循「社會統籌基金—國家財政—地方財政」的順序，地方政府最終承擔扣減社會統籌基金後，按地方性標準計算的基礎養老金與按國家標準計算的基礎養老金二者間的差額。表 8-3 中，北京市農村居民月基礎養老金為 459 元，農村領取待遇人數為 22 萬人，如果按照這一標準，支付全部基礎養老金約需 1.22 億元；由於其基礎養老金水平比全國高 262 元，按照中央與地方財權的劃分，中央財政將承擔全國標準計算的農村基礎養老金給付（4,351 萬元），而高出的水平則由北京市地方財政承擔（5,780-X[①] 萬元）。

相關數據顯示，中國 2009 年新農保試點啟動到 2011 年全國養老保險幾近制度全覆蓋以來，中央財政對新農保的每年補助金額分別為：10.76 億元、110.83 億元和 352.06 億元[②]，2013 年，該專項資金對城鄉居民的補助將增加到 626 億元，其中針對新農保的補助資金 610 億元[③]。以此財政支出現狀為基礎，兼顧中國財政收入和 GDP 增速可以看出，中央和地方兩級政府將要支出的財政資金限制在合理範圍內，同時，實現全國統籌的改革成本也在國家財政可承受範圍內。

---

① X：城鄉居保的社會統籌基金。
② 國家審計署：《2012 年第 34 號公告：全國社會保障資金審計結果》，2012 年 8 月 2 日。
③ 財政部社會保障司：中央財政提前下達地方 2013 年城鄉居民社會養老保險一般性轉移支付預算指標 626 億元，2012 年 10 月 31 日。

表 8-3　按 2011 年標準計算的全國城鄉居民基礎養老金及財政支出

	居民家庭人均現金消費支出（元）		人月均基礎養老金（元）		農村退休領待人數（萬人）	按地方標準計算的農村基礎養老金總支出數額（萬元）	可供選擇的財政兩級分擔額（萬元）	
	城鎮	農村	城鎮	農村			按全國標準計算的農村基礎養老金支出數	全國與地方標準差值
全　　國	15,161	4,733	632	197	8,922		1,759,580	—
北　　京	21,984	11,021	916	459	22	12,156	4,351	5,780
天　　津	18,424	6,673	768	278	67	22,367	13,221	5,418
河　　北	11,609	4,514	484	188	511	115,405	—	—
山　　西	11,354	4,356	473	181	214	46,684	—	—
內 蒙 古	15,878	4,828	662	201	72	17,310	14,142	283
遼　　寧	14,790	5,081	616	212	214	54,334	42,177	3,101
吉　　林	13,011	4,892	542	204	264	64,614	52,102	1,742
黑 龍 江	12,054	5,025	502	209	75	18,773	14,737	907
上　　海	25,102	10,834	1,046	451	40	21,468	7,816	10,074
江　　蘇	16,782	7,709	699	321	632	243,697	124,691	78,390
浙　　江	20,437	9,793	852	408	360	176,331	71,027	75,916
安　　徽	13,181	4,499	549	187	573	128,847	—	—
福　　建	16,661	6,113	694	255	183	55,822	36,019	10,499
江　　西	11,747	4,029	489	168	289	58,210	—	—
山　　東	14,561	5,624	607	234	988	277,834	194,877	36,652
河　　南	12,336	4,048	514	169	748	151,371	—	—
湖　　北	13,164	4,383	548	183	403	88,294	—	—
湖　　南	13,403	4,356	558	181	617	134,372	—	—
廣　　東	20,252	6,150	844	256	182	56,014	35,927	10,752
廣　　西	12,848	3,523	535	147	276	48,546	—	—
海　　南	12,643	3,782	527	158	44	8,244	—	—
重　　慶	14,974	3,735	624	156	348	64,929	—	—
四　　川	13,696	3,924	571	164	623	122,255	—	—
貴　　州	11,353	2,671	473	111	311	41,491	—	—
雲　　南	12,248	3,205	510	134	253	40,601	—	—
西　　藏	10,399	2,236	433	93	20	2,247	—	—

表8-3(續)

	居民家庭人均現金消費支出(元)		人月均基礎養老金(元)		農村退休領待人數(萬人)	按地方標準計算的農村基礎養老金總支出數額(萬元)	可供選擇的財政兩級分擔額(萬元)	
	城鎮	農村	城鎮	農村			按全國標準計算的農村基礎養老金支出數	全國與地方標準差值
陝西	13,783	4,255	574	177	284	60,320	—	—
甘肅	11,189	3,151	466	131	159	25,064	—	—
青海	10,955	3,920	456	163	33	6,480	—	—
寧夏	12,896	4,210	537	175	34	7,095	—	—
新疆	11,839	3,890	493	162	85	16,469	—	—

註：1. 城鎮非就業居民的基礎養老金計發標準，可以城鎮和農村居民家庭人均現金消費支出的平均數爲依據，也可依據當地情況，單獨與農村居民或城鎮居民的水平保持一致。2. 標陰影的省市人均基礎養老金水平高於全國線。

資料來源：根據《中國統計年鑒（2012）》整理計算。

8.3.2 補充層次各養老金計劃競爭性和擠出效應的弱化

中國多層次養老保險體系的錯位和補充養老保險制度發展不足，不僅受基本養老保險制度「單層獨大」的影響，也是補充性養老金計劃制度設計不合理所致，因此，需優化設計、理順存在擠出效應的制度運行機制，弱化同類產品間的競爭性。鑒於此，筆者以企業年金與商業性團體年金保險的競爭性格局爲例，對其擠出效應弱化的具體內容予以說明。

首先，需考察商業保險公司營運企業年金的能力，以及企業年金和商業團體年金保險協同運行的可能性，以此爲基礎開放兼容性的制度營運模式，強化稅收優惠政策。

一方面，從機構建設和營運載體來看。自2005年8月，原勞動與社會保障部公布第一批37家企業年金基金管理機構以來，商業保險公司獲得企業年金營運的各項資格總數占到10/31；在2008年公布的第二批資格獲取機構中，商業保險公司獲取資格占18/48。受限於第二批機構資格的到期時限，2013年8月，人力資源和社會保障部發布《關於企業年金基金管理機構資格延續有關問題的通知》，要求企業年金基金管理機構提交資格延續申請報告並對其審核。相關結果顯示，提出延期的申請機構中，23個企業年金管理機構在評審中獲得了資格延續，增加及整合了3個帳戶管理機構，而上海國際信託有限公司受託管理機構資格和廣發基金管理有限公司兩家管理機構資格的評審結果爲

「不予延續」。由此可見，商業保險公司營運企業年金的市場份額基本穩定，但相比 2004 年《企業年金試行辦法》實施前的格局，企業年金市場仍呈現由商業壽險行業的單一供給轉變為多行業、多機構共同服務的競爭格局。

另一方面，從產品銷售渠道整合與制度協同運行的情況看，為緩解企業年金稅收優惠政策和單一信託模式對商業團險帶來的衝擊，適應市場發展需要，商業保險公司的產品開發與機構發展日漸走向專業化，主要通過成立專業養老保險公司的方式，為企業年金的專業化運作提供了組織保障。早在 2004 年和 2007 年，平安養老和太平養老保險公司就陸續成立，隨後，國壽養老、泰康養老、長江養老也相繼建成。同時，為適應基金投資的需要，不少養老保險集團也成立了資產管理公司。尤其需要重視的是，在業務經營方面，為縮小企業年金和商業團險的覆蓋差距，許多商業保險公司將同質化嚴重的團體性養老保險產品整合，以「企業年金+團體保險」的組合模式兼營企業補充性養老保險業務，以彌補市場空缺。

其次，需注重微觀運行視角下商業性養老保險機構的創新和兼容性產品的開發，立足補充養老保險制度自運行機制的持續建立，真正發揮市場配置資源的優勢功能。

這一優化思路主要針對企業年金和團體養老年金險協同發展的並行路徑而言，以短期內固有的競爭性政策無法調整為前提。由於商業保險公司的團體年金業務受企業年金發展的衝擊，產生擠出效應；同時，商業保險公司參與企業年金營運又受到商業銀行、基金公司、證券公司以及信託公司等機構的影響。為此，在微觀運行上，需要實現機構創新和產品更新。以中國平安集團養老保險業務的橫縱拓展為例，目前平安集團涉足保險、銀行、投資三大業務領域，在保險方面，有平安壽險與平安養老險兩大公司為其企業補充性養老保險提供組織保障；同時銀行業務方面設有深圳發展銀行和平安銀行，這一組織架構的設計，有利於其在企業年金業務客戶資源的挖掘上，可有效彌補原本歸屬於商業銀行的客戶資源優勢和帳戶管理優勢。同時，在基金投資方面，亦可依賴平安信託、平安證券、平安資產管理及大華基金等。做到了保險經營集團化、集團業務專業化、專項業務服務支撐一體化的機構支持脈絡。

8.3.3　多層次養老保險體系政府監管及風險防範能力的強化

從目前系統性改革的格局來看，政府既是制度優化的裁判員，又是制度優化的利益相關者和制度參與主體，因此，設定並維護好政府監管角色、提高其風險防範能力，在當期改革中顯得異常重要。

一方面，是政策參與多層次養老保險制度建設職能的轉變。中國公共政策的演進和出抬歷來重視基層創新和試點先行，並鼓勵將成功的經驗與做法上升為普遍性政策和法規制度。隨著養老保險制度全覆蓋在城鄉範圍內的實現，地區試點亦需求同存異，增強制度的公平性和可持續性，增強改革的整體性和協調性成為當前工作的關鍵。鑒於此，政府也應將均衡多層次架構的精力放在制定規劃、政策、標準和加強監管上來，尤其需重視各類養老基金的安全評估和社會監督，在積極的社會互動中實現制度的頂層優化和多層次架構的風險化解。

另一方面，是政府風險防範能力的提高。由於人口老齡化、城市化、經濟波動和政治干預等風險具有不可抗拒的特徵，因此，政府必須對客觀存在的不可逆風險予以事前的、積極的應對。為推進系統性改革的全面、深化、高效，黨的十八屆三中全會以後，國家成立深化改革領導小組，並將其職責功能定位在「改革總體設計、統籌協調、整體推進、督促落實」的範疇，以重點解決當前改革的難點問題、化解錯綜複雜的利益障礙。同理，在養老保險制度頂層設計和系統優化過程中，同樣可參照總體改革組織模式，成立深化養老保險體系改革領導小組，以推進多層次制度優化的系統性改革。此外，對作為引發制度可持續風險源頭的養老保險基金，應給予較高的關注。尤其需要研究制定符合基本養老保險基金身分特徵的投資管理辦法，在保證基金安全的同時，實現其保障增值。

參考文獻

中文部分：

[1] 盧作孚. 中國的建設問題與人的訓練 [M]. 北京：生活書店，1934.

[2] 勞動人事部. 城鎮集體經濟組織職工社會保險辦法匯集 [M]. 北京：勞動人事出版社，1983.

[3] 張海鷹，唐鈞. 社會保障辭典 [M]. 北京：經濟管理出版社，1993.

[4] 陳良瑾. 中國社會工作百科全書 [M]. 北京：中國社會出版社，1994.

[5] 唐鈞. 市場經濟與社會保障 [M]. 哈爾濱：黑龍江人民出版社，1995.

[6] 陳憲. 市場經濟中的政府行為 [M]. 上海：立信會計出版社，1995.

[7] 林義. 社會保險制度分析引論 [M]. 成都：西南財經大學出版社，1997.

[8] 林義. 養老保險改革的理論與政策 [M]. 成都：西南財經大學出版社，1997.

[9] 中國保險學會，等. 中國保險史 [M]. 北京：中國金融出版社，1998.

[10] 廖進球. 論市場經濟中的政府 [M]. 北京：中國財政經濟出版社，1998.

[11] 凱恩斯. 就業、利息和貨幣通論 [M]. 高鴻業，譯. 北京：商務印書館，1999.

[12] 羅伯特·吉本斯. 博弈論基礎 [M]. 高峰，譯. 北京：中國社會科學出版社，1999.

[13] 成思危. 中國社會保障體系的改革與完善 [M]. 北京：民主與建設出版社，2000.

［14］弗里德曼. 弗里德曼文萃（上）［M］. 胡雪峰，武玉寧，譯. 北京：首都經濟貿易大學出版社，2001.

［15］宋曉梧. 中國社會保障體制改革與發展報告［M］. 北京：中國人民大學出版社，2001.

［16］鄭功成. 中國社會保障制度變遷與評估［M］. 北京：中國人民大學出版社，2002.

［17］安德森. 福利資本主義的三個世界［M］. 苗正民，滕玉英，譯. 北京：法律出版社，2003.

［18］貝弗里奇. 貝弗里奇報告——社會保險和相關服務（中英文版）［M］. 勞動和社會保障部社會保險研究所，何平，譯. 北京：中國勞動社會出版社，2004.

［19］深圳市社會保險志編撰委員會. 深圳市社會保險志［M］. 深圳：海天出版社，2004.

［20］李炳鑒，等. 比較財政學［M］. 天津：南開大學出版社，2005.

［21］中國保險學會，中國保險報. 中國保險業200年［M］. 北京：當代世界出版社，2005.

［22］高書生. 社會保障改革何去何從［M］. 北京：中國人民大學出版社，2006.

［23］林義，等. 企業年金的理論與政策研究［M］. 成都：西南財經大學出版社，2006.

［24］孫建勇，等. 養老金：制度與體系［M］. 北京：中國發展出版社，2007.

［25］孫建勇，等. 養老金：發展與改革［M］. 北京：中國發展出版社，2007.

［26］孫建勇，等. 養老金：趨勢與挑戰［M］. 北京：中國發展出版社，2007.

［27］孫建勇，等. 養老金：治理與投資［M］. 北京：中國發展出版社，2007.

［28］哈耶克. 哈耶克文選［M］. 馮克利，譯. 南京：鳳凰出版傳媒集團，江蘇人民出版社，2007.

［29］楊志勇，等. 中國財政制度改革30年［M］. 上海：上海人民出版社，2008.

［30］亞當·斯密. 國民財富的性質和原因的研究（下卷）［M］. 郭大力，

王亞南, 譯. 北京：商務印書館, 2008.

[31] 鄭功成. 中國社會保障三十年 [M]. 北京：人民出版社, 2008.

[32] 彭華民. 社會福利與需要滿足 [M]. 北京：社會科學文獻出版社, 2008.

[33] 諾思. 制度、制度變遷與經濟績效 [M]. 杭行, 譯. 上海：格致出版社, 上海三聯書店, 上海人民出版社, 2008.

[34] 王其藩. 系統動力學 [M]. 上海：上海財經大學出版社, 2009.

[35] 李旭. 社會系統動力學：政策研究的原理、方法和應用 [M]. 上海：復旦大學出版社, 2009.

[36] 何淼. 深切關懷——退休養老與社會保險制度改革正式啟動 [M]. 長春：吉林出版集團有限責任公司, 2010.

[37] 鄭功成, 等. 中國社會保障改革與發展戰略（綜合卷）[M]. 北京：人民出版社, 2011.

[38] 鄭功成, 等. 中國社會保障改革與發展戰略（養老保險卷）[M]. 北京：人民出版社, 2011.

[39] 鄭功成. 中國社會保障改革與發展戰略（救助與福利卷）[M]. 北京：人民出版社, 2011.

[40] 胡秋明. 可持續養老金制度改革的理論與政策研究 [M]. 北京：中國勞動社會保障出版社, 2011.

[41] 褚福靈, 等. 中國社會保障發展指數報告（2010）[M]. 北京：經濟科學出版社, 2011.

[42] 梁漱溟. 中國文化要義 [M]. 上海：上海人民出版社, 2011.

[43] 彼得·戴蒙德, 漢努·瓦蒂艾寧. 行為經濟學及其應用 [M]. 賀京同, 譯. 北京：中國人民大學出版社, 2011.

[44] 赫伯特·金迪斯. 理性的邊界：博弈論與各門行為科學的統一 [M]. 陳昕, 董志強, 編譯. 上海：格致出版社, 上海三聯書店, 上海人民出版社, 2011.

[45] 鄭秉文. 中國基本養老保險個人帳戶基金研究報告 [M]. 北京：中國勞動社會保障出版社, 2012.

[46] 林義, 等. 統籌城鄉社會保障制度建設研究 [M]. 北京：社會科學文獻出版社, 2013.

[47] 鄭秉文, 等. 中國養老金發展報告（2011—2013）[M]. 北京：經濟管理出版社, 2011—2013.

[48] 鄭秉文, 等. 中國養老金報告（2013）——社保經辦服務體系改革 [M]. 北京: 經濟管理出版社, 2013.

[49] 保羅·薩繆爾森. 經濟學 [M]. 19 版. 蕭琛, 譯. 北京: 商務印書館, 2013.

[50] 弗里德曼, 紀元. 危機中的經濟自由 [J]. 世界經濟譯叢, 1982 (2).

[51] 中國社會保障的體制選擇與經濟分析課題組（周小川, 王林執筆）. 社會保障: 經濟分析與體制建議 [J]. 改革, 1994 (5)、(6).

[52] 劉子操. 談談社會保險與商業保險的協調發展問題 [J]. 財經問題研究, 1995 (6).

[53] 李鐵映. 建立具有中國特色的社會保障制度 [J]. 求是, 1995 (19).

[54] 徐開東, 李德根. 當前社會保險運作中五個問題亟待解決 [J]. 經濟理論與經濟管理, 1996 (2).

[55] 林義. 社會保險理論分析的新視角——兼論制度分析的方法論意義 [J]. 社會學研究, 1997 (4).

[56] 林義. 發展中國企業補充養老保險的設想 [J]. 財經科學, 1997 (5).

[57] 王東進. 社會保障制度改革的現狀與趨勢 [J]. 經濟工作導刊, 1997 (5)、(6).

[58] 姚遠, 徐勤, 曾毅. 農村家庭養老能走多遠 [J]. 人口研究（人口與發展論壇）, 1997 (6).

[59] 李紹光. 養老金現收現付制和基金制的比較 [J]. 經濟研究, 1998 (1) 59-65.

[60] 胡寶剛. 在企業保障向社會保障轉變過程中建立多層次共同負擔養老保險機制 [J]. 安徽大學學報（哲社版）, 1998 (3).

[61] 馬敏. 社會養老保險在排擠商業養老保險嗎 [J]. 統計研究, 1998 (4).

[62] 葛延風. 養老保障制度改革 [J]. 經濟研究參考, 1998 (9).

[63] 鄭功成. 論中國社會保障制度的改革 [J]. 社會保障制度, 1998 (11).

[64] 王國軍. 社會保障: 從二元到三維 [J]. 社會保障制度, 1998 (11).

[65] 張翠剛. 略論中國養老保險制度改革的取向 [J]. 社會保障制度, 1999 (2).

[66] 陳佳貴執筆. 中國社會保險制度研究 [J]. 中國社會科學, 1999 (4).

[67] 李紹光. 養老保險的困境與出路 [J]. 經濟社會體制比較, 2000 (3).

[68] 胡秋明. 多層次養老保險制度協調發展探討 [J]. 財經科學, 2000 (3).

[69] 國務院發展研究中心社會部. 分離體制轉軌成本, 建立可持續發展制度——世紀之交的中國養老保障制度改革研究報告 [J]. 經濟社會體制比較, 2000 (5).

[70]「中國社會保障體系研究」課題組. 中國社會保障制度改革: 反思與重構 [J]. 社會學研究, 2000 (6).

[71] 吳敬璉. 社會保障體系建設專家談 [J]. 勞動保障通訊, 2000 (10).

[72] 胡鞍鋼, 楊韻新. 就業模式轉變: 從正規化到非正規化——中國城鎮非正規就業狀況分析 [J]. 管理世界, 2001 (2).

[73] 林義. 波蘭尼的制度經濟學思想及其啟示 [J]. 財經科學, 2001 (3).

[74] 林義. 制度分析及其方法論意義 [J]. 經濟學家, 2001 (4).

[75] 袁志剛. 中國養老保險體系選擇的經濟學分析 [J]. 經濟研究, 2001 (5).

[76] 林義. 西方國家社會保險改革的制度分析及其啟示 [J]. 學術月刊 2001 (5).

[77] 劉福垣. 社會保障的本質及其應有邏輯 [J]. 中國社會保障, 2001 (8).

[78] 陳平. 建立統一的社會保障體系是短視國策 [J]. 中國改革, 2002 (4).

[79] 李強, 唐壯. 城市農民工與城市中的非正規就業 [J]. 社會學研究, 2002 (6).

[80] 高書生. 關於推行「低門檻與可持續的社會保障新計劃」的初步設想 [J]. 內部文稿, 2002 (15).

[81] 潘強. 社會保障需要創新而非顛覆——國務院體改辦秘書長宋曉梧

訪談［J］.中國社會保障，2003（1）.

［82］王建倫.對改革的基本認識及思考［J］.中國社會保障，2003（2）.

［83］鄭功成.中國養老保險制度的未來發展［J］.勞動保障通訊，2003（3）.

［84］高書生.中國社會保險制度架構的缺陷［J］.經濟理論與經濟管理，2003（5）.

［85］鄭秉文.「名義帳戶」制：中國養老保障制度的一個理性選擇［J］.管理世界，2003（8）.

［86］王建國.論保險公司承辦企業年金的優勢［J］.保險研究，2003（8）.

［87］魏競飛.企業年金國家責任與商業運作的雙重性［J］.保險研究，2003（10）.

［88］鄭偉，孫祁祥.中國養老保險制度變遷的經濟效應［J］.經濟研究，2003（10）.

［89］封進.中國養老保險體系改革的福利經濟學分析［J］.經濟研究，2004（2）.

［90］胡秋明.中國社會養老保險制度改革的路徑選擇分析［J］.天府新論，2004（2）.

［91］約翰·威廉姆森，孫策，張松，林義.中國養老保險制度改革：從FDC層次向NDC層次轉換［J］.經濟社會體制比較，2004（3）.

［92］林治芬.中國養老社會保險最終目標與現實路徑選擇［J］.社會保障制度，2004（3）.

［93］楊翠迎.被徵地農民養老保障制度的分析與評價——以浙江省10個市為例［J］.中國農村經濟，2004（5）.

［94］李紹光.社會保障稅與社會保障制度優化［J］.經濟研究，2004（8）.

［95］高書生.社會保障：我們該走哪條路［J］.經濟研究參考，2004（18）.

［96］鄭秉文.中國企業年金何去何從［J］.中國人口科學，2006（2）.

［97］鄭秉文.建立統一基本養老保險制度的可行性［J］.社會保障制度，2009（2）.

［98］王思斌.中國適度普惠型社會福利制度的建構［J］.社會學研究，2009（5）.

[99] 吳要武, 蔡昉. 中國城鎮非正規就業：規模與特徵 [J]. 中國勞動經濟學, 2006 (2).

[100] 鄭秉文. 中國社保「碎片化制度」危害與「碎片化衝動」探源 [J]. 甘肅社會科學, 2009 (3).

[101] 鄭秉文.「空殼化」及其改革的方向——關於建立專業養老金管理公司的政策建議 [J]. 勞動保障世界, 2008 (2).

[102] 鄭偉, 袁新釗. 名義帳戶制與中國養老保險改革：路徑選擇和挑戰 [J]. 經濟社會體制比較, 2010 (2).

[103] 許飛瓊. 商業保險與社會保障關係的演進與重構 [J]. 中國人民大學學報, 2010 (2).

[104] 鄭功成. 中國社會福利改革與發展戰略：從照顧弱者到普惠全民 [J]. 中國人民大學學報, 2011 (2).

[105] 林義. 文化與社會保障改革發展漫談 [J]. 中國社會保障, 2012 (3).

[106] 李永友, 陸晨晨. 基層分權改革與農村社會公共品供給——基於DID方法的經驗證據 [J]. 經濟學家, 2012 (7).

[107] 王宇熹, 汪泓, 陳群民, 肖峻. 上海養老保險改革的系統動力學仿真分析 [J]. 上海交通大學學報, 2012 (8).

[108] 丁建定. 中國社會保障制度整合與體系完善縱論 [J]. 學習與實踐, 2012 (8).

[109] 林義. 人口老齡化與養老保險制度建設的關鍵戰略問題 [C]. 2012.

[110] 盧海元. 制度的並軌與定型：養老保險制度中國化進入嶄新階段 [J]. 社會保障研究, 2014 (3).

[111] 林義. 論多層次社會保障模式 [A]. 經濟改革與社會保障國際研討會 [C]. 海口, 1992.

[112] 中國（海南）改革發展研究院「社會保障制度改革」課題組. 七城市社會保障制度改革情況考察報告 [R], 1992.

[113] 鄭秉文. 社會保障制度創新：「名義帳戶」制 [N]. 中國社會報, 2005-04-12.

[114] 高書生. 我們需要什麼樣的社會保障 [N]. 經濟參考報, 2006-07-31 (12).

[115] 高書生. 解開社會保障改革的「死結」[N]. 經濟參考報, 2006-

08-21（12）.

［116］高書生. 社保改革思路需「推倒重來」［N］. 中國證券報，2006-09-07（A15）.

英文部分：

［1］Aaron, Henry. (1966). The Social Insurance Paradox, Canadian Journal of Economics and Political Science32, pp. 371-374.

［2］Auerbach, Alan J., and Kotlikoff, Laurence J, (1987). Dynamic Fiscal Policy, Cambridge University Press.

［3］Andrews, Emily. (1992). The Growth and Distribution of 401 (k) Plans. In Trends in Pensions, ed. John Turner and Daniel Beller, 149-76. Washington, DC：U. S. Department of Labor.

［4］Avner Greif . (1998). AssociationHistorical and Comparative Institutional Analysis, The American Economic Review, Vol. 88, No. 2.

［5］Avner Greif. (2002). The Game-Theoretic Revolution in Comparative and Historical Institutional Analysis. bbs.cenet.org.cn.

［6］Acemoglu, D. (2003). Why Not a Political Coase Theorem? Social Conflict, Commitment and Politics. Journal of Comparative Economics. 31：620-52.

［7］Axel H. Börsch-Supan, Michela Coppola, and Anette Reil-Held (2012). Riester Pensions in Germany：Design, Dynamics, Targetting Success and Crowding-In. NBER Working Paper No. 18014.

［8］Barro, Robert J. (1974). Are Government Bonds Net Wealth? Journal of Political Economy 82, pp. 1095-1117.

［9］Bassett, William, Michael Fleming, and Anthony Rodrigues. (1998). How Workers Use 401 (k) Plans：The Participation, Contribution, and Withdrawal Decisions. National Tax Journal 51 (2)：263-88.

［10］Brigitte C. Madrian (2012). Matching Contributions and Saning Outcomes：A Behavioral Economics Perspective. In Matching Contributions for Pensions. ed. Richard Hinz, Robert Holzman, David Tuesta, and Noriyuki Takayama. 289-309. World Bank.

［11］Colin F. Camerer, George Loewenstein, and Matthew Rabin (2004). Advances in Behavioral Economics. In the United Kingdom：Princeton University Press.

［12］Ce Shen, John B. Williamson (2006). Does a Universal Non-Contributory Pension Scheme Make Sense for Rural China? Journal of Comparative Social Welfare, Vol. 22, No. 2, October, pp. 143-153.

[13] Diamond, Peter A. (1965) National Debt in a Neoclassical Growth Model, American Economic Review55, Issue 5, pp. 1126-1150.

[14] Durán-Valverde, F.; Pacheco, J. F (2012). Fiscal Space and the Extension of Social Protection: Lessons Learnt from Developing countries, Extension of Social Security (ESS) paper 33, International Labour Office, Geneva.

[15] Estelle James (1998). Coverage under Old-Age Security Programs and Protection for the Uninsured-What Are the Issues, Policy Research Working Paper, Work Bank.

[16] Estelle James (2001). How Can China Solve its Old Age Security Problem? The Interaction Between Pension, State-owned Enterprise and Financial Market Reform, Prepared for Conference on Financial Sector Reform in China, Harvard University, September 2001.

[17] Feldstein, Martin (1974). Social Security, Induced Retirement and Aggregate Capital Accumulation, Journal of Political Economy82, no. 5, pp. 75-95.

[18] Feldstein. Martin (1999). Social Security Pension Reform in China, China Economic Review 10, 99-107.

[19] ISSA (2010). ISSA strategy for the Extension of Social Security Coverage. International Social Security Association, Geneva.

[20] Jessica K. M. Johnson, John B. Williamson (2006). Do Universal Non-contributory Old-Age Pensions Make Sense for Rural Areas in Low-Income Countries? International Social Security Review, Vol. 59, 4.

[21] Joel M. Guttman (1978). Understanding Collective Action: Matching Behavior. The American Economic Review.

[22] John Piggott, Lu Bei (2007). China-Pension Reform and the Development of Pension Systems: an Evaluation of World Bank Assistance, World Bank Working Paper.

[23] Kreps, David M (1990). Game Theory and Economic Modelling, Oxford University Press.

[24] Kotlikoff, Laurence J (1998a). The A-KModel-Its Past, Present and Future, NBER Working Paper 6684.

[25] Louise Fox, Edward Palmer (2000). New Approaches to Multi-Pillar

Pension Systems: What in the Sorld is Going on? The Year 2000 International Research Conference on Social Security, Social Security in the Global Village.

[26] Larry Willmore, Universal Pensions in Low Income Countries (2004). Initiative for Policy Dialogue, Pensions and Social Insurance Section, Discussion Paper No. IPD-01-05. Available at SSRN: http://ssrn.com/abstract=381180.

[27] Martin Feldstein, Jeffrey Liebman (2006). Realizing the Potential of China's Social Security Pension System, China Economic Times, February 24.

[28] MarkC. Dofman, Robert Holzmann, Philip O'Keefe, Dewen Wang, Yvonne Sin, and Richard Hinz. (2013). China's Pension System: A Vision. World Bank.

[29] Nicholas Barr, Peter Diamond (2010). Pension Reform in China: Issues, Options and Recommendations. London School of Economics, Massachusetts Institute of Technology, Boston.

[30] Olivia S. Mitchell, Stephen P. Utkus (2004). Pension Design and Structure: New Lessons from Behavioral Finance. Pension Research Council. Oxford University Press, USA.

[31] Papke, Leslie (1995). Participation in and Contributions to 401 (k) Pension Plans: Evidence from Plan Data. Journal of Human Resources 30 (2): 311-325.

[32] Papke, Leslie and James Poterba (1995). Survey Evidence on Employer Match Rates and Employee Saving Behavior in 401 (k) Plans. Economics Letters 49 (September): 313-17.

[33] Robert Holzmann, Packard, T. and Cuesta, J (2000). Extending Coverage in Multi-Pillar Pension Systems: Constraints and Hypotheses, Preliminary Evidence and Future Research Agenda, World Bank.

[34] Reynaud, E (2002). The Extension of Social Security Coverage: The Approach of the International Labour Office. Extension of Social Security (ESS) paper3, International Labour Office, Geneva.

[35] Robert Holzmann, Richard Hinz (2005). Old-Age Income Support in the 21st Century—An International Perspective on Pension Systems and Reform. World Bank.

[36] Robert Holzmann, Edward Palmer (2006). Pension Reform: Issues and Prospects for Non-Financial Defined Contribution (NDC) Schemes, The Internation-

al Bank for Reconstruction and Development, The World Bank.

[37] Robert Palacios, David A. Robalino (2009). Matching Defined Contributions: a Way to Increase Pension Coverage. In Closing the Coverage Gap. ed. Robert Holzmann, David A. Robalino, and Noriyuki Takayama. 187–202. World Bank.

[38] Robert Holzmann, Edward Palmer and David Robalino. (2012, 2013). NDC Pension Schemes in a Changing Pension World: Progress, Lessons, and Implementation (Ⅰ-Ⅱ). International Bank for Reconstruction and Development, The World Bank.

[39] Robert Palacios, David A. Robalino (2009). Matching Defined Contributions: A Way to Increase Pension Coverage. In Closing the Coverage Gap. ed. Robert Holzmann, David A. Robalino, and Noriyuki Takayama. 187–202. Washington, DC. World Bank.

[40] Samuelson, Paul A. (1958). An Exact Consumption-Loan Model of Interest with or Without the Social Contrivance of Money, Journal of Political Economy66, pp. 467–482.

[41] Schwarzer, H., and Tessier, L (2013). The Extension of Social Security and the Social Responsibility of Multinational Enterprises: An Exploratory study. Extension of Social Security (ESS) paper 35, International Labour Office, Geneva.

[42] World Bank (1994). Averting the Old-Age Crisis: Polities Protect the Old and Promote Growth, A World Bank Policy Research Report, Oxford University Press, New York.

[43] Wouter van Ginneken (1999). Social Security for the Informal Sector: A new Challenge for the Developing Countries. International Social Security Review, Vol. 52, 1/99.

[44] Willmore, L (2001). Universal Pension in Low Income Countries. Initiative for Policy Dialogue Discussion Paper.

[45] Wouter van Ginneken (2009). Extending Social Security Coverage: Concepts, Approaches and Knowledge Gaps. Working Paper. International Social Security Association, Geneva.

后　記

　　一直以來，《禮運·大同》中「老有所終，壯有所用，幼有所長，鰥寡孤獨廢疾者皆有所養」的社會狀態被人們津津樂道，它反應的不僅僅是一種社會理想，更映射出維繫經濟社會秩序正常運行的制度預期。

　　如同人們對社會理想的珍視，學術理想亦如此。本書是在我的博士論文的基礎上修訂完成的，如今有幸付梓，算是對六年單純而集中的研究生生涯最寶貴的紀念。

　　堅定對養老保險制度優化和路徑選擇的寫作，實屬內心所願。一來是對社會安全感的渴求，二則是對好奇心的滿足。筆者對養老保險改革的系統性關注始於2006年，其后至2011年碩士論文完成，正值中國養老保險制度補缺期。感謝我的碩士生導師四川大學蒲曉紅教授對我的學術方向和研究起步的重要影響，尤其是在這一階段同我的交流解惑，為我創造的濃厚的學術研究氛圍和實地調研條件，使我有機會從書刊的文字堆裡走出，融入現實決策者的思、老百姓的想。這一時期，政策問題的頻現和理論探討的不足，總能激起我持續研究的動力，卻也帶給人們的不安全之感。尤其是政策的應急性，不免使諸多學術研究成果浮於表層，著一時之需，卻無法解決根本性、長期性的問題。同時，對於初入研究之門的青年學者而言，政策的過渡性和臨時性無疑增加了研究工作的機會成本。感謝我的博士生導師西南財經大學林義教授，正是恩師一直秉承的學術理想和對學生的潛移默化，才使我在博士研究期間，擁有無數寶貴的機會，在養老保險領域研究的殿堂裡不斷成長。沿襲恩師在社會保障領域開創的制度分析路徑，筆者將前期政策研究安全感的缺失寄望於制度研究的歷史性和前瞻性，希望從制度演進的系統環境和制度參與主體的行為心理著手，探尋制度發展緩慢的深層次原因和改革前進的驅動力，旨在為長期的追蹤研究打造一個穩定的制度現實和長效的研究基礎。

　　中國養老保險改革自何處來，向何處去？這一命題一直激發著養老保險學

術研究的思考與爭辯。有幸的是，筆者對此的好奇心在前人的成果中得到啓發和滿足。林義教授所著《社會保險制度分析引論》對中國社會保險制度基礎的探討及深層次發展原因的剖析，尤其是制度分析方法的引入，爲筆者後續研究提供了可資借鑑的範式。高書生先生在《社會保障改革何去何從》一書對中國社會保險改革發展歷史脈絡的梳理和關鍵性政策選擇的歷史重現，彌補了后來者對史實的不知。我想，讀懂制度的過去，是研究者必備的素質之一。中國社會保障制度的未來該是何種模樣？德魯克先生的《養老金革命》和霍爾茲曼教授所著「Closing the coverage gap」使我既震撼於個人、企業和市場的作用，也信服於政府的力量。因此，筆者探討的優化與選擇，不過是基於制度歷史和民族文化的預判，是業已存在的改革基礎的取捨和多元組合。

如今距博士論文成稿恰有兩年，這兩年來中國養老保障制度改革取得了前所未有的成就。延續數十年之久的城鎮企業與機關事業單位養老「雙軌制」終於從制度層面破除，正待建立的職業年金撬動企業年金發展的補充養老保險市場也躍躍欲試，基本養老保險基金委託全國社會保障基金理事會集中管理的細則出抬，彈性退休的改革方案正在擬訂。從這一系列的改革舉措中可以看出，中國養老保險制度正朝著真正的「多層次」邁進，政府與市場的邊界，正逐漸厘清。儘管中國養老保險制度已基本定型，在養老保險改革這麼一個世界性難題中，本書的研究也只是一個階段性探索，但從制度演進和制度優化的角度重新審視兩年前的原稿，我依然堅信這一研究課題的重要意義，它完整呈現了在中國經濟社會改革的浪潮中，養老保險制度發展及其改革與經濟社會的互動關係，是經歷各個歷史節點后的制度選擇。隨著理論和實踐的發展，本書難免存在不妥之處，也敬請專家讀者批評指正。

在本書的寫作和出版過程中，始終得到恩師林義教授的悉心指導和無私幫助，以及師母的關心和支持，真心的感謝，並祝福他們永遠健康幸福。原稿在答辯和修改過程中，西南財經大學陳滔教授、丁少群教授、胡秋明教授以及四川大學李天德教授和蒲曉紅教授，給予了諸多寶貴的建議，是原稿最終成型的重要支撐，也是筆者未來學習研究不可或缺的重要財富，在此真誠致謝。西南財經大學出版社汪湧波老師對稿件審修事宜的諸多付出和操心，也深表感謝。

也許若干年后，我仍是感激著自己的勇往直前，更是感激父母和愛人的陪伴支持，他們給予自己享受這世界一切美好的萬千機會。

成　歡
2016年6月於西岸

附錄　多層次養老保險體系系統動力學模型文檔

(1)「16+ Educated Pop Proportion」= 0.09

Units：Dmnl

16歲以上在校人口占總人口的比重

(2)「16+ Educated Pop」= Total Pop * 「16+ Educated Pop Proportion」

Units：Yiren/Year

16歲以上在校人口(億人/年)

(3)「16+ Pop 2010」= 11.0011

Units：Yiren/Year

2010年16歲以上人口(億人/年)

(4)「16+ Pop Growth Table」= WITH LOOKUP (TIME INPUT, ([(2.01,1)-(2.05,1.217)],(2.01,1),(2.015,1.042),(2.02,1.069),(2.025,1.102),(2.03,1.139),(2.035,1.174),(2.04,1.199),(2.045,1.213),(2.05,1.217)))

Units：Dmnl

16歲以上人口增長額變化(以2010年為基期)

(5)「16+ Pop」=「16+ Pop 2010」*「16+ Pop Growth Table」

Units：Yiren/Year

16歲以上人口數(億人/年)

(6) Basic Pension Contribution Rate = 0.2

Units：Dmnl

基本養老保險費率

(7) Basic Pension Fiscal Expenditure = (Basic Pension Subsidy to IEP + Basic Pension Subsidy to URR) * Effect Index

Units：Yiwanyuan/Year

基本養老金財政補貼支出(億萬元/年)

(8) Basic Pension Subsidy to IEP = Informal Employed Pop * Urban Units Employed Persons Ave Wage * Informal Employed Pop Subsidy Standard

Units：Yiwanyuan/Year

城鄉非正規就業人員基本養老保險補貼支出(億萬元/年)

(9) Basic Pension Subsidy to URR =「Urban-Rural Resident」* Urban Rural Resident Ave Income * Urban Rural Resident Subsidy Standard

Units：Yiwanyuan/Year

城鄉居民基本養老保險補貼支出(億萬元/年)

(10) BP Fiscal Expenditure 2010 = 0.182

Units：Wanyuan/Year

2010年基本養老保險財政補貼支出(億萬元/年)

(10) BP Fiscal Expenditure Index = Basic Pension Fiscal Expenditure/BP Fiscal Expenditure 2010

Units：Dmnl

基本養老保險財政補貼支出指數

(11)「BP-TP Parameter of Crowding-out Effect」= (10-BP Fiscal Expenditure Index/Total Tax from Enterprise Growth Table)/10

Units：Dmnl

擠出效應參數

(13) Contribution Rate = 0.28

Units：Dmnl

基本加補充養老保險費率

(14) Economically Active Pop = Total Pop * Economically Active Pop Proportion

Units：Yiren/Year

經濟活動人口(億人/年)

(15) Economically Active Pop Proportion = 0.6

Units：Dmnl

經濟活動人口占總人口的比重

(16) Economically Inactive Pop =「16+ Pop」- Economically Active Pop

Units：Yiren/Year

城鄉非經濟活動人口(億人/年)

(17) Effect Index = (1+(⌈S-S Expenditure Elastic to Expenditure⌋+⌈S-S Expenditure Elastic to Revenue⌋)/2) * (1+Inflation Rate)

Units: Dmnl

綜合影響因子

(18) Enterprise Cost in Pension = Enterprise Expense in Pension-Tax Preference Level of Supplementary Pension

Units: Yiwanyuan/Year

企業養老金計劃參與成本(億萬元/年)

(19) Enterprise Expense in Pension = Total Floor of Tax Preference * Basic Pension Contribution Rate + Supplymentary Pension Contribution Rate * Supplymentary Pension Contribution Rate * Total Tax from Enterprise Growth Table

Units: Wanyuan/Year

企業養老保險支出(億萬元/年)

(20) FINAL TIME = 2050

Units: Year

The Final Time for the Simulation.

(21) Incidence Rate of Prewarning Risk = 0.6

Units: Dmnl

預警風險發生率

(22) Inflation Rate = 0.055

Units: Dmnl

通脹率

(23) Informal Employed Pop = ⌈Urban-Rural Employed Persons⌋-⌈Staff & Workers⌋

Units: Yiren/Year

城鄉非正規就業人口(億人/年)

(24) Informal Employed Pop Subsidy Standard = 0.5

Units: Dmnl

非正規就業人員養老保險補貼標準

(25) INITIAL TIME = 2010

Units: Year

The Initial Time for the Simulation.

(26)「S-S Expenditure Elastic to Expenditure」= 0.1

Units：Dmnl

社保支出彈性(對財政支出)

(27)「S-S Expenditure Elastic to Revenue」= 0.1

Units：Dmnl

社保支出彈性(對財政收入)

(28)SAVEPER = TIME STEP

Units：Year [0,?]

The Frequency with Which Output is Stored.

(29)「Staff & Workers Proportion」= 0.11

Units：Dmnl

職工人數占總人口的比重

(30)「Staff & Workers」= Total Pop *「Staff & Workers Proportion」

Units：Yiren/Year

職工人數(億人/年)

(31) Supplymentary Pension Contribution Rate = 0.08

Units：Dmnl

補充養老保險費率

(32)Target Group of Fiscal Subsidy = Informal Employed Pop +「Urban-Rural Resident」

Units：Yiren/Year

財政補貼需求人口(億人/年)

(33)Tax Preference Level of Supplementary Pension = Total Floor of Tax Preference * Tax Preference Proportion *「BP-TP Parameter of Crowding-out Effect」

Units：Yiwanyuan/Year

補充養老保險稅收優惠水平(億萬元/年)

(34)Tax Preference Proportion = 0.05

Units：Dmnl

延稅比例

(35)TIME CONS = 1000

Units：Year

時間參數

(36) TIME INPUT = Time/TIME CONS

Units：Dmnl

時間參數

(37) TIME STEP = 0.125

Units：Year [0,?]

The time step for the simulation.

(38) Total Floor of Tax Preference =「Urban-Rural Employed Persons」* Urban Units Employed Persons Ave Wage

Units：Wanyuan/Year

延稅基數(億萬元/年)

(39) Total Pop = Total Pop 2010 * Total Pop Growth Table

Units：Yiren/Year

總人口(億人/年)

(40) Total Pop 2010 = 13.4091

Units：Yiren/Year

2010年總人口數(億人/年)

(41) Total Pop Growth Table = WITH LOOKUP (TIME INPUT,

([(2.01,1)-(2.05,1.207)],(2.01,1),(2.012,1.016),(2.014,1.033),(2.016,1.054),(2.018,1.067),(2.02,1.083),(2.022,1.099),(2.024,1.113),(2.026,1.126),(2.028,1.137),(2.03,1.147),(2.032,1.154),(2.034,1.161),(2.036,1.167),(2.038,1.173),(2.04,1.179),(2.042,1.184),(2.044,1.19),(2.046,1.196),(2.048,1.202),(2.05,1.207)))

Units：Dmnl

總人口增長額變化(以2010年為基期)

(42) Total Tax from Enterprise Growth Table = WITH LOOKUP (TIME INPUT,

{[(2.01,1)-(2.05,160)],(2.01,1),(2.015,2.592),(2.02,5.207),(2.025,10.539),(2.03,23.106),(2.035,38.53),(2.04,59.61),(2.045,83.98),(2.05,113.7)]}

Units：Dmnl

企業所得稅變化指數(以2010年為基期)

(43) Unemployment Rate = 0.05

Units：Dmnl

失業率

(44) Urban Rural Resident Ave Income = URR Ave Income 2010 * URR Ave Income Growth Index

Units: Wanyuan/Yiren

城鄉居民人均可支配收入(萬元/億人)

(45) Urban Rural Resident Subsidy Standard = 0.03

Units: Dmnl

城鄉居民養老保險補貼標準

(46) Urban Units Employed Persons Ave Wage = UUEP Ave Wage 2010 * UUEP Ave Wage Growth Index

Units: Wanyuan/Yiren

城鎮單位就業人員平均工資(萬元/億人)

(47)「Urban-Rural Employed Persons」= Economically Active Pop * (1-Unemployment Rate)

Units: Yiren/Year

城鄉就業人口(億人/年)

(48)「Urban-Rural Resident」= Economically Inactive Pop -「16+ Educated Pop」

Units: Yiren/Year

城鄉居民(億人/年)

(49) URR Ave Income 2010 = 1.2514

Units: Wanyuan/Yiren

2010年城鄉居民人均可支配收入(萬元/億人)

(50) URR Ave Income Growth Index = WITH LOOKUP (TIME INPUT,｛[(2.01,0)-(2.05,5)],(2.01,1),(2.01538,1.887),(2.01991,2.468),(2.025,2.896),(2.03031,3.086),(2.035,3.179),(2.04,3.268),(2.045,3.302),(2.05,3.337)］｝

Units: Dmnl

城鄉居民人均可支配收入增長指數(以2010年為基期)

(51) UUEP Ave Wage 2010 = 3.6539

Units: Wanyuan/Yiren

2010年城鎮單位就業人員平均工資(萬元/億人)

(52) UUEP Ave Wage Growth Index = WITH LOOKUP (TIME INPUT)｛[(2.01,0)-(2.05,5)],(2.01,1),(2.01538,1.787),(2.01991,2.368),

(2.025,2.796),(2.03031,3.025),(2.035,3.089),(2.04,3.098),(2.045,3.125),(2.05,3.141)}

Units：Dmnl

城鎮單位就業平均工資增長指數(以 2010 年爲基期)

國家圖書館出版品預行編目(CIP)資料

中國多層次養老保險體系的制度優化與路徑選擇 / 成歡 著. -- 第一版.
-- 臺北市：財經錢線文化出版：崧博發行，2018.11

面；　公分

ISBN 978-986-96840-3-3(平裝)

1.人身保險 2.老人福利 3.中國

563.746　　　107017661

書　　名：中國多層次養老保險體系的制度優化與路徑選擇
作　　者：成歡 著
發 行 人：黃振庭
出 版 者：財經錢線文化事業有限公司
發 行 者：崧博出版事業有限公司
E-mail：sonbookservice@gmail.com
粉絲頁　　　　　　網　　址：
地　　址：台北市中正區延平南路六十一號五樓一室
8F.-815, No.61, Sec. 1, Chongqing S. Rd., Zhongzheng Dist., Taipei City 100, Taiwan (R.O.C.)
電　　話：(02)2370-3310　傳　真：(02) 2370-3210
總 經 銷：紅螞蟻圖書有限公司
地　　址：台北市內湖區舊宗路二段 121 巷 19 號
電　　話：02-2795-3656　　傳真：02-2795-4100　網址：
印　　刷：京峯彩色印刷有限公司（京峰數位）

　　本書版權為西南財經大學出版社所有授權崧博出版事業有限公司獨家發行電子書及繁體書繁體版。若有其他相關權利及授權需求請與本公司聯繫。

定價：450元

發行日期：2018 年 11 月第一版

◎ 本書以POD印製發行